EL SISTEMA INTERAMERICANO DE PROTECCIÓN DE LOS DERECHOS HUMANOS

El Dr. Jiménez Ruiz se ha encargado de los puntos 2 y 3 del estudio introductorio, siendo los puntos 4 y 5 abordados por el Dr. Ylarri. Tanto introducción, como conclusiones han sido extractadas conjuntamente. El Dr. Jiménez Ruiz ha realizado la cronología y el estudio del detalle de los miembros de la Corte, y el Dr. Ylarri ha implementado la bibliografía. A su vez, el Dr. Jiménez Ruiz ha verificado los textos de los instrumentos básicos hasta el apartado «E. 3. Reglamento de la Comisión Interamericana de Derechos Humanos sobre el Fondo de asistencia legal del sistema interamericano de Derechos Humanos, 11 de noviembre de 2009»; y el Dr. Ylarri, desde el punto «E.4. Resolución 3/2018. Fortalecimiento al trámite de solicitudes de medidas cautelares, 10 de mayo de 2018», hasta el apartado G. «Estado de Firmas, Ratificaciones y Reservas».

EL SISTEMA INTERAMERICANO DE PROTECCIÓN DE LOS DERECHOS HUMANOS

EDICIÓN 2024

AUTORES

JUAN SANTIAGO YLARRI
UNIVERSIDAD DE BUENOS AIRES (UBA)

JUAN LUIS JIMÉNEZ RUIZ
UNIVERSIDAD INTERNACIONAL DE LA RIOJA (UNIR)

COLEX 2024

© Editorial Colex, S.L.
Calle Costa Rica, número 5, 3.º B (local comercial)
A Coruña, 15004, A Coruña (Galicia)
info@colex.es
www.colex.es

I. S. B. N.: 978-84-1194-686-5
Depósito legal: C 1529-2024

SUMARIO

PRÓLOGO

A

HISTORIA Y FUNCIONAMIENTO DE LA COMISIÓN Y DE LA CORTE INTERAMERICANA DE DERECHOS HUMANOS

PÁG. 13

B

CRONOLOGÍA

C

MIEMBROS

D

INSTRUMENTOS BÁSICOS

PÁG. 89

E

COMISIÓN INTERAMERICANA DE DERECHOS HUMANOS

PÁG. 119

F

CORTE INTERAMERICANA DE DERECHOS HUMANOS

PÁG. 167

G

ESTADO DE FIRMAS, RATIFICACIONES Y RESERVAS

H.

BIBLIOGRAFÍA

PRÓLOGO

Al proponerme la elaboración de un prólogo, se asumen dos obligaciones, la primera con los autores, y la segunda, con los lectores. En esta actuación de «telonero», no debo adjudicarme un papel principal, sino secundario, que permita acercar el contenido de la obra —como hilo conductor— a los destinatarios.

Lo primero que llama la atención es el título («El Sistema Interamericano de protección de los derechos humanos»), aunque su reflejo resulta frecuente entre los juristas y el alumnado americano, se concibe como algo sugerente en España, donde la protección de los derechos humanos no goza de un nivel tan aceptado y extendido (a pesar de los esfuerzos y efectos que se desprenden de las resoluciones emitidas por el Tribunal Europeo de Derechos Humanos). En América los derechos humanos se conciben como algo innato al rol Estado-ciudadano (encargados de la promoción y proyección), incluso superior a los derechos fundamentales reconocidos en los textos constitucionales, donde estos últimos ceden en gran medida frente a los primeros, extremo que no se proyecta en los Estados europeos debido a un mayor arraigo en la teoría francesa. De ahí, que los derechos humanos se adapten mejor en el tiempo y en la evolución, pero su consistencia y fuerza no pueda equipararse al espíritu y finalidad de los derechos fundamentales, extremo que se ha conformado desde la Segunda Guerra Mundial en la justicia constitucional de la gran mayoría de los Estados europeos.

Dejando atrás los rasgos característicos que se conciben en los derechos humanos y su incidencia en la justicia constitucional, los autores han realizado un exhaustivo y ordenado trabajo para acercar el modelo interamericano de protección de los derechos humanos a los juristas y al alumnado americano y español. La primera parte contiene un estudio histórico de la Organización de los Estados Americanos, y de la Comisión y Corte Interamericana de Derechos Humanos, divididas en cuatro etapas en la que se suceden los eventos desde el año 1948 al momento actual, que se complementa con el funcionamiento interno de la Comisión y Corte Interamericana de Derechos Humanos, prestando especial atención a la organización, funciones, competencia y procedimiento interno. La segunda parte está dedicada a la cronología, y en ella se transcurre de forma temporal y sucesiva por los eventos más singulares, desde el Congreso Anfictiónico de Simón Bolívar (1826) hasta la actualidad, dicho enfoque es muy didáctico porque permite de manera rápida conocer de manera sistemática por todos y cada uno de los acontecimientos más significativos de la historia americana de los derechos humanos. La siguiente parte está dedicada a las composiciones y renovaciones que se han sucedido en las dos instituciones encargadas de la protección y promoción de los derechos humanos. De manera muy inteligente, los autores han conseguido un libro práctico y teórico, con una simbiosis que permite la consulta y acceso a todo profesional como libro de cabecera, de manera rápida y ordenada, a toda la normativa y bibliografía, que estoy seguro colmará las aspiraciones de todo aquél que se acerque a este gran trabajo.

Como se ha indicado, este formato de libros que engloban, por una parte, un elemento teórico, con otros de contenido práctico, resultan de gran utilidad, pues, con ellos se consigue una herramienta de trabajo y consulta compacta, tan demandada por profesionales y a nivel educativo. Mis mayores felicitaciones a los profesores, Juan Santiago Ylarri y Juan Luis Jiménez Ruiz.

En Gijón, a 3 de octubre de 2024.

Fruela Río Santos.

A

HISTORIA Y FUNCIONAMIENTO DE LA COMISIÓN Y DE LA CORTE INTERAMERICANA DE DERECHOS HUMANOS

1. Introducción

El estudio[1] de la historia y el funcionamiento de la Comisión y de la Corte Interamericana de Derechos Humanos resulta de sumo interés y trascendencia, con mayor motivo si se toma en cuenta la actualidad cambiante y polarizada en la que también se sitúa el continente americano, en plena era de la globalización. La estructura actual del sistema interamericano de protección de los derechos humanos es producto de un proceso que abarca poco más de tres décadas, en las que se fueron gestando las características de los dos órganos competentes para conocer los asuntos relacionados con el cumplimiento de los derechos humanos en el contexto apuntado.

De este modo, se analizará la creación de la Organización de Estados Americanos, después de la Segunda Guerra Mundial, y nos enfocaremos en estudiar las distintas etapas de la historia de la creación de la Corte Interamericana de Derechos Humanos, así como de la Comisión Interamericana de Derechos Humanos. Seguidamente, se observará el funcionamiento actual de cada uno de estos órganos, prestando especial atención, en particular, a las cuestiones relativas a su organización, las funciones que tienen atribuidas, su competencia para conocer los asuntos, y, el procedimiento habilitado ante cada uno de ellos.

2. La creación de la Organización de Estados Americanos y sus fines

Con la finalización de la Segunda Guerra Mundial tuvieron origen diversos sistemas de promoción y protección de los derechos humanos. El 26 de junio de 1945 se adoptó la Carta de las Naciones Unidas, la cual estableció como uno de los propósitos de la organización «[r]ealizar la cooperación internacional en la solución de problemas internacionales de carácter económico, social, cultural o humanitario, y en el desarrollo y estímulo del respeto a los derechos humanos y a las libertades fundamentales de todos, sin hacer distinción por motivos de raza, sexo, idioma o religión»[2].

Así las cosas, en la IX Conferencia Internacional Americana, celebrada en la ciudad de Bogotá, Colombia, entre los días 30 de marzo y 2 de mayo

1 Los autores agradecen vivamente al Dr. D. Fruela Río Santos su intenso apoyo en la elaboración de esta obra, así como la aceptación de prologarla.

2 Artículo 1.3, Carta OEA.

de 1948, se aprobó la Carta de la Organización de los Estados Americanos (OEA), la cual entró en vigor, tiempo después, el 13 de diciembre de 1951.

La OEA se constituyó como una organización internacional regional del tipo al que hace mención el artículo 52 de la Carta de las Naciones Unidas. Con posterioridad, la Carta fue reformada por diversos protocolos de reformas, en particular, por el «Protocolo de Buenos Aires», de 1967[3]; por el «Protocolo de Cartagena de Indias», de 1985[4]; por el «Protocolo de Washington», de 1992[5]; y finalmente por el «Protocolo de Managua», de 1993[6].

Asimismo, el 2 de mayo de 1948 se aprobó la Declaración Americana de los Derechos y Deberes del Hombre, la cual se constituyó como el primer instrumento internacional de derechos humanos de carácter general, si se tiene en cuenta que la Declaración Universal de Derechos Humanos fue adoptada y proclamada en la Asamblea General de las Naciones Unidas meses después, el 10 de diciembre de 1948.

En este marco, cabe señalar que los Estados americanos consagraron la OEA para lograr un orden de paz y de justicia, fomentar su solidaridad, robustecer su colaboración y defender su soberanía, su integridad territorial y su independencia. Asimismo, puntualizaron que, dentro de las Naciones Unidas, la Organización de los Estados Americanos se constituía como un organismo regional[7].

Para realizar los principios en que se funda y cumplir sus obligaciones regionales de acuerdo con la Carta de las Naciones Unidas[8], se establecieron los siguientes propósitos esenciales:

- Afianzar la paz y la seguridad del Continente;
- Promover y consolidar la democracia representativa dentro del respeto al principio de no intervención;
- Prevenir las posibles causas de dificultades y asegurar la solución pacífica de controversias que surjan entre los Estados miembros;
- Organizar la acción solidaria de éstos en caso de agresión;

3 El «Protocolo de Buenos Aires» fue suscrito el 27 de febrero de 1967, en la Tercera Conferencia Interamericana Extraordinaria.

4 El «Protocolo de Cartagena de Indias» fue aprobado el 5 de diciembre de 1985, en el decimocuarto período extraordinario de sesiones de la Asamblea General de la OEA.

5 El «Protocolo de Washington» fue aprobado el 14 de diciembre de 1992, en el decimosexto período extraordinario de sesiones de la Asamblea General de la OEA.

6 El «Protocolo de Managua» fue adoptado el 10 de junio de 1993, en el decimonoveno período extraordinario de sesiones de la Asamblea General de la OEA.

7 Artículo 1, Carta OEA.

8 Artículo 2, Carta OEA.

- Procurar la solución de los problemas políticos, jurídicos y económicos que se susciten entre ellos;
- Promover, por medio de la acción cooperativa, su desarrollo económico, social y cultural;
- Erradicar la pobreza crítica, que constituía un obstáculo al pleno desarrollo democrático de los pueblos del hemisferio; y
- Alcanzar una efectiva limitación de armamentos convencionales que permitiera dedicar el mayor número de recursos al desarrollo económico y social de los Estados miembros.

3. La historia de la Comisión y la Corte Interamericana de Derechos Humanos

Como bien señala Zovatto (1985), la historia de la creación de la Corte Interamericana de Derechos Humanos puede dividirse en diversas etapas. La primera etapa (1948-1959), se distingue por la adopción de resoluciones respecto de la necesidad de crear una Corte Interamericana de Derechos Humanos durante las diversas Conferencias Internacionales Americanas. La segunda etapa (1959-1969), se caracteriza por ser una etapa de elaboración de los diversos proyectos sobre una Convención Americana de Derechos Humanos. La tercera etapa (1969-1978), es la de la adopción de la Convención Americana sobre Derechos Humanos hasta su entrada en vigor. La cuarta y última etapa (1979), es la instalación de la Corte Interamericana de Derechos Humanos. Así, debieron transcurrir más de treinta años desde el primer antecedente —la Novena Conferencia Internacional Americana llevada a cabo en Bogotá en 1948— hasta la instalación definitiva de la Corte IDH, en San José de Costa Rica, en 1979.

3.1. Primera etapa (1948-1959)

Esta primera etapa representa la adopción de resoluciones respecto de la necesidad de crear una Corte Interamericana de Derechos Humanos, durante las diversas Conferencias Internacionales Americanas.

3.1.1. Resolución XXI adoptada en Novena Conferencia Internacional Americana (Bogotá, 1948)

La Novena Conferencia Internacional Americana, Bogotá (1948) supuso el punto de inicio de la actividad tendente a colmar la necesidad de crear un órgano jurisdiccional garante de la protección efectiva de los Derechos humanos en la región. Cabe aclarar que este debate se planteó tanto en el ámbito de las Naciones Unidas como en Europa.

En el marco de la Novena Conferencia Internacional Americana, se dictó la Resolución XXXI, la cual fue el resultado de una proposición —con una leve modificación— presentada por el Gobierno del Brasil. En los considerandos de la resolución, se pone de manifiesto la finalidad de la creación de una Convención Americana, así como la necesidad del establecimiento de un tribunal. En este sentido, en la resolución se expresó lo siguiente:

> «La Novena Conferencia Internacional Americana,
>
> Considerando:
>
> Que los derechos del hombre, internacionalmente reconocidos, deben tener garantía adecuada;
>
> Que esa garantía debe estar sancionada por un órgano jurídico, puesto que no hay derecho propiamente garantizado sin la protección de un tribunal;
>
> Que, cuando se trata de derechos internacionalmente reconocidos, la protección jurídica, para ser eficaz, debe emanar de un órgano internacional,
>
> Recomienda:
>
> A la Comisión Jurídica Interamericana (Al Comité Jurídico Interamericano) que elabore un proyecto de Estatuto para la creación y el funcionamiento de una Corte Interamericana destinada a garantizar los derechos del hombre. Ese proyecto, después de ser sometido al examen y a las observaciones de los Gobiernos de todos los Estados Americanos, deberá ser remitido a la Conferencia Interamericana para que ésta lo estudie si considera que ha llegado el momento para una decisión sobre la materia».

A su vez, en la exposición de motivos, respecto de la cuestión bajo análisis, se afirmó lo siguiente:

> «La Novena Conferencia Internacional Americana va a aprobar una Declaración de los Derechos y Deberes Internacionales del Hombre. No basta, sin embargo, proclamarlos: es necesario, además, que esos derechos sean respetados.
>
> En lo que concierne a los deberes, cada Estado, en la esfera de su jurisdicción, dispone de elementos para hacerlos cumplir.
>
> En lo tocante, sin embargo, a los derechos, la cuestión es más difícil. No obstante, cumple dar a los individuos a quienes les sean reconocidos, la posibilidad de que los sancione cualquier jurisdicción que sea adecuada.
>
> Sin duda, en cada Estado existen ya tribunales organizados de acuerdo con el respectivo sistema jurídico, los cuales tienen la facultad, por lo menos teórica, de dirigirse a los individuos a quienes no se les reconozcan o se les violen sus derechos o libertades. Sabemos, con todo, que muchas veces esos recursos de orden interno son insuficientes, no sólo porque con frecuencia no han sido previstas todas las hipótesis, sino porque, además, en ciertos casos, el individuo es víctima de arbitrariedades insuperables por parte de las propias autoridades gubernamentales. Algunas veces, los propios tribunales, estrechamente subordinados a un poder ejecutivo opresor, cometen injusticias evidentes; o bien, el individuo se ve privado de acceso a los tribunales locales. En tales casos, si se trata realmente de derechos fundamentales, se impone la posibilidad de recurrir a una jurisdicción internacional».

3.1.2. Informe del Comité Jurídico Interamericano (1949)

Como consecuencia de la Resolución XXXI, que había encomendado al Comité Jurídico Interamericano la elaboración de un proyecto de Estatuto para la creación y funcionamiento de una Corte Interamericana destinada a garantizar los derechos del hombre, el Comité Jurídico Interamericano aprobó, el 26 de septiembre de 1949, un informe. En su contenido se consideró que sería prematura la elaboración de un proyecto de estatuto de una Corte. Al mismo tiempo, indicó algunas medidas que debían adoptarse previamente, y que estimaba indispensables, para que se pudiese llegar al objetivo, en particular, que no se había adoptado una auténtica convención sobre derechos humanos que generara una «obligación jurídica contractual». Así en el punto 5 del informe, expresó:

> «Es evidente que la Declaración de Bogotá no crea una obligación jurídica contractual; pero también lo es el hecho de que ella señala una orientación bien definida en el sentido de la protección internacional de los derechos fundamentales de la persona humana. Acorde con la tradición americana de avanzar lenta y firmemente en el campo del derecho, la Conferencia de Bogotá se limitó a enunciar los respectivos derechos en conformidad con esta aspiración. Al mismo tiempo contempló la posibilidad de que en el futuro se adoptasen normas jurídicas, para cuya garantía recomendó la elaboración del proyecto de Estatuto de una Corte de Justicia. De esa suerte, la Conferencia destacó que en estas materias deben recorrerse varias etapas: la primera sería la simple enunciación de los derechos; la siguiente su aceptación como normas obligatorias y la garantía de su efectividad mediante una jurisdicción especial. Esta orientación de la Conferencia se conforma evidentemente con postulados fundamentales de instrumentos internacionales tan importantes en el mundo contemporáneo como son la Carta de las Naciones Unidas y la de la Organización de los Estados Americanos. La primera específicamente establece, en su artículo 55, la función o el deber de la Organización de promover el respeto universal a los derechos esenciales del hombre y la efectividad de los mismos. La segunda, por su parte, al reconocer en su artículo 13 como uno de los derechos fundamentales de los Estados el de desenvolver libre y espontáneamente su vida cultural, política y económica, establece como un deber de la misma índole el de que el Estado tiene que respetar, en ese libre desenvolvimiento, los derechos de la persona humana».

3.1.3. Décima Conferencia Internacional Americana (Caracas, 1954)

En la Décima Conferencia Internacional Americana nuevamente se planteó la cuestión de la creación de una Corte Interamericana. Así las cosas, se adoptó la Resolución XXIX relativa a la «Creación de una Corte Interamericana de Derechos Humanos», en la que se encargó al Consejo de la Organización la continuación de los estudios acerca de la protección jurisdiccional de los derechos humanos, «sobre la base de los proyectos y estudios ya existentes y a la luz de su propia experiencia, analizando la posibilidad de que se llegue a establecer una Corte Interamericana para proteger los Derechos Humanos, con el propósito de que la Undécima Conferencia Interamericana considere el asunto».

3.1.4. Quinta Reunión de Consulta (Santiago de Chile, 1959). Creación de la Comisión Interamericana de Derechos Humanos

Pocos años después, la cuestión fue abordada nuevamente en una Reunión de Consulta de Ministros de Relaciones Exteriores. De este modo, en el Acta final de la Quinta Sesión de Cancilleres celebrada del 12 a 18 de agosto de 1959, en su Resolución VIII «Derechos Humanos», se consideró que en diversos instrumentos de la Organización de los Estados Americanos se había consagrado la norma de que la libertad, la justicia y la paz tienen como base primordial y preferente el reconocimiento de la dignidad intrínseca y de los derechos iguales o inalienables de la persona humana. Como corolario de ello, se indicó que era indispensable que los derechos fueran protegidos por un régimen jurídico, «a fin de que el hombre no se vea compelido al supremo recurso de la rebelión contra la tiranía y la opresión». Así, se declaró que a once años de proclamada la Declaración Americana de los Derechos y Deberes del Hombre, y de los buenos resultados fruto de los trabajos paralelos en el seno de la Organización de las Naciones Unidas y del Consejo de Europa, en la reglamentación y ordenación de esta materia, se «halla[b]a preparado el ambiente en el Hemisferio para que se celebre una Convención».

Por lo tanto, se encomendó al Consejo Interamericano de Jurisconsultos que procediera a elaborar, en su Cuarta Reunión, un proyecto de Convención sobre derechos humanos, y que, si no lo hiciere, pasaría el encargo al Consejo de la Organización de los Estados Americanos, la cual debía comisionar para ese efecto al Comité Jurídico Interamericano o a la entidad que estimara conveniente. Asimismo, resolvió que se procediera a elaborar el proyecto o proyectos oportunos de convención sobre la creación de una Corte Interamericana de Protección de los Derechos Humanos y de otros órganos adecuados para la tutela y observancia de los mismos. Finalmente, en el punto I.2 de la resolución se estableció que los proyectos fueran sometidos a la Undécima Conferencia Interamericana y remitidos a los Gobiernos sesenta días antes de la instalación de dicha Conferencia.

En esta misma reunión se dispuso a crear una Comisión Interamericana de Derechos Humanos, la cual se compondría de siete miembros, elegidos a título personal de ternas presentadas por los Gobiernos, por el Consejo de la Organización de los Estados Americanos, encargada de promover el respeto de tales derechos, la cual serían organizada por el mismo Consejo y tendría las atribuciones específicas que éste le señale.

El Consejo de la Organización aprobó el Estatuto de la Comisión el 25 de mayo de 1960. Un mes después, el 29 de junio, eligió a sus primeros miembros, en el cual se celebró su primer período de sesiones.

En 1961 la Comisión Interamericana de Derechos Humanos comenzó a realizar visitas a varios Estados para observar *in situ* la situación de los derechos humanos. La primera visita fue en República Dominicana, del 22 al 29 de octubre de 1961. Desde aquella fecha ha llevado a cabo más de un centenar de visitas a los Estados miembros de la Organización. Entre otras cuestiones, sobre la base de esas investigaciones in loco, la Comisión ha publicado, por un lado, informes de Estados. El primero de ellos fue realizado en 1962, en el que se analizó la situación de los derechos humanos en Cuba. También, realizó numerosos informes temáticos, así como informes anuales.

3.2. Segunda etapa (1959-1969)

La segunda etapa (1959-1969), se caracteriza por ser una etapa de elaboración de los diversos proyectos sobre una Convención Americana de Derechos Humanos.

3.2.1. Proyecto de Convención del Consejo Interamericano de Jurisconsultos (1959)

En función de lo requerido en el punto I de la Resolución VIII, el Consejo Interamericano de Jurisconsultos, durante su Cuarta Reunión celebrada en Santiago de Chile, entre el 24 de agosto y el 9 de setiembre de 1959, y sobre la base de un texto de la Delegación del Uruguay, elaboró un proyecto de Convención sobre los Derechos Humanos.

3.2.2. Segunda Conferencia Interamericana Extraordinaria (Río de Janeiro, 1965). Proyectos de Chile y de Uruguay y la Resolución XXIV «Convención Interamericana de Derechos Humanos»

Como se indicó, los proyectos sobre la convención debían ser remitidos a los Gobiernos sesenta días antes de la instalación de la Undécima Conferencia Interamericana. Si bien, por las circunstancias políticas del momento, esta conferencia nunca se reunió, y la cuestión fue abordada en la Segunda Conferencia Interamericana Extraordinaria, que se celebró en Río de Janeiro, en 1965.

En esta conferencia, sólo los Gobiernos de Chile y Uruguay presentaron proyectos de una Convención sobre Protección de los Derechos Humanos.

Así las cosas, en la conferencia se analizaron estos dos proyectos junto con el propuesto por el Consejo Interamericano de Jurisconsultos, ya mencionado.

Sin embargo, teniendo en cuenta el escaso tiempo con el que contaba la Segunda Conferencia Interamericana Extraordinaria para abordar la cuestión, —en la Resolución XXIV «Convención Interamericana de Derechos Humanos»— se dispuso enviar los Proyecto de Convención sobre Derechos Humanos elaborado por el Consejo Interamericano de Jurisconsultos (en su Cuarta Reunión celebrada en 1959), conjuntamente con el Proyecto de Convención presentado por el Gobierno de Chile y el Proyecto de Convención presentado por el Gobierno de Uruguay, y las actas de los debates de la Segunda Conferencia Interamericana Extraordinaria, sobre la materia, al Consejo de la Organización de los Estados Americanos, para que, oyendo a la Comisión Interamericana de Derechos Humanos y a los otros órganos y entidades que estimara conveniente, introdujera en el Proyecto del Consejo Interamericano de Jurisconsultos, las enmiendas que juzgara necesarias para actualizarlo y completarlo. Indicó que el Consejo debería cumplir ese cometido en un plazo no mayor de un año. A su vez, se determinó que el proyecto revisado sería sometido a los Gobiernos para que formularan las observaciones y enmiendas que estimaran pertinentes, dentro de un plazo de tres meses. Finalmente, se estipuló que, dentro de los treinta días desde el vencimiento del plazo antes mencionado, el Consejo de la Organización debía convocar a una Conferencia Interamericana Especializada, de acuerdo con la Carta de la Organización, para que se considerara el aludido proyecto juntamente con las observaciones y enmiendas de los Gobiernos, y se decidiera la aprobación y firma de una Convención de Derechos Humanos.

A su vez, en esta Segunda Conferencia Interamericana Extraordinaria celebrada en Río de Janeiro, la Comisión Interamericana de Derechos Humanos fue expresamente autorizada a examinar denuncias o peticiones relacionadas con casos específicos de violaciones de derechos humanos.

3.2.3. Protocolo de Buenos Aires (1967)

En lo que respecta a la Comisión Interamericana de Derechos Humanos, cabe señalar que en la Tercera Conferencia Interamericana Extraordinaria llevada a cabo en Buenos Aires, Argentina, el 27 de febrero de 1967 se suscribió el Protocolo de Reformas a la Carta de la OEA, llamado «Protocolo De Buenos Aires». Allí, la Comisión Interamericana de Derechos Humanos se constituyó en un órgano principal de la OEA, en tanto se indicaba que mientras entrara en vigor la Convención Americana, se le asignaba a la Comisión Interamericana de Derechos Humanos la función de velar por la observancia de dichos derechos.

En este contexto, el artículo 106 de la Carta de la OEA estableció que habría una Comisión Interamericana de Derechos Humanos la cual tendría, como función principal, la de promover la observancia y la defensa de los derechos humanos y de servir como órgano consultivo de la Organización en esta materia. A su vez, estipuló que una convención interamericana sobre derechos humanos determinaría la estructura, competencia y procedimiento de dicha Comisión, así como los de los otros órganos encargados de esa materia.

3.2.4. Proyecto de la Convención Americana sobre los Derechos Humanos (1967)

El Consejo de la OEA dio cumplimiento a lo estipulado en la Resolución XXIV y encomendó a una comisión el estudio y consideración del proyecto del Consejo Interamericano de Jurisconsultos, así como los proyectos de Chile y Uruguay. Asimismo, resolvió, remitir a la Comisión Interamericana de Derechos Humanos, el proyecto del Consejo Interamericano de Jurisconsultos y los proyectos de Chile y Uruguay, y le solicitó opinión y las recomendaciones que estimara pertinentes.

La Comisión Interamericana de Derechos Humanos, en función de lo decidido en la Resolución XXIV y el mandato dado por el Consejo de la OEA, procedió a la consideración de los estudios preliminares sobre la materia, en su Decimotercer Período de Sesiones llevada a cabo en Méjico, en los días 18 a 28 de abril de 1966, aprobó la Resolución XXVI. Posteriormente, durante el Decimocuarto Periodo de Sesiones, llevado a cabo en los días 3 al 21 de septiembre de 1966, inició el estudio del Proyecto de Convención que había sido preparado por el Consejo Interamericano de Jurisconsultos y se tuvo en cuenta los proyectos presentados por los Gobiernos de Chile y Uruguay y los comentarios y enmiendas redactados por los miembros de la Comisión.

Así las cosas, el 4 de noviembre de 1966, la Comisión Interamericana de Derechos Humanos entregó al Consejo de la OEA un dictamen sobre los artículos 1 al 19 del proyecto del Consejo Interamericano de Jurisconsultos. Tiempo después, el 10 de abril de 1967, dictaminó respecto del resto del articulado del citado proyecto. Luego, la Comisión propuso enmiendas al proyecto de Convención sobre Derechos Humanos elaborado por el Consejo Interamericano de Jurisconsultos.

A su vez, el 17 de junio de 1967, el Consejo de la OEA, planteó a los Gobiernos de los Estados miembros si era conveniente que existiera en el Continente una Convención Interamericana de Derechos Humanos. En este sentido, cabe precisar que el primer proyecto elaborado por el Consejo Interamericano de Jurisconsultos databa de 1959 y los proyectos de los Gobiernos de Chile y de Uruguay fueron presentados en 1965. Sin embargo, en 1966, se aprobaron, en el marco de las Naciones Unidas, los Pactos sobre Derechos Civiles y Políticos, y sobre los Derechos Económicos, Sociales y Culturales. De este modo, se planteó si era conveniente continuar con el proceso de la adopción de un instrumento a nivel regional. Doce Estados miembros dieron respuesta, de los cuales, diez se manifestaron positivamente

(Bolivia, Chile, Colombia, Costa Rica, Ecuador, Estados Unidos de América, Guatemala, Méjico, Uruguay y Venezuela); mientras que Argentina y Brasil se manifestaron en contra.

Finalmente, la Comisión elaboró un Proyecto de Convención Americana sobre Protección de Derechos Humanos e incorporó disposiciones específicas relativas a la Corte, las cuales estaban reguladas en tres capítulos: «Organización de la Corte»[9], «Competencia de la Corte»[10] y «Procedimiento ante la Corte»[11].

3.3. Tercera etapa (1969-1978)

La tercera etapa (1969-1978), es la de la adopción de la Convención Americana sobre Derechos Humanos hasta su entrada en vigor, por lo que hay que hacer especial referencia a la Conferencia Especializada sobre Derechos Humanos que tuvo lugar en San José de Costa Rica, en 1969.

El Consejo de la Organización, por acuerdo tomado en la sesión del 12 de febrero de 1969, resolvió «convocar a una Conferencia Especializada Interamericana sobre Derechos Humanos para que considere el proyecto de Convención Interamericana sobre Derechos Humanos que ha sido elaborada de acuerdo con la Resolución XXIV de la Segunda Conferencia Interamericana Extraordinaria, así como las observaciones y enmiendas que formulen los Gobiernos y decida sobre la aprobación y firma de la aludida Convención».

En el mes de noviembre de 1969 se celebró en San José de Costa Rica la Conferencia Especializada Interamericana sobre Derechos Humanos. En ella, los delegados de los Estados miembros de la Organización de los Estados Americanos redactaron la Convención Americana sobre Derechos Humanos.

La convención estableció dos órganos competentes para conocer de los asuntos relacionados con el cumplimiento de los compromisos contraídos por los Estados parte en la Convención: la Comisión Interamericana de Derechos Humanos[12] y la Corte Interamericana de Derechos Humanos[13].

9 Artículos 42 a 47 del Proyecto de Convención Americana sobre Protección de Derechos Humanos.

10 Artículos 48 a 53 del Proyecto de Convención Americana sobre Protección de Derechos Humanos.

11 Artículos 54 a 58 del Proyecto de Convención Americana sobre Protección de Derechos Humanos.

12 Regulada en los artículos 34 a 51 Convención Americana sobre los Derechos Humanos.

13 Regulada en los artículos 52 a 69 Convención Americana sobre los Derechos Humanos.

3.4. Cuarta etapa (1979)

La cuarta y última etapa (1979) se refiere a la instalación de la Corte Interamericana de Derechos Humanos.

La Convención Americana sobre Derechos Humanos entró en vigor el 18 de julio de 1978, al haber sido depositado el undécimo instrumento de ratificación por un Estado miembro de la OEA.

El 1 de julio de 1978, la Asamblea General de la OEA recomendó aprobar el ofrecimiento formal del Gobierno de Costa Rica para que la sede de la Corte se estableciera en ese Estado. Esta decisión fue ratificada después por los Estados parte en la Convención durante el Sexto Período Extraordinario de Sesiones de la Asamblea General.

La sede de la Corte se constituyó en la ciudad de Washington D.C., durante los días 29 y 30 de junio de 1979, para asentarse bajo petición formal del Gobierno de Costa Rica, en la ciudad de San José, a partir del 3 de septiembre del mismo año[14]. El cambio de la sede está permitido en la Convención, necesitando de dos tercios de los votos de la Asamblea General[15], pero para la aprobación de las reuniones en otros Estados miembros se necesita, no sólo la mayoría de sus miembros, sino de la aquiescencia del Estado receptor. El Estatuto afirma que la sede está ubicada en la ciudad de San José, manteniendo la posibilidad del cambio de destino y la celebración de reuniones fuera de la misma[16]. El art. 27.1 del Estatuto habilita la celebración de acuerdos entre el Gobierno de Costa Rica con la Corte, y en el ejercicio de la competencia se suscribió en la ciudad de San José, el 10 de septiembre de 1981, el Convenio internacional entre el Gobierno de Costa Rica y la Corte, sobre el que incluye el régimen de inmunidades y privilegios de la Corte, de sus jueces, de su personal y de las demás personas que comparezcan ante ella.

Los Estados parte en la Convención Americana eligieron a los primeros siete jueces de la Corte el 22 de mayo de 1979, durante el Séptimo Período Extraordinario de Sesiones de la Asamblea General de la OEA. La Corte se instaló oficialmente en su sede en San José, Costa Rica, el 3 de septiembre de 1979.

---

14 El 1 de julio de 1978, en el Octavo Período de Sesiones de la Asamblea General de la OEA, se aprobó la resolución AG/RES.372 (VIII-0/78), recomendando que la Corte se constituyese en la ciudad de San José, Costa Rica. La instalación y el funcionamiento de la Corte empezó en la ciudad de San José el 3 de septiembre de 1978. Se complementa por el Convenio entre el Gobierno de la República de Costa Rica y la Corte Interamericana de Derechos Humanos, por medio de la Ley n.° 6889, de la Asamblea Legislativa de la República de Costa Rica.

15 Art. 58.1 de la Convención.

16 Art. 3 del Estatuto.

El Estatuto de la Corte Interamericana se aprobó mediante la Resolución n.° 448 adoptada por la Asamblea General de la OEA en su noveno período de sesiones, celebrado en La Paz, Bolivia, octubre de 1979.

A su vez, en 1980 se aprobó su primer reglamento. El reglamento actualmente vigente fue aprobado por la Corte en su LXXXV Período Ordinario de Sesiones, celebrado del 16 al 28 de noviembre de 2009.

Finalmente, el 4 de febrero de 2010 se aprobó el Reglamento de la Corte Interamericana de Derechos Humanos sobre el Funcionamiento del Fondo de Asistencia Legal de Víctimas.

En lo que respecta a la Comisión Interamericana de Derechos Humanos, cabe precisar que, con el fin de promover la observancia y la defensa de los derechos humanos, la Comisión tiene diversas funciones que se encuentran contempladas tanto en la Carta de la OEA[17], como en la Convención Americana sobre los Derechos Humanos[18], su Estatuto[19] y su Reglamento[20].

El artículo 39 de la Convención Americana sobre los Derechos Humanos establece que la Comisión debe preparar su Estatuto, el cual debe ser sometido a la aprobación de la Asamblea General de la OEA y que dicta su propio Reglamento. Así las cosas, el Estatuto de la Comisión Interamericana de Derechos Humanos fue aprobado mediante la Resolución n.° 447 adoptada por la Asamblea General de la OEA en su noveno período ordinario de sesiones, celebrado en La Paz, Bolivia, en octubre de 1979.

Por su parte, el reglamento de la Comisión Interamericana de Derechos Humanos fue aprobado por la Comisión en su 137 período ordinario de sesiones, celebrado del 28 de octubre al 13 de noviembre de 2009. Con posterioridad, fue modificado el 2 de septiembre de 2011 y en su 147 período ordinario de sesiones, celebrado del 8 al 22 de marzo de 2013, para su entrada en vigor el 1 de agosto de 2013.

Finalmente, el 1 de marzo de 2011 se aprobó el Reglamento de la Comisión Interamericana de Derechos Humanos sobre el Fondo de Asistencia Legal del Sistema Interamericano de Derechos Humanos.

4. El funcionamiento de la Comisión Interamericana de Derechos Humanos

La Convención Americana sobre los Derechos Humanos establece en su segunda parte los medios de protección de los derechos humanos. En el

17 Artículo 106, Carta OEA.

18 Artículo 41, Convención Americana sobre los Derechos Humanos.

19 Artículo 1.1, Estatuto de la Comisión Interamericana de Derechos Humanos.

20 Artículos 18 y 19, Reglamento de la Comisión Interamericana de Derechos Humanos.

Capítulo VII se regula la Comisión Interamericana de Derechos Humanos a lo largo de cuatro secciones: el primero regula la organización de la Comisión, el segundo las funciones, el tercero la competencia de la Comisión Interamericana de Derechos Humanos y, finalmente, el cuarto el procedimiento ante la Comisión Interamericana de Derechos Humanos.

4.1. La organización de la Comisión Interamericana de Derechos Humanos

Composición. La Comisión Interamericana de Derechos Humanos, que tiene sede en Washington D.C., se compone de siete miembros, los cuales deben ser personas de alta autoridad moral y reconocida versación en materia de derechos humanos[21], y representa a todos los Miembros que integran la Organización de los Estados Americanos[22].

Elección. En lo que respecta al modo de elección, la Convención Americana sobre los Derechos Humanos precisa que los miembros de la Comisión serán elegidos a título personal por la Asamblea General de la Organización de una lista de candidatos propuestos por los Gobiernos de los Estados miembros. Cada uno de los Gobiernos puede proponer hasta tres candidatos, nacionales del Estado que los proponga o de cualquier otro Estado miembro de la Organización de los Estados Americanos. Cuando se proponga una terna, por lo menos uno de los candidatos debe ser nacional de un Estado distinto del proponente[23].

Duración del mandato. En cuanto a la duración del mandato los miembros de la Comisión son elegidos por cuatro años y sólo podrán ser reelegidos una vez, pero no puede formar parte de la Comisión más de un nacional de un mismo Estado[24].

Secretario Ejecutivo. Una figura muy importante en el funcionamiento interno de la Comisión Interamericana de Derechos Humanos es el Secretario Ejecutivo, cuyas atribuciones están reguladas en el Reglamento de la Comisión[25], a quien le corresponde, entre otras cuestiones, coordinar los aspectos operativos de la labor de los grupos de trabajo y relatorías; elaborar, en consulta con el Presidente, el proyecto de programa presupuesto de la Comisión; y preparar, en consulta con el Presidente, el proyecto de programa de trabajo para cada período de sesiones.

---

21 Artículo 34, Convención Americana sobre los Derechos Humanos.

22 Artículo 35, Convención Americana sobre los Derechos Humanos.

23 Artículo 36, Convención Americana sobre los Derechos Humanos.

24 Artículo 37, Convención Americana sobre los Derechos Humanos.

25 Artículo 12, Reglamento de la Comisión Interamericana de Derechos Humanos.

Forma de adopción de decisiones. El capítulo V del Reglamento[26] regula el funcionamiento de la Comisión Interamericana de Derechos Humanos, estableciendo que se reúne en sesiones, y que para constituir quórum se requiere la presencia de la mayoría absoluta de los miembros de la Comisión. Las decisiones se adoptan con el voto de la mayoría de los miembros presentes. Sin embargo, se requiere el voto de la mayoría absoluta de sus miembros para la elección de los integrantes de la directiva de la Comisión, para la interpretación de la aplicación del Reglamento, para la adopción de informe sobre la situación de los derechos humanos en un determinado Estado, y cuando tal mayoría esté prevista en la Convención Americana, el Estatuto o el Reglamento.

Deber de proporcionar información. Por otro lado, se estipula que los Estados parte deben remitir a la Comisión copia de los informes y estudios que en sus respectivos campos someten anualmente a las Comisiones Ejecutivas del Consejo Interamericano Económico y Social y del Consejo Interamericano para la Educación, la Ciencia y la Cultura, a fin de que aquella vele por que se promuevan los derechos derivados de las normas económicas sociales y sobre educación, ciencia y cultura contenidas en la Carta de la Organización de los Estados Americanos, reformada por el Protocolo de Buenos Aires[27]. A su vez, los Estados parte se obligan a proporcionar a la Comisión las informaciones que ésta les solicite sobre la manera en que su derecho interno asegura la aplicación efectiva de cualesquiera disposiciones de esta Convención[28].

4.2. Las funciones de la Comisión Interamericana de Derechos Humanos

En lo que respecta a las funciones de la Comisión Interamericana de Derechos Humanos, cabe aclarar que tiene la función principal de promover la observancia y la defensa de los derechos humanos. A este respecto cabe poner de relieve que el artículo 1.1 del Estatuto aclara que por derechos humanos se entiende los derechos definidos en la Convención Americana sobre Derechos Humanos en relación con los Estados parte en la misma, y los derechos consagrados en la Declaración Americana de Derechos y Deberes del Hombre, en relación con los demás Estados miembros.

Así las cosas, la Comisión Interamericana de Derechos Humanos en el ejercicio de su mandato tiene las siguientes funciones y atribuciones[29]:

---

26 Artículos 14 a 21, Reglamento de la Comisión Interamericana de Derechos Humanos.

27 Artículo 42, Convención Americana sobre los Derechos Humanos.

28 Artículo 43, Convención Americana sobre los Derechos Humanos.

29 Artículo 41, Convención Americana sobre los Derechos Humanos; Artículo 18, Estatuto de la Comisión Interamericana de Derechos Humanos.

- Estimular la conciencia de los derechos humanos en los pueblos de América;
- Formular recomendaciones, cuando lo estime conveniente a los Gobiernos de los Estados miembros para que adopten medidas progresivas en favor de los derechos humanos dentro del marco de sus leyes internas y sus preceptos constitucionales al igual que disposiciones apropiadas para fomentar el debido respeto a esos derechos;
- Preparar los estudios o informes que considere convenientes para el desempeño de sus funciones;
- Solicitar de los Gobiernos de los Estados miembros que le proporcionen informes sobre las medidas que adopten en materia de derechos humanos;
- Atender las consultas que, por medio de la Secretaría General de la Organización de los Estados Americanos, le formulen los Estados miembros en cuestiones relacionadas con los derechos humanos y, dentro de sus posibilidades, les prestará el asesoramiento que éstos le soliciten;
- Actuar respecto de las peticiones y otras comunicaciones en ejercicio de su autoridad.
- Rendir un informe anual a la Asamblea General de la Organización de los Estados Americanos.

Además de las atribuciones del artículo 18 del Estatuto, su artículo 19 estipula que también tendrá las siguientes:

- Diligenciar las peticiones y otras comunicaciones, de conformidad con lo dispuesto en los artículos 44 al 51 de la Convención;
- Comparecer ante la Corte Interamericana de Derechos Humanos en los casos previstos en la Convención;
- Solicitar a la Corte Interamericana de Derechos Humanos que tome las medidas provisionales que considere pertinentes en asuntos graves y urgentes que aún no estén sometidos a su conocimiento, cuando se haga necesario para evitar daños irreparables a las personas;
- Consultar a la Corte acerca de la interpretación de la Convención Americana sobre Derechos Humanos o de otros tratados sobre la protección de los derechos humanos en los Estados americanos;
- Someter a la consideración de la Asamblea General proyectos de protocolos adicionales a la Convención Americana sobre Derechos Humanos, con el fin de incluir progresivamente en el régimen de protección de la misma otros derechos y libertades; y
- Someter a la Asamblea General, para lo que estime conveniente, por conducto del Secretario General, propuestas de enmienda a la Convención Americana sobre Derechos Humanos.

4.3. La competencia de la Comisión Interamericana de Derechos Humanos

Peticiones. En lo que respecta a la competencia de la Comisión Interamericana de Derechos Humanos, la Convención Americana sobre los Derechos Humanos establece que cualquier persona o grupo de personas o entidad no gubernamental legalmente reconocida en uno o más Estados miembros de la Organización, puede presentar a la Comisión peticiones que contengan denuncias o quejas de violación de esta Convención por un Estado parte[30].

Instrumentos de Derechos Humanos. Hay que tener presente que existe una gran variedad de instrumentos de derechos humanos. Así, el Reglamento establece que la petición puede referirse a la presunta violación de alguno de los derechos humanos reconocidos, según el caso, en la Declaración Americana de los Derechos y Deberes del Hombre, la Convención Americana sobre Derechos Humanos «Pacto de San José de Costa Rica», el Protocolo Adicional a la Convención Americana sobre Derechos Humanos en Materia de Derechos Económicos, Sociales y Culturales «Protocolo de San Salvador», el Protocolo a la Convención Americana sobre Derechos Humanos Relativo a la Abolición de la Pena de Muerte, la Convención Interamericana para Prevenir y Sancionar la Tortura, la Convención Interamericana sobre Desaparición Forzada de Personas y la Convención Interamericana para Prevenir, Sancionar y Erradicar la Violencia contra la Mujer «Convención de Belém do Pará», conforme a sus respectivas disposiciones, el Estatuto de la Comisión y el Reglamento[31]. A su vez, cabe precisar que la Corte Interamericana de Derechos Humanos se ha pronunciado respecto del Protocolo a la Convención Americana sobre Derechos Humanos relativo a la Abolición de la Pena de Muerte[32] como a la Convención Interamericana para Prevenir, Sancionar y Erradicar la Violencia contra la Mujer (también llamada «Convención de Belém do Pará»)[33], a pesar de que estos instrumentos no establecen la posibilidad de que se presenten peticiones ante la Comisión Interamericana de Derechos Humanos.

30 Artículo 44, Convención Americana sobre los Derechos Humanos.

31 Artículo 23, Reglamento de la Comisión Interamericana de Derechos Humanos.

32 Al respecto, ver Corte Interamericana de Derechos Humanos, «Restricciones a la pena de muerte (arts. 4.2 y 4.4 Convención Americana sobre Derechos Humanos)». Opinión Consultiva 3/83 del 8 de septiembre de 1983. Serie A n.° 3; y «Caso Hilaire, Constantine y Benjamin y otros Vs. Trinidad y Tobago». Sentencia del 21 de junio de 2002. Serie C No. 94.

33 Sobre el punto, *Cfr*. Corte Interamericana de Derechos Humanos, «Caso González y otras (Campo Algodonero) Vs. Méjico». Sentencia de 16 de noviembre de 2009. Serie C No. 205; y «Caso del Penal Miguel Castro Castro Vs. Perú». Sentencia del 25 de noviembre de 2006. Serie C n.° 160.

Reconocimiento de la competencia de la Comisión Interamericana de Derechos Humanos. A su vez, los Estado parte pueden declarar que reconocen la competencia de la Comisión para recibir y examinar las comunicaciones en que un Estado parte alegue que otro Estado parte ha incurrido en violaciones de los derechos humanos establecidos en la Convención. Asimismo, el artículo aclara que estas comunicaciones sólo se pueden admitir y examinar si son presentadas por un Estado parte que haya hecho una declaración por la cual reconozca la referida competencia de la Comisión. De este modo, se indica que la Comisión no admitirá ninguna comunicación contra un Estado parte que no haya hecho tal declaración[34].

4.4. El procedimiento ante la Comisión Interamericana de Derechos Humanos

Requisitos de las peticiones o comunicaciones. La Convención Americana sobre los Derechos Humanos establece una serie de requisitos para que una petición[35] o una comunicación[36] sea admitida por la Comisión[37]. De este modo se requiere: que se hayan interpuesto y agotado los recursos de jurisdicción interna conforme a los principios del Derecho Internacional generalmente reconocidos; que sea presentada dentro del plazo de seis meses, a partir de la fecha en que el presunto lesionado en sus derechos haya sido notificado de la decisión definitiva; que la materia de la petición o comunicación no esté pendiente de otro procedimiento de arreglo internacional; y que en el caso de las peticiones, se indica que la misma debe contener el nombre, la profesión, el domicilio y la firma de la persona o personas o del representante legal de la entidad que somete la petición.

En lo que respecta a la falta de agotamiento de los recursos internos, cabe señalar que es una excepción preliminar que es interpuesta en muchas ocasiones por lo Estados. Sobre este requisito, la Corte Interamericana de Derechos Humanos ha señalado que el previo agotamiento de los recursos de la jurisdicción interna busca dispensar al Estado de responder ante un órgano internacional por actos que se le imputen, antes de haber tenido la ocasión de remediarlos con sus propios medios. Se le ha considerado, así como un medio de defensa y como tal, renunciable, aun de modo tácito. Dicha renuncia, una vez producida, es irrevocable[38].

---

34 Artículo 45, Convención Americana sobre los Derechos Humanos.

35 Artículo 44, Convención Americana sobre los Derechos Humanos.

36 Artículo 45, Convención Americana sobre los Derechos Humanos.

37 Artículo 46, Convención Americana sobre los Derechos Humanos; artículo 28 del Reglamento Corte Interamericana de Derechos Humanos.

38 *Cfr*. Corte Interamericana de Derechos Humanos, «Caso de la Comunidad Mayagna (Sumo) Awas Tingni Vs. Nicaragua». Excepciones Preliminares. Sentencia de 1 de febrero de 2000. Serie C n.° 66, párr. 56.

Al mismo tiempo, la Convención Americana sobre los Derechos Humanos determina que no se va a exigir el agotamiento de los recursos internos o el plazo de seis meses en los siguientes casos: cuando no exista en la legislación en la legislación interna del Estado de que se trata el debido proceso legal para la protección del derecho o derechos que se alega han sido violados; cuando no se haya permitido al presunto lesionado en sus derechos el acceso a los recursos de la jurisdicción interna, o haya sido impedido de agotarlos; y cuando haya retardo injustificado en la decisión sobre los mencionados recursos. A su vez, en la Opinión Consultiva 11/90, la Corte Interamericana de Derechos Humanos ha señalado que si por razones de indigencia o por el temor generalizado de los abogados para representarlo legalmente, un reclamante ante la Comisión se ha visto impedido de utilizar los recursos internos necesarios para proteger un derecho garantizado por la Convención, no puede exigírsele su agotamiento[39].

Inadmisibilidad de las peticiones o comunicaciones. Por su parte, el artículo 47 regula los casos en que la Comisión deba declarar inadmisible toda petición o comunicación presentada. Así, se declarará la inadmisibilidad en los siguientes supuestos: cuando falte alguno de los requisitos indicados en el artículo 46; no se expongan hechos que caractericen una violación de los derechos garantizados por la Convención; resulte de la exposición del propio peticionario o del Estado manifiestamente infundada la petición o comunicación o sea evidente su total improcedencia; o sea sustancialmente la reproducción de petición o comunicación anterior ya examinada por la Comisión u otro organismo internacional.

Le corresponde a la Secretaría Ejecutiva de la Comisión la responsabilidad del estudio y tramitación inicial de las peticiones presentadas a la Comisión que llenen todos los requisitos establecidos en el Estatuto y en el artículo 28 del Reglamento. Asimismo, si una petición no reúne los requisitos exigidos en el Reglamento, la Secretaría Ejecutiva puede solicitar al peticionario o a su representante que los complete[40].

Así, la Comisión, actuando inicialmente por intermedio de su Secretaría Ejecutiva, debe recibir y procesar en su tramitación inicial las peticiones que le sean presentadas, las cuales son estudiadas en su orden de entrada, salvo que se den ciertos supuestos específicos[41]. A su vez, la Comisión, a través

39 *Cfr*. Corte Interamericana de Derechos Humanos, Excepciones al agotamiento de los recursos internos (arts. 46.1, 46.2.a y 46.2.b Convención Americana sobre Derechos Humanos). Opinión Consultiva 11/90 del 10 de agosto de 1990. Serie A n.° 11.

40 Artículo 26, Reglamento Interamericana de Derechos Humanos.

41 Estas circunstancias son detalladas en el artículo 29 del Reglamento Comisión Interamericana de Derechos Humanos. Entre ellas se encuentran las siguientes: cuando el transcurso del tiempo prive a la petición de su efecto útil; cuando las presuntas víctimas sean personas privadas de libertad; cuando el Estado manifieste formalmente su intención de entrar en un proceso de solución amistosa del asunto; o cuando la decisión pueda tener

de su Secretaría Ejecutiva, debe dar trámite a las peticiones que reúnan los requisitos previstos.

El artículo 48 de la Convención Americana sobre los Derechos Humanos regula el procedimiento cuando la Comisión recibe una petición o comunicación en la que se alegue la violación de derechos humanos.

Solicitud de información al Estado. Si se reconoce la admisibilidad de la petición o comunicación, la Comisión Interamericana de Derechos Humanos debe solicitar informaciones al Gobierno del Estado al cual pertenezca la autoridad señalada como responsable de la violación alegada, transcribiendo las partes pertinentes de la petición o comunicación[42].

El Reglamento de la Comisión estipula que el Estado debe presentar su respuesta dentro del plazo de tres meses contados desde la fecha de transmisión. En caso de que exista una solicitud de prórroga, la Secretaría Ejecutiva debe evaluarlas siempre que estén debidamente fundadas. Sin embargo, no se estipula que no se debe conceder prórrogas que excedan de cuatro meses contados a partir de la fecha del envío de la primera solicitud de información al Estado[43].

Verificación de la existencia o subsistencia de los motivos alegados. La Comisión Interamericana de Derechos Humanos, una vez que recibe las informaciones, o bien si transcurre el plazo fijado sin que sean recibidas, debe verificar si existen o subsisten los motivos de la petición o comunicación. De no existir o subsistir, se archivará el expediente[44].

Cabe tener presente que en cualquier momento del procedimiento la Comisión puede decidir sobre el archivo del expediente cuando verifique que no existen o subsisten los motivos de la petición o caso. Asimismo, se estipula que la Comisión puede decidir sobre el archivo del expediente cuando no se cuente con la información necesaria para alcanzar una decisión sobre la petición o caso, a pesar de los esfuerzos para obtener dicha información; o bien cuando la injustificada inactividad procesal del peticionario constituya indicio serio de desinterés en la tramitación de la petición[45].

Inadmisibilidad sobre la base de prueba sobreviniente. La Comisión Interamericana de Derechos Humanos también puede declarar la inadmisibilidad o la improcedencia de la petición o comunicación, sobre la base de una información o prueba sobrevinientes[46].

---

el efecto de remediar situaciones estructurales graves que tengan un impacto en el goce de los derechos humanos, o bien la decisión pueda impulsar cambios legislativos o de práctica estatal y evitar la recepción de múltiples peticiones sobre el mismo asunto.

42 Artículo 48, 1, a), Convención Americana sobre los Derechos Humanos.

43 Artículo 30.3, Reglamento Comisión Interamericana de Derechos Humanos.

44 Artículo 48, 1, b), Convención Americana sobre los Derechos Humanos.

45 Artículo 42, Reglamento Comisión Interamericana de Derechos Humanos.

46 Artículo 48, 1, c), Convención Americana sobre los Derechos Humanos.

Examen del asunto por parte de la Comisión Interamericana de Derechos Humanos. Si el expediente no se ha archivado y con el fin de comprobar los hechos, la Comisión debe realizar, con conocimiento de las partes, un examen del asunto planteado en la petición o comunicación. Si fuera necesario y conveniente la Comisión puede realizar una investigación para cuyo eficaz cumplimiento puede solicitar, y los Estados interesados deben proporcionarle, todas las facilidades necesarias. También puede pedirle a los Estados interesados cualquier información pertinente, así como las exposiciones verbales o escritas que presenten los interesados[47].

Sin embargo, en casos graves y urgentes la Comisión Interamericana de Derechos Humanos puede realizar una investigación previo consentimiento del Estado en cuyo territorio se alegue haberse cometido la violación, tan sólo con la presentación de una petición o comunicación que reúna todos los requisitos formales de admisibilidad[48].

Solución amistosa: La Convención Americana sobre los Derechos Humanos también prevé la posibilidad que la Comisión Interamericana de Derechos Humanos se ponga a disposición de las partes interesadas, a fin de llegar a una solución amistosa del asunto fundada en el respeto a los derechos humanos reconocidos en la Convención Americana sobre los Derechos Humanos[49].

De este modo, si se llega a una solución amistosa la Comisión debe redactar un informe que es transmitido al peticionario y a los Estados parte en la Convención y comunicado después, para su publicación, al Secretario General de la Organización de los Estados Americanos. Este informe contiene una breve exposición de los hechos y de la solución lograda. También, si cualquiera de las partes en el caso lo solicitan, se les suministrarán la más amplia información posible[50].

Determinación de responsabilidad internacional: En los casos en que no se llegue a una solución amistosa, luego de la deliberación y voto sobre el fondo del caso, la Comisión debe emitir un informe determinando si el Estado es o no responsable internacionalmente de la violación a los derechos humanos.

Si establece que no hubo violación en un caso particular, así lo debe manifestar en su informe sobre el fondo. El informe es transmitido a las partes, y es publicado e incluido en el Informe Anual de la Comisión a la Asamblea General de la OEA[51].

47 Artículo 48, 1, d) y e), Convención Americana sobre los Derechos Humanos.

48 Artículo 48, 2, Convención Americana sobre los Derechos Humanos.

49 Artículo 48, 1, f), Convención Americana sobre los Derechos Humanos.

50 Artículo 49 Convención Americana sobre los Derechos Humanos.

51 Artículo 44.1, Reglamento de la Comisión Interamericana de Derechos Humanos.

Pero si se determina una o más violaciones a los derechos humanos, la Comisión Interamericana de Derechos Humanos debe preparar un informe preliminar, al que se hará referencia a continuación, con las proposiciones y recomendaciones que juzgue pertinentes y lo transmitirá al Estado en cuestión. En tal caso, fija un plazo dentro del cual el Estado en cuestión deberá informar sobre las medidas adoptadas para cumplir las recomendaciones. El Estado no estará facultado para publicar el informe hasta que la Comisión adopte una decisión al respecto[52].

Informe preliminar del artículo 50 Convención Americana sobre los Derechos Humanos: Así las cosas, de no llegarse a una solución amistosa, la Comisión redactará un informe en el que expondrá los hechos y sus conclusiones, y en el que puede formular las proposiciones y recomendaciones que juzgue adecuadas. Puede ocurrir que el informe no represente, en todo o en parte la opinión unánime de los miembros de la Comisión, por lo que cualquiera de ellos puede agregar a dicho informe su opinión por separado. Este informe es transmitido a los Estados interesados, pero éstos no están facultados para publicarlo[53].

A partir de la reforma del reglamento en 2013, se establece que la Comisión Interamericana de Derechos Humanos debe notificar al peticionario la adopción del informe y su transmisión al Estado. En el caso de los Estados parte en la Convención Americana que hubieran aceptado la jurisdicción contenciosa de la Corte Interamericana, al notificar al peticionario, la Comisión le debe dar oportunidad de presentar, dentro del plazo de un mes, su posición respecto del sometimiento del caso a la Corte. Si el peticionario tuviera interés en que el caso sea sometido a la Corte, deberá presentar los siguientes elementos: la posición de la víctima o sus familiares, si fueran distintos del peticionario; los fundamentos con base en los cuales considera que el caso debe ser remitido a la Corte; y las pretensiones en materia de reparaciones y costas[54].

Informe definitivo del artículo 51: Si en el plazo de tres meses a partir de la remisión a los Estados interesados del informe de la Comisión, el asunto no ha sido solucionado o sometido a la decisión de la Corte por la Comisión o por el Estado interesado, aceptando su competencia, la Comisión puede emitir por mayoría absoluta de votos de sus miembros su opinión y conclusiones sobre la cuestión sometida a consideración.

---

52 Artículo 44.2, Reglamento de la Comisión Interamericana de Derechos Humanos.

53 Ver al respecto Corte Interamericana de Derechos Humanos, «Ciertas atribuciones de la Comisión Interamericana de Derechos Humanos (arts. 41, 42, 44, 46, 47, 50 y 51, Convención Americana sobre Derechos Humanos)», Opinión Consultiva 13/93 del 16 de julio de 1993. Serie A n.° 13, párr. 48.

54 Artículo 44, Reglamento de la Comisión Interamericana de Derechos Humanos.

De este modo, la Comisión realiza las recomendaciones pertinentes y fijara un plazo dentro del cual el Estado debe tomar las medidas que le competan para remediar la situación examinada.

Transcurrido el período fijado, la Comisión decide, por la mayoría absoluta de votos de sus miembros, si el Estado ha tomado o no medidas adecuadas y si publica o no su informe.

Sobre la aplicación de los artículos 50 y 51 de la Convención, la Corte Interamericana de Derechos Humanos ha precisado lo siguiente:

> «la preparación del informe previsto por el artículo 51 está sometida a la condición de que el asunto no haya sido elevado a la consideración de la Corte, dentro del plazo de tres meses dispuesto por el mismo artículo 51.1, lo que equivale a decir que, si el caso ha sido introducido ante la Corte, la Comisión no está autorizada para elaborar el informe a que se refiere el artículo 51 [y que] (. . .) una vez que un asunto ha sido introducido ante ella, no son aplicables las disposiciones del artículo 51, relativas a la preparación de un nuevo informe por la Comisión, que contenga su opinión y sus recomendaciones, el cual sólo es procedente, según la Convención, tres meses después de haberse hecho la comunicación a que se refiere el artículo 50. Según el artículo 51 de la Convención, es la elaboración del informe la que está condicionada a que no se haya acudido a la Corte y no la introducción de la demanda la que está sujeta a que no se haya preparado o publicado el informe. En consecuencia, si la Comisión procede a preparar o a publicar el informe del artículo 51, a pesar de haber introducido ya el caso ante la Corte, puede considerarse que ha aplicado indebidamente las disposiciones de la Convención, circunstancia ésta que puede afectar el valor jurídico del informe, pero que no acarrea la inadmisibilidad de la demanda puesto que, como se dijo, el texto de la Convención no condiciona, de ninguna manera, la introducción de la instancia a la no publicación del informe previsto por el artículo 51[55]».

Así las cosas, en caso de que el Estado incumpla las recomendaciones dispuestas por la Comisión Interamericana de Derechos Humanos, dentro del plazo de tres meses de la notificación del informe preliminar al que se hizo referencia, la Comisión tiene tres alternativas posibles.

La primera, consiste en la emisión del informe definitivo, del artículo 51 al que ya hemos hecho referencia.

La segunda alternativa consiste en someter el caso a la jurisdicción de la Corte Interamericana de Derechos Humanos, aunque esta facultad sólo la tie-

---

55 Corte Interamericana de Derechos Humanos, «Caso Caballero Delgado y Santana Vs. Colombia». Excepciones Preliminares. Sentencia de 21 enero de 1994; «Caso Velásquez Rodríguez». Excepciones Preliminares. Sentencia del 26 de junio de 1987. Serie C No. 1, párrs. 63 y 76; «Caso Fairén Garbi y Solís Corrales». Excepciones Preliminares. Sentencia de 26 de junio de 1987. Serie C No. 2, párrs. 63 y 75; «Caso Godínez Cruz». Excepciones Preliminares. Sentencia de 26 de junio de 1987. Serie C No. 3, párrs. 66 y 78.

nen los Estados y la Comisión Interamericana de Derechos Humanos. De este modo, si el Estado en cuestión ha aceptado la jurisdicción de la Corte Interamericana, y la Comisión considera que no ha cumplido las recomendaciones del informe aprobado de acuerdo con el artículo 50 del referido instrumento, puede someter el caso a la Corte, salvo por decisión fundada de la mayoría absoluta de los miembros de la Comisión. Para decidir la cuestión, se estipula que la Comisión debe considerar fundamentalmente la obtención de justicia en el caso particular, fundada entre otros, en los siguientes elementos: la posición del peticionario; la naturaleza y gravedad de la violación; la necesidad de desarrollar o aclarar la jurisprudencia del sistema; y el eventual efecto de la decisión en los ordenamientos jurídicos de los Estados miembros[56].

En tercer lugar, la reforma del Reglamento, en 2013, previó la posibilidad que a partir del año 2013, la Comisión puede considerar, a solicitud la suspensión del plazo de tres meses previsto en el artículo 51.1 de la Convención Americana para el sometimiento del caso a la Corte, cuando estuvieren reunidas las siguientes condiciones: que el Estado hubiese demostrado su voluntad y capacidad de implementar las recomendaciones contenidas en el informe sobre el fondo, mediante la adopción de acciones concretas e idóneas orientadas a su cumplimiento. A tal efecto, la Comisión podrá tomar en cuenta la existencia de leyes internas que establezcan un mecanismo de cumplimiento de sus recomendaciones; y que en su solicitud el Estado acepte en forma expresa e irrevocable la suspensión del plazo previsto en el artículo 51.1 de la Convención Americana para el sometimiento del caso a la Corte y, consecuentemente, renuncie expresamente a interponer excepciones preliminares respecto del cumplimiento con dicho plazo, en la eventualidad de que el asunto sea remitido a la Corte.

Finalmente, el artículo 48 del Reglamento de la Comisión prevé que una vez publicado el informe sobre solución amistosa o sobre el fondo —informe del artículo 51— en los cuales haya formulado recomendaciones, la Comisión puede tomar las medidas de seguimiento que considere oportunas, tales como solicitar información a las partes y celebrar audiencias, con el fin de verificar el cumplimiento con los acuerdos de solución amistosa y recomendaciones.

5. El funcionamiento de la Corte Interamericana de Derechos Humanos

En lo que respecta a la Corte Interamericana de Derechos Humanos, cabe destacar que es uno de los tres tribunales regionales de protección de los derechos humanos, con la Corte Europea de Derechos Humanos y la Corte Africana de Derechos Humanos y de los Pueblos.

56 Art. 45 Reglamento de la Comisión Interamericana de Derechos Humanos.

La Corte Interamericana de Derechos Humanos es una institución judicial autónoma, cuyo objetivo es la aplicación e interpretación de la Convención Americana sobre Derechos Humanos[57].

El Capítulo VIII de la Convención regula la Corte en tres secciones distintas, sobre su organización, sus competencias y funciones y sobre el procedimiento.

5.1. Organización de la Corte Interamericana de Derechos Humanos

5.1.1. Composición, elección, duración del mandato y forma de adopción de decisiones de los jueces de la Corte Interamericana de Derechos Humanos

Composición. Se compone de siete jueces nacionales de los Estados miembros de la Organización elegidos a título personal entre juristas de la más alta autoridad moral de reconocida competencia en materia de derechos humanos que reúnan las condiciones requeridas para el ejercicio de las más elevadas funciones judiciales conforme a la ley del país del cual sean nacionales o del Estado que los proponga como candidatos. A su vez, no puede haber dos jueces de la misma nacionalidad[58].

Elección. Los jueces de la Corte son elegidos en votación secreta y por mayoría absoluta de votos de los Estados parte en la Convención en la Asamblea General de la Organización, de una lista de candidatos propuestos por esos mismos Estados. Cada uno de los Estados parte puede proponer hasta tres candidatos nacionales del Estado que los propone o de cualquier otro Estado miembro de la Organización de los Estados Americanos. Cuando se proponga una terna por lo menos uno de los candidatos debe ser nacional de un Estado distinto de proponente[59].

Duración del mandato. En cuanto a la duración del mandato, cabe señalar que los jueces de la Corte son elegidos para un período de seis años y sólo podrán ser reelegidos una vez. Los jueces permanecerán en funciones hasta el término de su mandato. Sin embargo, seguirán conociendo de los casos a que ya se hubieren abocado y que se encuentren en estado de sentencia a cuyos efectos no serán substituidos por los nuevos jueces elegidos[60].

---

57 Artículo 1, Estatuto de la Corte Interamericana de Derechos Humanos.

58 Artículo 52, Convención Americana sobre los Derechos Humanos.

59 Artículo 53, Convención Americana sobre los Derechos Humanos.

60 Artículo 54, Convención Americana sobre los Derechos Humanos.

Respecto a todo lo relativo a las reparaciones y costas, así como a la supervisión del cumplimiento de las sentencias de la Corte, compete a los Jueces que la integren en este estado del proceso, salvo que ya hubiere tenido lugar una audiencia pública y en tal caso conocerán los Jueces que hubieren estado presentes en esa audiencia[61].

Forma de adopción de decisiones. En cuanto a las decisiones que se adopten, el quórum para las deliberaciones de la Corte es de cinco jueces[62]. El voto de cada Juez será afirmativo o negativo, por lo que no se admiten abstenciones. Asimismo, las decisiones de la Corte se toman por mayoría de los Jueces presentes en el momento de la votación y en caso de empate decide el voto de la presidencia[63].

5.1.2. La presidencia y la vicepresidencia de la Corte Interamericana de Derechos Humanos

La presidencia y la vicepresidencia de la Corte se eligen por y entre sus miembros, por un tiempo de dos años y con posibilidad de reelección. La elección tiene lugar en el último período ordinario de sesiones que se celebran en la Corte el año anterior. La elección será secreta y para ser proclamado se necesita obtener cuatro o más votos. En defecto de la mayoría, se procederá a una nueva votación entre los dos jueces que hubiesen logrado el mayor número de votos. Si todavía no se rompiese el empate, se optará por el orden de la precedencia del Estatuto[64].

Las funciones que tiene encomendadas la presidencia son las siguientes[65]:

1. La representación de la Corte;
2. Preside las sesiones y somete a valoración las cuestiones que figuren en el orden del día;
3. Dirige y promueve los trabajos de la Corte;
4. Si se plantean otras cuestiones en el orden del día, debe resolver sobre las mismas;
5. Redactará el informe semestral de la Corte, en relación no sólo con las actuaciones sino sobre cualquier materia o cuestión que deba ser reflejada;
6. Otras competencias previstas en el Estatuto y en el Reglamento.

---

61 Artículo 17.2, Reglamento de la Corte Interamericana de Derechos Humanos.

62 Artículo 56, Convención Americana sobre los Derechos Humanos.

63 Artículo 16, Reglamento de la Corte Interamericana de Derechos Humanos.

64 Artículo 13, Reglamento de la Corte Interamericana de Derechos Humanos.

65 Artículo 4, Reglamento de la Corte Interamericana de Derechos Humanos.

El presidente puede delegar sus funciones en la persona que ocupe la vicepresidencia o en otros jueces si repercute favorablemente en la representación de la Corte, siempre que existan motivos justificados para ello, abriéndose la posibilidad de que la delegación pueda ampliarse, para los asuntos de gestión, en favor del secretario o del secretario adjunto de la Corte.

Por su contra, el vicepresidente sustituye al presidente cuando no pueda desempeñar sus funciones, por vacante, imposibilidad temporal o defunción, siempre por el tiempo necesario para garantizar la normalidad y el buen funcionamiento institucional. Como el cargo de vicepresidente es único, si asume la presidencia por quedar vacante, la Corte deberá elegir un nuevo vicepresidente para que le sustituya por el tiempo que reste de mandato. En los escenarios de doble ausencia se acude al art. 13 del Estatuto, decidiéndose el orden de precedencia en función de la antigüedad. Si dos jueces tuviesen la misma antigüedad, se estará al de mayor edad. Los jueces interinos y los *ad hoc* sólo tendrán preferencia después de los titulares, lo que implica que en ausencia de éstos podrán optar por la precedencia. Pero cuando uno de los dos hubiese desempeñado el cargo de juez titular, éste tendrá preferencia sobre el resto de los interinos y jueces *ad hoc*.

5.1.3. Incompatibilidades y régimen disciplinario de los jueces de la Corte Interamericana de Derechos Humanos

El art. 71 de la Convención hace referencia a la incompatibilidad del cargo de juez de la Corte, con la extensión de los miembros de la Comisión, a la de cualquier otra actividad que pueda menoscabar la independencia o imparcialidad de sus funciones. Precepto que está conectado con el art. 18 del Estatuto que lo desarrolla. Así, para garantizar la independencia e imparcialidad, el juez de la Corte no puede ostentar:

1. El cargo de miembro o alto funcionario del Gobierno de un Estado parte, a excepción de «los cargos que no impliquen subordinación jerárquica ordinaria, así como los de agentes diplomáticos que no sean jefes de misión ante la OEA o ante cualquiera de sus Estados miembros»;
2. Tampoco la condición de funcionario de organismos internacionales;
3. En último lugar, otros cargos y actividades que cuestionen el correcto uso de sus obligaciones, o bien, que afecten a la independencia, imparcialidad, dignidad o prestigio.

El art. 71 de la Convención añade una causa más de incompatibilidad, los cargos de juez de la Corte y de miembro de la Comisión son incompatibles «con otras actividades que pudieren afectar su independencia o imparcialidad conforme a lo que se determine en los respectivos Estatutos». Resulta llamativo que no se mencione la incompatibilidad inmediata de juez de la Corte y de miembro de la Comisión.

Cuando el juez esté incurso, o se tengan dudas sobre su inclusión dentro de uno o varios de los supuestos anteriores, la Corte debe decidir, evitando el automatismo de las incompatibilidades. Si el juez no rectifica, no subsana la incompatibilidad acordada por la Corte o actúa con manifiesta negligencia u omisión en el ejercicio de las funciones[66], se prevé la posibilidad de la apertura de un procedimiento disciplinario[67]. En este supuesto, la potestad disciplinaria recae en la Asamblea General de la OEA cuando la solicitud provenga del pleno de la Corte, pero para poder dictar una resolución sobre el presunto juez infractor, se necesita que venga respaldada por dos terceras partes de los votos de los Estados parte de la Convención. ¿Qué sucede con los actos y resoluciones en los que el juez ha participado? Los mismos no quedarán invalidados, pero la incompatibilidad sólo dará lugar a la cesación en el cargo y a la adopción de las responsabilidades correspondientes.

Para evitar presuntos comportamientos que contradigan y cuestionen los principios de imparcialidad e independencia, el art. 19 del Estatuto regula un sistema de impedimentos, excusas e inhabilitaciones. El impedimento debe ser solicitado a instancia del juez, y decidirá el presidente sobre la excusa del solicitante, de no aceptarse, la decisión se tomará por la Corte. Sólo se podrá plantear el impedimento en los siguientes supuestos: «en asuntos en que ellos o sus parientes tuvieren interés directo o hubieren intervenido anteriormente como agentes, consejeros o abogados, o como miembros de un Tribunal nacional o internacional, o de una comisión investigadora, o en cualquier otra calidad, a juicio de la Corte». La finalidad es dotar a la Corte de la máxima imparcialidad e independencia sobre sus integrantes, pero si el juez de la Corte no propusiese, en tiempo y forma, la solicitud de excusa para conocer de la causa, se abrirá un procedimiento disciplinario, porque corresponde al juez su observación directa e inmediata. El apartado tercero permite un control de los motivos de los impedimentos por parte del presidente de la Corte, cuando el juez no interese la presentación de la excusa. Se trata de escenarios donde el juez no plantea la existencia de una causa de impedimento, pero el presidente, a diferencia del primero, entiende que éste debe ser apartado de la causa que conoce. El precepto habla de «tiene causal de impedimento o por algún otro motivo calificado no deba participar en determinado asunto», pero el apartado primero también permite introducir una regla de *numerus apertus* cuando afirma «o en cualquier otra calidad, a juicio de la Corte». No existen dudas de la dificultad de concretar todas y cada una de las circunstancias que pueden derivar en un impedimento, así, es frecuente la apertura de cláusulas que habilitan valorar, dentro de los parámetros generales, otros motivos que deberían incluirse, pero que no se

66 A los jueces de la Corte se les exige una conducta acorde al juramento de la investidura, no sólo durante el ejercicio de sus funciones jurisdiccionales sino también en su exterior (art. 20.1 del Estatuto).

67 Artículo 73, Convención Americana sobre los Derechos Humanos.

delimitaron en su momento. Por ello, el presidente debe velar por la rectitud de los jueces y por la consagración y respeto de los principios y valores sobre los que se regirá la Corte. Si el juez está conforme con la decisión de la presidencia, se apartará de la causa, en su defecto, la Corte decidirá. Si la inhabilitación afecta a uno o más jueces, el presidente puede interesar a los Estados parte para que, en sesión del Consejo Permanente de la OEA, vengan a designar jueces interinos, en la misma proporción que los inhabilitados, para que les suplan en el ejercicio de las causas afectadas.

La excusa, a raíz del impedimento, debe interpretarse con el art. 21 del Estatuto, que trata de la renuncia y de la incapacidad. La renuncia se presenta por escrito por el juez al presidente, pero la decisión la toma la Corte en su conjunto, y de ser aceptada produce efectos desde la aceptación. La renuncia se debe a motivos diferentes de los previstos en al art. 19.1 del Estatuto, entre ellos se pueden citar los motivos personales que menoscaben el cumplimiento de los principios y valores sobre los que debe regir su función jurisdiccional. La incapacidad, por su contra, tiene una connotación física o mental, que impide, bajo un período de tiempo incierto o de forma absoluta, el ejercicio de sus funciones, debiéndose reemplazar por otro juez. La decisión se toma por la Corte, y aunque no se mencione, se aportarán documentos médicos que avalen su presentación y que sirvan para la toma de la oportuna decisión. Tanto la renuncia como la incapacidad se notificarán al secretario general de la OEA, para que adopte las medidas pertinentes.

Conectado con lo anterior, el secretario está sometido a la potestad disciplinaria de la Corte, y el resto del personal al secretario, que necesita de la aprobación del presidente.

5.1.4. El estatuto personal de los jueces

El Capítulo IX de la Convención, que trata de las disposiciones comunes, dispone en el art. 70 que los jueces, también extensible a los miembros de la Comisión, disfrutan de las inmunidades reconocidas a los agentes diplomáticos. Remisión que se hace *in totum* a la Convención de Viena sobre relaciones diplomáticas, de 18 de abril de 1961, que entró en vigor el 24 de abril de 1964, así como al Acuerdo sobre privilegios e inmunidades de la OEA, suscrito el 30 de abril de 1948, conforme el art. 103 de la Carta de la OEA. La normativa aplicable se puede ampliar por medio de reglamentos y de convenios, multilaterales o bilaterales, entre la Corte, la OEA y sus Estados miembros[68]. El resto del personal de la Corte, durante el ejercicio de sus

68 Un ejemplo lo encontramos en el Convenio entre el Gobierno de la República de Costa Rica y la Corte Interamericana de Derechos Humanos, por medio de la Ley n.° 6889, de la Asamblea Legislativa de la República de Costa Rica, donde sus arts. 11 y siguientes, regulan las inmunidades y privilegios de los jueces de la Corte, las del secretario y secretario adjunto de la Corte, del personal de la Corte y las prerrogativas de cortesía diplomáticas.

funciones, también disfruta de las mismas inmunidades y privilegios, dentro de las funciones asignadas.

El disfrute tiene lugar desde el momento de su elección, y se extiende durante la vigencia de su mandato. El Estatuto[69] de la Corte complementa la escasa regulación de la Convención. De su contenido destaco, no sólo el reconocimiento de las inmunidades que derivan del Derecho internacional público, sino también los privilegios diplomáticos para el ejercicio de las funciones jurisdiccionales. En ese sentido, los jueces gozan y disfrutan de inmunidad, que se extiende a los votos y opiniones emitidos y vertidos durante sus funciones, garantizándose que no están sometidos a ningún régimen de responsabilidad. La irresponsabilidad también se extiende a los procedimientos posteriores, una vez vencido su mandato, respecto de los votos y opiniones anteriores siempre que traigan causa de sus funciones jurisdiccionales.

5.1.5. Otros miembros de la Corte Interamericana de Derechos Humanos

5.1.5.1. Los jueces *ad hoc* y *amicus curiae*

Para garantizar el principio de equilibrio de armas procesales, se crea en el campo del Derecho internacional la figura de los jueces especiales o *ad hoc*[70], éstos tienen como finalidad garantizar la presencia de un juez del Estado parte, cuando el Tribunal no cuente con un juez de su nacionalidad asignada a la causa, y sobre la que deba pronunciarse, pero sí del otro Estado parte o de ninguno de ellos. La función primordial que asume es la de asesorar al Tribunal en el Derecho nacional, debiendo cumplir los requisitos de sus compañeros[71] y la prestación del juramento o promesa para aceptar el cargo durante su intervención. La incorporación de los jueces *ad hoc* puede resultar innecesaria, porque el Estado goza de autonomía para designar sus propios letrados, conocedores del Derecho interno y que se encargarán de la dirección técnica. Esta cuestión incide negativamente en la duda que se plantea sobre el saber jurídico de los jueces titulares (Bandes, 1983: 23). Otra de las críticas que se pueden verter sobre los jueces *ad hoc*, es la falta de independencia y de imparcialidad en la causa sobre la que deben pronunciarse (Faúnez, 2004: 185), situación que debería originar la abstención. Los jueces

69 Artículo 1, Estatuto de la Corte Interamericana de Derechos Humanos.

70 La Convención crea tres tipos de jueces dentro de la Corte: los titulares, los interinos y los ad hoc, pero sólo los primeros ejercen sus funciones de manera constante y en toda su extensión frente a las causas asignadas.

71 Artículo 55.4, Convención Americana sobre los Derechos Humanos. Sobre este punto, el juez Rafael Nieto expresó que, en una ocasión, estando él de presidente de la Corte, un juez ad hoc no cumplió los requisitos que le exige la Convención (Nieto, 1994: 260).

ad hoc son independientes en relación con el Gobierno que los propuso, y se integran en la Corte a título personal[72]. En la práctica, los jueces que han finalizado su mandato no se desvinculan completamente de la Corte, porque la costumbre les garantiza una continuación en el ejercicio de las funciones judiciales bajo una nueva modalidad, de jueces titulares, de jueces *ad hoc* o como consejeros de un Estado parte, para una o varias cuestiones que se tramitan ante la Corte (Faúnez, 2004: 193).

La Convención introduce en el art. 55.2 la posibilidad de integrar en la Corte los jueces *ad hoc*, siguiendo la tesis del art. 31.2 y 31.3 del Estatuto de la Corte Internacional de Justicia, y los arts. 35 a 37 de su Reglamento. La figura del juez *ad hoc* también aparece en el art. 29 del Reglamento. En la Corte, la incorporación de los jueces *ad hoc* es potestativa del Estado parte que no cuenta con un juez de su nacionalidad en la causa, frente al otro Estado parte que sí dispone de un miembro, permitiéndose que la persona designada se «integre la Corte en calidad de juez *ad hoc*». En todo caso, el juez *ad hoc* desempeñará sus funciones con absoluta neutralidad (García Ramírez, 2000: 93), dejando atrás sus sentimientos nacionales y fallando con base al Derecho aplicable. Si ninguna de las partes dispone de un juez integrante en la Corte, cada Estado parte podrá designar un juez *ad hoc*[73]. Finalmente, si varios Estados parte tienen un interés común, y se constituyen como una parte, tienen derecho a designar un único juez *ad hoc*[74].

Cuando concurran los presupuestos para la designación de un juez *ad hoc*, la secretaría pondrá en conocimiento del Estado afectado la posibilidad para que pueda proceder a la designación de un juez *ad hoc*, dentro de los treinta días siguientes a la notificación de la demanda[75]. La misma regla se seguirá cuando los Estados afectados sean dos o más. Si se hubiesen presentado varios candidatos, la presidencia escogerá por sorteo a uno de ellos, y lo comunicará a las partes. En todo caso, cuando proceda el nombramiento de un juez *ad hoc* o cuando la presidencia deba elegir a uno por sorteo, se comunicará a las partes afectadas. Cuando los Estados no procedan conforme las reglas anteriores, se entenderá que han renunciado tácitamente al ejercicio del derecho que se les confiere. Acto seguido, el juez *ad hoc* prestará juramento en la primera sesión del asunto para el que ha sido nombrado, y percibirá temporalmente los emolumentos económicos en las mismas condiciones que los jueces titulares.

---

72 Se puede consultar el caso Paniagua Morales y otros, en la resolución de 11 de septiembre de 1995, párrafo 1 de la parte considerativa.

73 Artículo 55.3, Convención Americana sobre los Derechos Humanos.

74 En algunas ocasiones la Corte invita al Estado para que designe un juez ad hoc (vid. el caso Aloeboetoe y otros, sentencia de 4 de diciembre de 1991, párrafo 6; y caso Cayara. Excepciones preliminares, sentencia de 3 de febrero de 1993, párrafo 5). El art. 10 del Estatuto, desarrolla la figura del juez *ad hoc*.

75 Artículo 20.1, Reglamento de la Corte Interamericana de Derechos Humanos.

El juez *ad hoc* no debe confundirse con los *amicus curiae*[76], éstos últimos son personas o instituciones, normalmente organizaciones no gubernamentales, que, aunque son ajenos a la causa litigiosa, pueden participar voluntariamente por medio de un documento, junto con sus anexos, o en el acto de la audiencia con derecho a voz. Los Estados que no son parte de la causa podrían ser *amicus curiae* ante el silencio de la normativa y la admisión en otras instancias internacionales (Astullido y García, 2021: 685). Si se trata de un documento, puede presentarse en formato papel o electrónico, pero en todo caso se incorporará la firma de los autores. El momento procesal para su aportación es durante toda la tramitación contenciosa hasta los quince días posteriores a la celebración de la audiencia. La segunda forma de participación es por medio del alegato oral, pero nada impide que ambos medios puedan usarse de forma complementaria.

5.1.5.2. Los jueces interinos

Como se había mencionado, el número de jueces es escaso en la Corte, y a ello debemos sumar varios escenarios que pueden afectar al regular funcionamiento de la misma, como el fallecimiento de un juez titular, los impedimentos, excusas e inhabilitación[77], sumándose el escenario de imposibilidad de participar en la causa cuando el juez titular tenga la nacionalidad del Estado demandado. Todo ello puede repercutir en las sesiones de la Corte y en la preservación del quorum necesario, y aunque la Convención no adoptó ningún precepto en ese sentido para paliar las dificultades internas, tanto el Estatuto como el Reglamento brindan una respuesta al problema generado con la incorporación de los denominados jueces interinos. La solicitud corresponde al presidente de la Corte porque es la persona que mejor conocimiento tiene del estado de sus integrantes, dando traslado al Consejo Permanente de la OEA para que se decida con el voto de los Estados parte. El número de jueces interinos puede ser de uno o más, en función de las necesidades de la Corte, sirviendo hasta que se reemplacen por los nuevos jueces titulares[78]. En todo caso, los jueces interinos tendrán los mismos derechos y obligaciones que los jueces titulares[79].

---

76 Artículo 44, Reglamento de la Corte Interamericana de Derechos Humanos.

77 Artículo 19, Estatuto de la Corte Interamericana de Derechos Humanos; artículo 21, Reglamento de la Corte Interamericana de Derechos Humanos.

78 Artículo 6.3, Estatuto de la Corte Interamericana de Derechos Humanos.

79 Artículo 18, Reglamento de la Corte Interamericana de Derechos Humanos.

5.1.6. Secretaría de la Corte Interamericana de Derechos Humanos

La Corte tiene asignado un secretario que se encarga de la dirección de la secretaría, bajo aplicación de las normas administrativas de la secretaría general de la OEA[80]. Entre sus obligaciones, encontramos la de residir en la sede, debiendo acudir a las reuniones que celebren y también las que tengan lugar en el exterior[81]. La designación corresponde a la Corte, adquiriendo la condición de funcionario de la Corte, salvo que la ostentase con anterioridad, y tendrá la confianza de ésta siendo su dedicación plena. El secretario debe poseer conocimientos jurídicos, conocer los idiomas de trabajo de la Corte[82] y disfrutar de experiencia para el desempeño de la función. Nótese que no se señala que deba poseer un título académico en Derecho, sino sólo conocimiento, lo que implica que puede haber cursado los estudios, pero no lograr su finalización. A continuación, se requiere que el secretario tenga el conocimiento de los idiomas de la Corte, pero cada año se acordarán los idiomas de trabajo[83]. En relación con el último requisito, no señala la duración de la experiencia exigible. La duración del mandato es de cinco años con posibilidad de reelección, y de remoción si lo decide la Corte. En todo caso, se requiere de una mayoría no inferior a cuatro jueces, que se celebrará bajo votación secreta[84]. El secretario está sujeto a la potestad disciplinaria de la Corte, y la del primero se apreciará en los actos del personal de la secretaría, resultando necesario la aprobación del presidente[85].

También se crea el puesto de secretario adjunto, para auxiliar al secretario en el ejercicio de sus funciones, que le sustituye en las ausencias temporales[86]. La propuesta del nombramiento recae en el secretario de la

80 La aplicación analógica no es absoluta, sino que cede cuando resulten ser incompatibles con la independencia de la Corte (art. 14.1 del Estatuto).

81 Artículos 58.2 y 3, Convención Americana sobre los Derechos Humanos.

82 Los idiomas oficiales de la Corte son el español, el inglés, el portugués y el francés. Aunque el art. 22.2 del Reglamento dispone que cada año la Corte determinará los idiomas de trabajo, esta situación nunca ha tenido lugar hasta el día de hoy. Las partes, demandante o demandada, pueden interesar que su caso se tramite por medio de otro idioma, siempre que sea uno oficial de la Corte. La actuación de la Corte es otra, los escritos se tramitan en lengua española, salvo que el idioma de alguna de las partes tenga otro idioma oficial, asumiendo la secretaría la traducción de los documentos que se remitan o se reciban y se deban dar trasladar a la otra parte. En relación con las personas que deban intervenir en la Corte, éstas tienen derecho a expresarse en cualquier lengua, aunque no sea oficial, asegurándose la presencia de un intérprete (prestando juramento o declaración solemne del cargo que desempeñará).

83 Artículo 22.2, Reglamento de la Corte Interamericana de Derechos Humanos.

84 Artículo 7, Reglamento de la Corte Interamericana de Derechos Humanos.

85 Artículo 20.3, Estatuto de la Corte Interamericana de Derechos Humanos.

86 Artículo 14.3, Estatuto de la Corte Interamericana de Derechos Humanos.

Corte y el nombramiento en la secretaría general de la OEA. En el supuesto de doble imposibilidad, para el ejercicio de sus funciones, la presidencia de la Corte designará un secretario interino; pero si se debe a una doble ausencia temporal, el secretario puede designar a un abogado de la secretaría para que asuma las funciones por el tiempo necesario[87]. La secretaría general de la OEA nombrará al resto de personal para el buen funcionamiento de la secretaría, previa consulta del secretario de la Corte[88].

El secretario y secretario adjunto están obligados a jurar o declarar solemnemente el cargo ante la presencia del presidente de la Corte, sobre el cumplimiento fiel de sus funciones y guardar secreto de los hechos sobre los que tengan conocimiento. El resto del personal, con independencia de su vinculación temporal, también está obligado a jurar o prestar declaración solemne bajo los mismos parámetros, pero con una salvedad, en ausencia del presidente, le sustituirá el secretario o el secretario adjunto[89].

5.2. Funciones de la Corte Interamericana de Derechos Humanos

Asimismo, de conformidad con el artículo 2 de su Estatuto, la Corte ejerce una función jurisdiccional y consultiva. Su función jurisdiccional se rige por las disposiciones de los artículos 61, 62 y 63 de la Convención, que supone la resolución de casos contenciosos y el mecanismo de supervisión de sentencias. Finalmente, su función consultiva se rige por las disposiciones del artículo 64 de la Convención. También, tiene la función de dictar medidas provisionales. En este sentido, el artículo 63.2 estipula que en casos de extrema gravedad y urgencia y cuando se hiciera necesario evitar daños irreparables a las personas, la Corte en los asuntos que esté conociendo, puede tomar las medidas provisionales que considere pertinentes.

Función consultiva. La función consultiva de la Corte Interamericana de Derechos Humanos se rige por las disposiciones del artículo 64 de la Convención, el cual establece, entre otras cuestiones, que los Estados miembros de la Organización pueden consultar a la Corte acerca de la interpretación de la Convención o de otros tratados concernientes a la protección de los derechos humanos en los Estados Americanos.

La Corte Interamericana de Derechos Humanos ha señalado que la labor de interpretación que cumple en ejercicio de su competencia consultiva busca no sólo desentrañar el sentido, propósito y razón de las normas internacionales sobre derechos humanos, sino, sobre todo, asesorar y ayudar

87 Artículo 8, Estatuto de la Corte Interamericana de Derechos Humanos.

88 Artículo 14.4, Estatuto de la Corte Interamericana de Derechos Humanos.

89 Artículo 9, Reglamento de la Corte Interamericana de Derechos Humanos.

a los Estados miembros y a los órganos de la OEA para que cumplan de manera cabal y efectiva sus obligaciones internacionales en la materia. Se trata, en efecto, de interpretaciones que contribuyan a fortalecer el sistema de protección de los derechos humanos[90].

La función consultiva se encuentra detallada en el Título III de la reglamentación, en los artículos 70 a 75. De este modo, se prevé que deben formularse con precisión las preguntas específicas sobre las cuales se pretende obtener la opinión de la Corte[91].

En cuanto al procedimiento, una vez recibida una solicitud de opinión consultiva, el Secretario transmite copia a todos los Estados miembros, a la Comisión, al Consejo Permanente a través de su Presidencia, al Secretario General y a los órganos de la OEA a cuya esfera de competencia se refiera el tema de la consulta, si fuere del caso. Asimismo, la Presidencia fija un plazo para que los interesados remitan sus observaciones escritas. Una vez concluido el procedimiento escrito, la Corte decide si considera conveniente la realización del procedimiento oral y fija la audiencia[92]. La emisión de las opiniones consultivas se regirá por el mismo procedimiento respecto del pronunciamiento y publicación de las sentencias de la Corte.

Función contenciosa. En este sentido, cuando la Corte decide que hubo violación de un derecho o libertad protegidos en la Convención, la Corte podrá disponer que se garantice al lesionado en el goce de su derecho o libertad conculcados. Asimismo, puede decidir, si ello fuera procedente, que se reparen las consecuencias de la medida o situación que ha configurado la vulneración de esos derechos y el pago de una justa indemnización a la parte lesionada[93].

También, tiene la función de dictar medidas provisionales. En este sentido, el artículo 63.2 estipula que en casos de extrema gravedad y urgencia y cuando se hiciera necesario evitar daños irreparables a las personas, la Corte en los asuntos que esté conociendo, puede tomar las medidas provisionales que considere pertinentes.

Para que la Corte pueda conocer de cualquier caso es necesario que sean agotados los procedimientos previos ante la Comisión Interamericana, de conformidad con los artículos 48 a 50 de la Convención, ya mencionados.

---

90 *Cfr*. Corte Interamericana de Derechos Humanos, «Responsabilidad internacional por expedición y aplicación de leyes violatorias de la Convención (arts. 1 y 2, Convención Americana sobre Derechos Humanos)». Opinión Consultiva 14/94 de 9 de diciembre de 1994. Serie A n.° 14, párr. 23.

91 Artículo 70, Reglamento de la Corte Interamericana de Derechos Humanos.

92 Artículo 73, Reglamento de la Corte Interamericana de Derechos Humanos.

93 Artículo 63, Convención Americana sobre los Derechos Humanos.

La Convención establece que todo Estado parte puede en el momento del depósito de su instrumento de ratificación o adhesión a la Convención Americana sobre los Derechos Humanos, o en cualquier momento posterior declarar que reconoce como obligatoria de pleno derecho y sin convención especial la competencia de la Corte sobre todos los casos relativos a la interpretación o aplicación de la Convención. La declaración puede ser hecha incondicionalmente o bajo condición de reciprocidad por un plazo determinado o para casos específicos. Deberá ser presentada al Secretario General de la Organización quién transmitirá copias de la misma a los otros de la Organización y al Secretario de la Corte[94].

En lo que respecta a si los Estados pueden retirar el reconocimiento de la competencia contenciosa de la Corte, el tribunal ha señalado que no existe en la Convención norma alguna que expresamente faculte a los Estados parte a retirar su declaración de aceptación de la competencia obligatoria de la Corte, por lo que la única vía de que dispone el Estado para desvincularse del sometimiento a la competencia contenciosa de la Corte, según la Convención Americana, es la denuncia del tratado como un todo; si esto ocurriera, dicha denuncia sólo produciría efectos conforme al artículo 78, el cual establece un preaviso de un año. A su vez, rechazó que aquel retiro tenga efecto inmediato[95].

5.3. El procedimiento ante la Corte Interamericana de Derechos Humanos

El proceso ante la Corte Interamericana está regulado en el Título II del reglamento, en el que, en distintos capítulos, se establecen las reglas generales, y se regula el procedimiento escrito, el procedimiento oral, el procedimiento final escrito, la prueba, los casos de desistimiento, reconocimiento y solución amistosa, y la sentencia.

La Comisión debe comparecer en todos los casos ante la Corte[96]. A su vez, sólo los Estados parte y la Comisión tienen derecho a someter un caso a la decisión de la Corte. Con la modificación del reglamento en 2009, se admitió la presentación de «amicus curiae», que son personas o instituciones ajenas al litigio y al proceso que presenta a la Corte razonamientos en torno a los hechos contenidos en el sometimiento del caso o formula consideraciones jurídicas sobre la materia del proceso, a través de un documento o de un ale-

94 Artículo 62, Convención Americana sobre los Derechos Humanos.

95 *Cfr*. Corte Interamericana de Derechos Humanos, «Caso Ivcher Bronstein Vs. Perú». Competencia. Sentencia de 24 de septiembre de 1999. Serie C n.° 54.

96 Artículo 57, Convención Americana sobre los Derechos Humanos.

gato en audiencia[97]. En casos de presuntas víctimas sin representación legal debidamente acreditada, el Tribunal podrá designar un Defensor Interamericano de oficio que las represente durante la tramitación del caso[98].

Una vez iniciado el proceso, el reglamento establece previsiones específicas según sea la Comisión la que somete el caso a la Corte[99] o un Estado[100]. También se notifica la presentación del caso a la presunta víctima o a sus representantes, quienes disponen de un plazo improrrogable de dos meses, contado a partir de la recepción de este escrito y sus anexos, para presentar autónomamente a la Corte su escrito de solicitudes, argumentos y pruebas[101].

El estado demandado debe exponer por escrito su posición sobre el caso sometido a la Corte y, cuando corresponda, al escrito de solicitudes, argumentos y pruebas, dentro del plazo improrrogable de dos meses. En la contestación el Estado indicará: si acepta los hechos y las pretensiones o si los contradice; las pruebas ofrecidas debidamente ordenadas, con indicación de los hechos y argumentos sobre los cuales versan; la propuesta e identificación de los declarantes y el objeto de su declaración. En el caso de los peritos, deberán además remitir su hoja de vida y sus datos de contacto; los fundamentos de derecho, las observaciones a las reparaciones y costas solicitadas, así como las conclusiones pertinentes. En este escrito, los estados pueden oponer excepciones preliminares. Cuando lo considere indispensable, la Corte podrá fijar una audiencia especial para las excepciones preliminares, después de la cual decidirá sobre las mismas. La Corte podrá resolver en una sola sentencia las excepciones preliminares, el fondo, las reparaciones y las costas del caso[102].

Concluida esta parte del proceso, la Presidencia señalará la fecha de apertura del procedimiento oral y fijará las audiencias que fueren necesarias[103].

Luego, las presuntas víctimas o sus representantes, el Estado demandado y, en su caso, el Estado demandante tiene la oportunidad de presentar alegatos finales escritos en el plazo que determine la Presidencia[104].

Además de la sentencia de fondo que dicte la Corte Interamericana de Derechos Humanos, el proceso puede finalizar también por desistimiento, reconocimiento o solución amistosa.

---

97 Artículos 2.3 y 44, Reglamento de la Corte Interamericana de Derechos Humanos.

98 Artículo 37, Reglamento de la Corte Interamericana de Derechos Humanos.

99 Artículo 35, Reglamento de la Corte Interamericana de Derechos Humanos.

100 Artículo 36, Reglamento de la Corte Interamericana de Derechos Humanos.

101 Artículo 40, Reglamento de la Corte Interamericana de Derechos Humanos.

102 Artículo 41, Reglamento de la Corte Interamericana de Derechos Humanos.

103 Artículo 45, Reglamento de la Corte Interamericana de Derechos Humanos.

104 Artículo 56, Reglamento de la Corte Interamericana de Derechos Humanos.

En caso de que quien haya hecho la presentación del caso notificare a la Corte su desistimiento, ésta debe resolver, luego de oír la opinión de todos los intervinientes en el proceso, sobre su procedencia y sus efectos jurídicos[105].

A su vez, puede darse el supuesto de reconocimiento de responsabilidad. Si el demandado comunica a la Corte su aceptación de los hechos o su allanamiento total o parcial a las pretensiones que constan en el sometimiento del caso o en el escrito de las presuntas víctimas o sus representantes, la Corte, luego de oír el parecer de los demás intervinientes en el proceso, resolverá, en el momento procesal oportuno, sobre su procedencia y sus efectos jurídicos[106].

También, el proceso podría concluir con una solución amistosa. Cuando la Comisión, las víctimas o presuntas víctimas o sus representantes, el Estado demandado y, en su caso, el Estado demandante, en un caso ante la Corte comunicaren a ésta la existencia de una solución amistosa, de un avenimiento o de otro hecho idóneo para la solución del litigio, la Corte resolverá en el momento procesal oportuno sobre su procedencia y sus efectos jurídicos[107].

Con respecto a este último punto, la Corte Interamericana de Derechos Humanos ha sostenido en diversas oportunidades que el allanamiento de los Estados «constituye una contribución positiva al desarrollo de un proceso y a la vigencia de los principios que inspiran la Convención Americana sobre los Derechos Humanos»[108].

Llegado el estado de sentencia, la Corte debe deliberar en privado y aprobará la sentencia, la cual será notificada por la Secretaría a la Comisión, a las víctimas o presuntas víctimas o sus representantes, al Estado demandado y, en su caso, al Estado demandante[109].

El fallo debe ser motivado. A su vez, si el fallo no expresare en todo o en parte la opinión unánime de los jueces, cualquiera de éstos tendrá derecho a que se agregue al fallo su opinión disidente o individual[110]. Puede darse el supuesto de que en la sentencia de fondo no se decida específicamente

---

105 Artículo 61, Reglamento de la Corte Interamericana de Derechos Humanos.

106 Artículo 62, Reglamento de la Corte Interamericana de Derechos Humanos.

107 Artículo 63, Reglamento de la Corte Interamericana de Derechos Humanos.

108 *Cfr*. Corte Interamericana de Derechos Humanos, «Caso Torres Millacura y otros Vs. Argentina». Sentencia de 26 de agosto de 2011. Serie C No. 229, párr. 37; «Caso Trujillo Oroza Vs. Bolivia». Fondo. Sentencia de 26 de enero de 2000. Serie C No. 64, párr. 42; «Caso Ibsen Cárdenas e Ibsen Peña Vs. Bolivia». Fondo, Reparaciones y Costas. Sentencia de 1 de septiembre de 2010. Serie C No. 217, párr. 37; y «Caso Abril Alosilla y otros Vs. Perú». Fondo Reparaciones y Costas. Sentencia de 4 de marzo de 2011. Serie C n.° 223, párr. 26.

109 Artículo 67 Reglamento de la Corte Interamericana de Derechos Humanos.

110 Artículo 66 Convención Americana sobre los Derechos Humanos.

sobre reparaciones y costas. En ese caso, la Corte debe fijar la oportunidad para su posterior decisión y determinará el procedimiento[111].

El fallo de la Corte es definitivo e inapelable[112]. En caso de desacuerdo sobre el sentido o alcance del fallo, la Corte lo puede interpretar a solicitud de cualquiera de las partes. El plazo para presentar aquella solicitud es de noventa días a partir de la fecha de la notificación del fallo[113].

Sobre este tipo de solicitud, el tribunal ha destacado que no debe utilizarse como un medio de impugnación sino únicamente debe tener como objeto desentrañar el sentido del fallo cuando una de las partes sostiene que el texto de sus puntos resolutivos o de sus consideraciones carece de claridad o precisión, siempre y cuando esas consideraciones incidan en dicha parte resolutiva. Por lo tanto, consideró que no se puede pedir la modificación o anulación de la sentencia respectiva a través de una demanda de interpretación[114].

Por su parte, la Convención establece que los Estados parte en la Convención se comprometen a cumplir la decisión de la Corte en todo caso en que sean partes[115].

Finalmente, en lo que respecta a la ejecución de sentencia, la parte del fallo que disponga indemnización compensatoria se podrá ejecutar en el respectivo país por el procedimiento interno vigente para la ejecución de sentencias contra el Estado[116].

Al respecto, el reglamento establece una serie de pautas para la supervisión de cumplimiento de sentencias y otras decisiones del tribunal[117], prescripciones que rigen también para casos no sometidos por la Comisión ante la Corte. Así las cosas, la supervisión de las sentencias se realizan mediante la presentación de informes estatales y de las correspondientes observaciones a dichos informes por parte de las víctimas o sus representantes. Por su parte, la Comisión debe presentar observaciones al informe del Estado y a las observaciones de las víctimas o sus representantes. De todos modos, la Corte puede requerir a otras fuentes de información datos relevantes sobre el caso, que permitan apreciar el cumplimiento. También puede solicitar los peritajes e informes que considere oportunos. En caso de que lo considere

111 Artículo 66, Reglamento de la Corte Interamericana de Derechos Humanos.

112 Artículo 67, Convención Americana sobre los Derechos Humanos; Artículo 31.3, Reglamento de la Corte Interamericana de Derechos Humanos.

113 Artículo 67, Convención Americana sobre los Derechos Humanos.

114 *Cfr.* Corte Interamericana de Derechos Humanos, «Caso Lori Berenson Mejía Vs. Perú». Sentencia del 23 de marzo de 2005. Serie C n.° 128, párr. 11; «Caso Loayza Tamayo Vs. Perú». Resolución de 8 de marzo de 1998, Serie C n.° 47, párr. 16.

115 Artículo 68.1 Convención Americana sobre los Derechos Humanos.

116 Artículo 68.2, Convención Americana sobre los Derechos Humanos.

117 Artículo 69, Reglamento de la Corte Interamericana de Derechos Humanos.

pertinente, el tribunal puede convocar a una audiencia al Estado y a los representantes de las víctimas para supervisar el cumplimiento de sus decisiones. En esa oportunidad también puede escuchar el parecer de la Comisión. Por último, el tribunal debe determinar el estado del cumplimiento de lo resuelto y emitirá las resoluciones que estime pertinentes.

6. Conclusiones

En 1948, los Estados americanos en la Carta consagraron la OEA para lograr un orden de paz y de justicia, fomentar su solidaridad, robustecer su colaboración y defender su soberanía, su integridad territorial y su independencia. Ese mismo año se aprobó la Declaración Americana de los Derechos y Deberes del Hombre, la cual se constituyó como el primer instrumento internacional de derechos humanos de carácter general.

Ya en la Resolución XXI adoptada en Novena Conferencia Internacional Americana, llevada a cabo en Bogotá en 1948, se puso de relieve que los derechos humanos debían tener garantía adecuada, y que esa garantía debía estar sancionada por un órgano jurídico, puesto que no existiría un derecho propiamente garantizado sin la protección de un tribunal.

En un primer momento, en la Quinta Reunión de Consulta de Ministros de Relaciones Exteriores, de 1959, se creó una Comisión Interamericana de Derechos Humanos, la cual, a través del Protocolo de Buenos Aires, suscripto en 1967, se constituyó en un órgano principal de la OEA, en tanto se indicaba que mientras entrara en vigor la Convención Americana, se le asignaba a la Comisión Interamericana de Derechos Humanos la función de velar por la observancia de dichos derechos.

La creación de una Corte Interamericana tuvo un proceso más largo, de poco más de treinta años, que se desarrolló en diversas etapas. La primera etapa estaba dada por la adopción de resoluciones respecto de la necesidad de crear una Corte Interamericana de Derechos Humanos durante las diversas Conferencias Internacionales Americanas. La segunda etapa, se caracterizó por ser una etapa de elaboración de los diversos proyectos sobre una Convención Americana de Derechos Humanos. En la tercera etapa se adoptó la Convención Americana sobre Derechos Humanos. La cuarta etapa se dio con la instalación de la Corte Interamericana de Derechos Humanos.

Actualmente, el funcionamiento de la Comisión y de la Corte Interamericana se encuentra regulado en la Convención Americana. Como consecuencia, la Comisión y la Corte dictaron sus Estatutos y sus reglamentos. Estos últimos han sufrido modificaciones a lo largo de los años, a fin de adecuar los procedimientos para una mejor garantía y protección de los derechos humanos en la región.

B

CRONOLOGÍA

1826

- **22 junio - 5 julio**. Congreso Anfictiónico de Simón Bolívar (Congreso de Panamá).

1846

- **9 noviembre**. Primer Congreso Americano (Congreso de Lima).

1856

- **15 septiembre**. Tratado Continental de Unión Confederativa.

1864-1865

- **28 octubre - 13 marzo**. Segundo Congreso Americano (Congreso de Lima).

1890

- **2 octubre de 1889 - 19 abril**. Primera Conferencia Internacional de Estados Americanos (Conferencia de Washington D.C.).
- **14 abril**. Unión Panamericana.

1901-1902

- **22 octubre - 31 enero**. Segunda Conferencia Internacional Americana (Conferencia de Méjico).

1907

- **23 julio - 27 agosto**. Tercera Conferencia Internacional Americana (Conferencia de Río de Janeiro).

1910

- **12 julio - 30 agosto**. Cuarta Conferencia Internacional Americana (Conferencia de Buenos Aires).

1923

- **15 marzo - 3 mayo**. Quinta Conferencia Internacional Americana (Conferencia de Santiago de Chile).

1928

- **16 enero - 28 febrero**. Sexta Conferencia Internacional Americana (Conferencia de La Habana).

1933

- **3 - 26 diciembre**. Séptima Conferencia Internacional Americana (Conferencia de Montevideo).

1938

- **9 - 10 diciembre**. Octava Conferencia Internacional Americana (Conferencia de Lima).

1939

- **23 septiembre - 3 octubre**. Primera Reunión de Consulta de Ministros de Relaciones Exteriores (Reunión de Panamá).

1940

- **21 - 31 julio**. Segunda Reunión de Consulta de Ministros de Relaciones Exteriores (Reunión de La Habana).

1942

- **15 - 28 enero**. Tercera Reunión de Consulta de Ministros de Relaciones Exteriores (Reunión de Río de Janeiro).

1945

- **21 febrero - 8 marzo**. Conferencia de Chapultepec.

1947

- **15 agosto - 2 septiembre**. Conferencia Interamericana para el Mantenimiento de la Paz y de la Seguridad del Continente (Conferencia de Río de Janeiro).

1948

- **30 marzo - 2 mayo**. Novena Conferencia Internacional Americana (Conferencia de Bogotá). Se aprueba la Carta de la Organización de los Estados Americanos.

1951

- **26 marzo - 7 abril**. Cuarta Reunión de Consulta de Ministros de Relaciones Exteriores (Reunión de Washington D.C.).
- **13 diciembre**. Entrada en vigor de la Carta de la Organización de los Estados Americanos.

1954

- **1 marzo - 28 mayo**. Décima Conferencia Internacional Americana (Conferencia de Caracas).

1959

- **12 - 18 agosto**. Quinta Reunión de Consulta de Ministros de Relaciones Exteriores (Reunión de Washington D.C.).
- **12 - 18 agosto**. Acta Final de la Quinta Reunión de Cancilleres.

1960

- **16 - 21 agosto**. Sexta Reunión de Consulta de Ministros de Relaciones Exteriores (Reunión de San José).
- **22 - 29 agosto**. Séptima Reunión de Consulta de Ministros de Relaciones Exteriores (Reunión de San José).

1962

- **22 - 31 enero**. Octava Reunión de Consulta de Ministros de Relaciones Exteriores (Reunión de Punta del Este).

1964

- **21 - 26 julio**. Novena Reunión de Consulta de Ministros de Relaciones Exteriores (Reunión de Washington D.C.).

1965-1970

- **1 mayo - 6 marzo**. Décima Reunión de Consulta de Ministros de Relaciones Exteriores (Reunión de Washington D.C.).

1967

- **27 febrero**. Protocolo de Buenos Aires.
- **24 enero - 24 febrero** (primer período) **15 - 26 febrero** (segundo período) **8 - 14 abril** (tercer período). Décima primera Reunión de Consulta de Ministros de Relaciones Exteriores (Reunión de Washington D.C., Buenos Aires y Punta del Este).
- **19 - 24 septiembre**. Décima segunda Reunión de Consulta de Ministros de Relaciones Exteriores (Reunión de Washington D.C.).

1969-1980

- **26 julio - 17 noviembre**. Décima tercera Reunión de Consulta de Ministros de Relaciones Exteriores (Reunión de Washington D.C.).

1969

- **22 noviembre**. Se suscribe la Convención Americana sobre Derechos Humanos (Pacto de San José).

1971 - **(abierta hasta la fecha)**

- **30 enero–(abierta hasta la fecha)**. Décima cuarta Reunión de Consulta de Ministros de Relaciones Exteriores (Reunión de Washington D.C.).

1974

- **8 - 12 noviembre**. Décima quinta Reunión de Consulta de Ministros de Relaciones Exteriores (Reunión de Quito).

1975

- **29 julio**. Décima sexta Reunión de Consulta de Ministros de Relaciones Exteriores (Reunión de San José).

1978

- **1 julio**. Sede de la Corte Interamericana de Derechos Humanos.
- **18 julio**. Entra en vigor la Convención Americana sobre Derechos Humanos (Pacto de San José).

1978-1992

- **21 septiembre - 14 diciembre**. Décima séptima Reunión de Consulta de Ministros de Relaciones Exteriores (Reunión de Washington D.C.).

1978

- **30 diciembre**. Décima octava Reunión de Consulta de Ministros de Relaciones Exteriores (Reunión de Washington D.C.).

1979

- **Octubre**. Estatuto de la Corte Interamericana de Derechos Humanos (reformado por la Asamblea General de la OEA, decimosegundo período ordinario de sesiones, Washington, D.C., noviembre de 1982, AG/RES. 625 (XII-0/82), modificada por AG/RES. 1098 (XXI-91).

1980

- **30 julio**. Se firma entre la Corte y el Gobierno de Costa Rica un Convenio, aprobado por la Ley núm. 6.528, de 28 de octubre de 1980, por el que se crea el Instituto Interamericano de Derechos Humanos.

1981

- **2 - 4 febrero**. Décima novena Reunión de Consulta de Ministros de Relaciones Exteriores (Reunión de Washington D.C.).
- **10 septiembre**. Se firma entre el Gobierno de Costa Rica y la Corte el Convenio de Sede, aprobado por la Ley núm. 6.889, de 9 de septiembre de 1983.

1982–**(abierta hasta la fecha)**

- **26 abril–(abierta hasta la fecha)**. Vigésima Reunión de Consulta de Ministros de Relaciones Exteriores (Reunión de Washington D.C.).

1986

- **5 diciembre**. Protocolo de Cartagena de Indias.

1989-1992

- **17 mayo - 14 diciembre**. Vigésima primera Reunión de Consulta de Ministros de Relaciones Exteriores (Reunión de Washington D.C.).

1991

- **9 enero (nunca se reunió)**. Vigésima segunda Reunión de Consulta de Ministros de Relaciones Exteriores (Reunión de Washington D.C.).

1992

- **14 diciembre**. Protocolo de Washington D.C.

1993

- **10 junio**. Protocolo de Managua.
- **Noviembre**. El Gobierno de Costa Rica dona a la Corte el edificio donde ocupa la sede la Corte.

1998

- **26 mayo**. Trinidad y Tobago denuncia la Convención Americana sobre Derechos Humanos.

2001

- **1 septiembre**. Se aprueba la Carta Democrática Interamericana.
- **19 septiembre**. Vigésima tercera Reunión de Consulta de Ministros de Relaciones Exteriores (Reunión de Washington D.C.).
- **19 septiembre**. Vigésima cuarta Reunión de Consulta de Ministros de Relaciones Exteriores (Reunión de Washington D.C.).

2008

- **17 marzo**. Vigésima quinta Reunión de Consulta de Ministros de Relaciones Exteriores (Reunión de Washington D.C.).

2009

- **28 octubre - 13 noviembre**. Reglamento de la Comisión Interamericana de Derechos Humanos (modificado el 2 de septiembre de 2011 y en su 147 período ordinario de sesiones, celebrado del 8 al 22 de marzo de 2013, para su entrada en vigor el 1 de agosto de 2013).
- **16 - 28 noviembre de 2009**. Reglamento de la Corte Interamericana de Derechos Humanos.

2010

- **4 febrero**. Reglamento de la Corte Interamericana de Derechos Humanos sobre el Funcionamiento del Fondo de Asistencia Legal de Víctimas.
- **7 diciembre**. Vigésima sexta Reunión de Consulta de Ministros de Relaciones Exteriores (Reunión de Washington D.C.).

2011

- **1 marzo**. Reglamento de la Comisión Interamericana de Derechos Humanos sobre el Fondo de Asistencia Legal del Sistema Interamericano de Derechos Humanos.

2012

- **4 junio**. Se aprueba la Carta Social de las Américas.
- **10 septiembre**. Venezuela denuncia la Convención Americana sobre Derechos Humanos.

2018

- **10 mayo**. Resolución 3/2018. Fortalecimiento al trámite de solicitudes de medidas cautelares.

C

MIEMBROS

1. La Corte Interamericana de Derechos Humanos

1.1. Composición actual

Composición de 2024:

- Nancy Hernández López. (Presidenta). Costa Rica.
- Rodrigo Mudrovitsch. (Vicepresidente). Brasil.
- Humberto Antonio Sierra Porto. Colombia.
- Eduardo Ferrer Mac-Gregor Poisot. Méjico.
- Ricardo C. Pérez Manrique. Uruguay.
- Verónica Gómez. Argentina.
- Patricia Pérez Goldberg. Chile.

1.2. Antiguos miembros

Composición de 2023:

- Ricardo C. Pérez Manrique. (Presidente). Uruguay.
- Eduardo Ferrer Mac-Gregor Poisot. (Vicepresidente). Méjico.
- Humberto Antonio Sierra Porto. Colombia.
- Nancy Hernández López. Costa Rica.
- Verónica Gómez. Argentina.
- Patricia Pérez Goldberg. Chile.
- Rodrigo Mudrovitsch. Brasil.

Composición de 2022:

- Ricardo C. Pérez Manrique. (Presidente). Uruguay.
- Humberto Antonio Sierra Porto. (Vicepresidente). Colombia.
- Eduardo Ferrer Mac-Gregor Poisot. Méjico.
- Nancy Hernández López. Costa Rica.
- Verónica Gómez. Argentina.
- Patricia Pérez Goldberg. Chile.
- Rodrigo Mudrovitsch. Brasil.

Composición de 2021:

- Elizabeth Odio Benito (Presidenta). Costa Rica.
- Patricio Pazmiño Freire (Vicepresidente). Ecuador.
- Eduardo Vio Grossi. Chile.
- Humberto Antonio Sierra Porto. Colombia.
- Eduardo Ferrer Mac-Gregor Poisot. Méjico.
- Eugenio Raúl Zaffaroni. Argentina.
- Ricardo Pérez Manrique. Uruguay.

Composición de 2020:

- Elizabeth Odio Benito (Presidenta). Costa Rica.
- Patricio Pazmiño Freire (Vicepresidente). Ecuador.
- Eduardo Vio Grossi. Chile.
- Humberto Antonio Sierra Porto. Colombia.
- Eduardo Ferrer Mac-Gregor Poisot. Méjico.
- Eugenio Raúl Zaffaroni. Argentina.
- Ricardo Pérez Manrique. Uruguay.

Composición de 2019:

- Eduardo Ferrer Mac-Gregor Poisot. (Presidente). Méjico.
- Eduardo Vio Grossi. (Vicepresidente). Chile.
- Humberto Antonio Sierra Porto. Colombia.
- Elizabeth Odio Benito. Costa Rica.
- Eugenio Raúl Zaffaroni. Argentina.
- Patricio Pazmiño Freire. Ecuador.

Composición de 2018 (mayo–diciembre):

- Eduardo Ferrer Mac-Gregor Poisot. (Presidente). Méjico.
- Eduardo Vio Grossi. (Vicepresidente). Chile.

- Humberto Antonio Sierra Porto. Colombia.
- Elizabeth Odio Benito. Costa Rica.
- Eugenio Raúl Zaffaroni. Argentina.
- Patricio Pazmiño Freire. Ecuador.

Composición de 2018 (enero–mayo):

- Eduardo Ferrer Mac-Gregor Poisot. (Presidente). Méjico.
- Eduardo Vio Grossi. (Vicepresidente). Chile.
- Roberto F. Caldas. Brasil.
- Humberto Antonio Sierra Porto. Colombia.
- Elizabeth Odio Benito. Costa Rica.
- Eugenio Raúl Zaffaroni. Argentina.
- Patricio Pazmiño Freire. Ecuador.

Composición de 2017:

- Roberto F. Caldas. (Presidente). Brasil.
- Eduardo Ferrer Mac-Gregor Poisot. (Vicepresidente). Méjico.
- Eduardo Vio Grossi. (Vicepresidente). Chile.
- Humberto Antonio Sierra Porto. Colombia.
- Elizabeth Odio Benito. Costa Rica.
- Eugenio Raúl Zaffaroni. Argentina.
- Patricio Pazmiño Freire. Ecuador.

Composición de 2016:

- Roberto F. Caldas. (Presidente). Brasil.
- Eduardo Ferrer Mac-Gregor Poisot. (Vicepresidente). Méjico.
- Eduardo Vio Grossi. (Vicepresidente). Chile.
- Humberto Antonio Sierra Porto. Colombia.
- Elizabeth Odio Benito. Costa Rica.
- Eugenio Raúl Zaffaroni. Argentina.
- Patricio Pazmiño Freire. Ecuador.

Composición de 2015:

- Humberto Antonio Sierra Porto. (Presidente). Colombia.
- Roberto F. Caldas. (Vicepresidente). Brasil.
- Manuel E. Ventura Robles. Costa Rica.
- Diego García-Sayán. Perú.
- Alberto Pérez Pérez. Uruguay.

- Eduardo Vio Grossi. Chile.
- Eduardo Ferrer Mac-Gregor Poisot. Méjico.

Composición de 2014:

- Humberto Antonio Sierra Porto. (Presidente). Colombia.
- Roberto F. Caldas. (Vicepresidente). Brasil.
- Manuel E. Ventura Robles. Costa Rica.
- Diego García-Sayán. Perú.
- Alberto Pérez Pérez. Uruguay.
- Eduardo Vio Grossi. Chile.
- Eduardo Ferrer Mac-Gregor Poisot. Méjico.

Composición de 2013:

- Diego García-Sayán. (Presidente). Perú.
- Manuel E. Ventura Robles. (Vicepresidente). Costa Rica.
- Alberto Pérez Pérez. Uruguay.
- Eduardo Vio Grossi. Chile.
- Roberto F. Caldas. Brasil.
- Humberto Antonio Sierra Porto. Colombia.
- Eduardo Ferrer Mac-Gregor Poisot. Méjico.

Composición de 2012:

- Diego García-Sayán. (Presidente). Perú.
- Manuel E. Ventura Robles. (Vicepresidente). Costa Rica.
- Leandro A. Franco. Argentina.
- Margarette May Macaulay. Jamaica.
- Rhadys Abreu Blondet. República Dominicana.
- Alberto Pérez Pérez. Uruguay.
- Eduardo Vio Grossi. Chile.

Composición de 2011:

- Diego García-Sayán. (Presidente). Perú.
- Leandro A. Franco. (Vicepresidente). Argentina.
- Manuel E. Ventura Robles. Costa Rica.
- Margarette May Macaulay. Jamaica.
- Rhadys Abreu Blondet. República Dominicana.
- Alberto Pérez Pérez. Uruguay.
- Eduardo Vio Grossi. Chile.

Composición de 2010:

- Diego García-Sayán. (Presidente). Perú.
- Leandro A. Franco. (Vicepresidente). Argentina.
- Manuel E. Ventura Robles. Costa Rica.
- Margarette May Macaulay. Jamaica.
- Rhadys Abreu Blondet. República Dominicana.
- Alberto Pérez Pérez. Uruguay.
- Eduardo Vio Grossi. Chile.

Composición de 2009:

- Cecilia Medina Quiroga. (Presidenta). Chile.
- Diego García-Sayán. (Vicepresidente). Perú.
- Sergio García Ramírez. Méjico.
- Manuel E. Ventura Robles. Costa Rica.
- Leandro A. Franco. Argentina.
- Margarette May Macaulay. Jamaica.
- Rhadys Abreu Blondet. República Dominicana.

Composición de 2008:

- Cecilia Medina Quiroga. (Presidenta). Chile.
- Diego García-Sayán. (Vicepresidente). Perú.
- Sergio García Ramírez. Méjico.
- Manuel E. Ventura Robles. Costa Rica.
- Leandro A. Franco. Argentina.
- Margarette May Macaulay. Jamaica.
- Rhadys Abreu Blondet. República Dominicana.

Composición de 2007:

- Sergio García Ramírez. (Presidente). Méjico.
- Cecilia Medina Quiroga. (Vicepresidenta). Chile.
- Manuel E. Ventura Robles. Costa Rica.
- Diego García-Sayán. Perú.
- Leandro A. Franco. Argentina.
- Margarette May Macaulay. Jamaica.
- Rhadys Abreu Blondet. República Dominicana.

Composición de 2006:

- Sergio García Ramírez. (Presidente). Méjico.

- Alirio Abreu Burelli. (Vicepresidente). Venezuela.
- Oliver Jackman. Barbados.
- Antônio A. Cançado Trindade. Brasil.
- Cecilia Medina Quiroga. Chile.
- Manuel E. Ventura Robles. Costa Rica.
- Diego García-Sayán. Perú.

Composición de 2005:

- Sergio García Ramírez. (Presidente). Méjico.
- Alirio Abreu Burelli. (Vicepresidente). Venezuela.
- Oliver Jackman. Barbados.
- Antônio A. Cançado Trindade. Brasil.
- Cecilia Medina Quiroga. Chile.
- Manuel E. Ventura Robles. Costa Rica.
- Diego García-Sayán. Perú.

Composición de 2004:

- Sergio García Ramírez. (Presidente). Méjico.
- Alirio Abreu Burelli. (Vicepresidente). Venezuela.
- Oliver Jackman. Barbados.
- Antônio A. Cançado Trindade. Brasil.
- Cecilia Medina Quiroga. Chile.
- Manuel E. Ventura Robles. Costa Rica.
- Diego García-Sayán. Perú.

Composición de 2003:

- Antônio A. Cançado Trindade. (Presidente). Brasil.
- Sergio García Ramírez. (Vicepresidente). Méjico.
- Hernán Salgado Pesantes. Ecuador.
- Máximo Pacheco Gómez. Chile.
- Oliver Jackman. Barbados.
- Alirio Abreu Burelli. Venezuela.
- Carlos Vicente de Roux Rengifo. Colombia.

Composición de 2002:

- Antônio A. Cançado Trindade. (Presidente). Brasil.
- Alirio Abreu Burelli. (Vicepresidente). Venezuela.
- Máximo Pacheco Gómez. Chile.

- Hernán Salgado Pesantes. Ecuador.
- Oliver Jackman. Barbados.
- Sergio García Ramírez. Méjico.
- Carlos Vicente de Roux Rengifo. Colombia.

Composición de 2001:

- Antônio A. Cançado Trindade. (Presidente). Brasil.
- Máximo Pacheco Gómez. (Vicepresidente). Chile.
- Hernán Salgado Pesantes. Ecuador.
- Oliver Jackman. Barbados.
- Alirio Abreu Burelli. Venezuela.
- Sergio García Ramírez. Méjico.
- Carlos Vicente de Roux Rengifo. Colombia.

Composición de 2000:

- Antônio A. Cançado Trindade. (Presidente). Brasil.
- Máximo Pacheco Gómez. (Vicepresidente). Chile.
- Hernán Salgado Pesantes. Ecuador.
- Oliver Jackman. Barbados.
- Alirio Abreu Burelli. Venezuela.
- Sergio García Ramírez. Méjico.
- Carlos Vicente de Roux Rengifo. Colombia.

Composición de 1999 (16 de septiembre - 31 de diciembre):

- Antônio A. Cançado Trindade. (Presidente). Brasil.
- Máximo Pacheco Gómez. (Vicepresidente). Chile.
- Hernán Salgado Pesantes. Ecuador.
- Oliver Jackman. Barbados.
- Alirio Abreu Burelli. Venezuela.
- Sergio García Ramírez. Méjico.
- Carlos Vicente de Roux Rengifo. Colombia.

Composición de 1999 (1 de enero - 16 de septiembre):

- Hernán Salgado Pesantes. (Presidente). Ecuador.
- Antônio A. Cançado Trindade. (Vicepresidente). Brasil.
- Máximo Pacheco Gómez. Chile.
- Oliver Jackman. Barbados.
- Alirio Abreu Burelli. Venezuela.

- Sergio García Ramírez. Méjico.
- Carlos Vicente de Roux Rengifo. Colombia.

Composición de 1998:

- Hernán Salgado Pesantes. (Presidente). Ecuador.
- Antônio A. Cançado Trindade. (Presidente). Brasil.
- Máximo Pacheco Gómez. (Vicepresidente). Chile.
- Oliver Jackman. Barbados.
- Alirio Abreu Burelli. Venezuela.
- Sergio García Ramírez. Méjico.
- Carlos Vicente de Roux Rengifo. Colombia.

Composición de 1997 (12 de septiembre - 31 de diciembre):

- Hernán Salgado Pesantes. (Presidente). Ecuador.
- Antônio A. Cançado Trindade. (Presidente). Brasil.
- Héctor Fix-Zamudio. Méjico.
- Alejandro Montiel Argüello. Nicaragua.
- Máximo Pacheco Gómez. Chile.
- Oliver Jackman. Barbados.
- Alirio Abreu Burelli. Venezuela.

Composición de 1997 (1 de enero - 12 de septiembre):

- Héctor Fix-Zamudio. (Presidente). Méjico.
- Hernán Salgado Pesantes. (Vicepresidente). Ecuador.
- Alejandro Montiel Argüello. Nicaragua.
- Máximo Pacheco Gómez. Chile.
- Oliver Jackman. Barbados.
- Alirio Abreu Burelli. Venezuela.
- Antônio A. Cançado Trindade. Brasil.

Composición de 1996:

- Héctor Fix-Zamudio. (Presidente). Méjico.
- Hernán Salgado Pesantes. (Vicepresidente). Ecuador.
- Alejandro Montiel Argüello. Nicaragua.
- Máximo Pacheco Gómez. Chile.
- Oliver Jackman. Barbados.
- Alirio Abreu Burelli. Venezuela.
- Antônio A. Cançado Trindade. Brasil.

Composición de 1995:

- Héctor Fix-Zamudio. (Presidente). Méjico.
- Hernán Salgado Pesantes. (Vicepresidente). Ecuador.
- Alejandro Montiel Argüello. Nicaragua.
- Máximo Pacheco Gómez. Chile.
- Oliver Jackman. Barbados.
- Alirio Abreu Burelli. Venezuela.
- Antônio A. Cançado Trindade. Brasil.

Composición de 1994 (9 de diciembre - 31 de diciembre):

- Héctor Fix-Zamudio. (Presidente). Méjico.
- Hernán Salgado Pesantes. (Vicepresidente). Ecuador.
- Rafael Nieto Navia. Colombia.
- Alejandro Montiel Argüello. Nicaragua.
- Máximo Pacheco Gómez. Chile.

Composición de 1994 (16 de junio - 9 de diciembre):

- Rafael Nieto Navia. (Presidente). Colombia.
- Héctor Fix-Zamudio. (Vicepresidente). Méjico.
- Alejandro Montiel Argüello. Nicaragua.
- Máximo Pacheco Gómez. Chile.
- Hernán Salgado Pesantes. Ecuador.

Composición de 1994 (2 de febrero - 16 de junio):

- Rafael Nieto Navia. (Presidente). Colombia.
- Sonia Picado Sotela[118]. (Vicepresidenta). Costa Rica.
- Héctor Fix-Zamudio. Méjico.
- Alejandro Montiel Argüello. Nicaragua.
- Máximo Pacheco Gómez. Chile.
- Hernán Salgado Pesantes. Ecuador.

Composición de 1994 (1 de enero - 2 de febrero):

- Rafael Nieto Navia. (Presidente). Colombia.
- Sonia Picado Sotela. (Vicepresidenta). Costa Rica.

---

118 La Jueza Sonia Picado Sotela (Costa Rica), Vicepresidenta de la Corte quien finalizaba su mandato el 31 de diciembre de 1994, renunció a su cargo de Jueza el 16 de junio de 1994 por haber aceptado un cargo incompatible con tal condición.

- Héctor Fix-Zamudio. Méjico.
- Alejandro Montiel Argüello. Nicaragua.
- Máximo Pacheco Gómez. Chile.
- Hernán Salgado Pesantes. Ecuador.
- Asdrúbal Aguilar-Aranguren[119]. Venezuela.

Composición de 1993:

- Rafael Nieto Navia. (Presidente). Colombia.
- Sonia Picado Sotela. (Vicepresidenta). Costa Rica.
- Héctor Fix-Zamudio. Méjico.
- Alejandro Montiel Argüello. Nicaragua.
- Máximo Pacheco Gómez. Chile.
- Hernán Salgado Pesantes. Ecuador.
- Asdrúbal Aguilar-Aranguren. Venezuela.

Composición de 1992:

- Héctor Fix-Zamudio. (Presidente). Méjico.
- Sonia Picado Sotela. (Vicepresidenta). Costa Rica.
- Rafael Nieto Navia. Colombia.
- Alejandro Montiel Argüello. Nicaragua.
- Máximo Pacheco Gómez. Chile.
- Hernán Salgado Pesantes. Ecuador.
- Asdrúbal Aguilar-Aranguren[120] . Venezuela.

Composición de 1991 (21 de noviembre - 31 de diciembre):

- Héctor Fix-Zamudio. (Presidente). Méjico.
- Sonia Picado Sotela. (Vicepresidenta). Costa Rica.
- Thomas Buergenthal. Estados Unidos.
- Rafael Nieto Navia. Colombia.
- Policarpio Callejas Bonilla. Honduras.
- Julio A. Barberis. Argentina.

---

119 El Juez Asdrúbal Aguilar-Aranguren (Venezuela), quien finalizaba su mandato el 31 de diciembre de 1994, se separó de la Corte el 2 de febrero de 1994 por haber aceptado un cargo incompatible con tal condición.

120 El Dr. Asdrúbal Aguiar-Aranguren fue elegido Juez por los Estados parte en la Convención durante el XXII Período Ordinario de Sesiones de la Asamblea General de la OEA, en reemplazo del Juez Orlando Tovar Tamayo (Venezuela) quien falleció el 21 de noviembre de 1991 siendo Vicepresidente.

Composición de 1991 (1 de enero - 21 de noviembre):
- Héctor Fix-Zamudio. (Presidente). Méjico.
- Orlando Tovar Tamayo[121]. (Vicepresidente). Venezuela.
- Thomas Buergenthal. Estados Unidos.
- Rafael Nieto Navia. Colombia.
- Policarpio Callejas Bonilla. Honduras.
- Sonia Picado Sotela. Costa Rica.
- Julio A. Barberis. Argentina.

Composición de 1990:
- Héctor Fix-Zamudio. (Presidente). Méjico.
- Orlando Tovar Tamayo. (Vicepresidente). Venezuela.
- Thomas Buergenthal. Estados Unidos.
- Rafael Nieto Navia. Colombia.
- Policarpio Callejas Bonilla. Honduras.
- Sonia Picado Sotela. Costa Rica.
- Julio A. Barberis. Argentina.

Composición de 1989:
- Héctor Gross Espiell. (Presidente). Uruguay.
- Héctor Fix-Zamudio. (Vicepresidente). Méjico.
- Thomas Buergenthal. Estados Unidos.
- Rafael Nieto Navia. Colombia.
- Policarpio Callejas Bonilla. Honduras.
- Orlando Tovar Tamayo. Venezuela.
- Sonia Picado Sotela. Costa Rica.

Composición de 1988:
- Rafael Nieto Navia. (Presidente). Colombia.
- Héctor Gross Espiell. (Vicepresidente). Uruguay.
- Rodolfo Piza Escalante. Costa Rica.
- Thomas Buergenthal. Estados Unidos.
- Pedro A. Nikken. Venezuela.
- Héctor Fix-Zamudio. Méjico.
- Jorge R. Hernández Alcerro. Honduras.

121 El Juez Orlando Tovar Tamayo (Venezuela), falleció el 21 de noviembre de 1991 siendo Vicepresidente.

Composición de 1987:

- Rafael Nieto Navia. (Presidente). Colombia.
- Héctor Gross Espiell. (Vicepresidente). Uruguay.
- Rodolfo Piza Escalante. Costa Rica.
- Thomas Buergenthal. Estados Unidos.
- Pedro A. Nikken. Venezuela.
- Héctor Fix-Zamudio. Méjico.
- Jorge R. Hernández Alcerro. Honduras.

Composición de 1986:

- Thomas Buergenthal. (Presidente). Estados Unidos.
- Rafael Nieto Navia. (Vicepresidente). Colombia.
- Rodolfo Piza Escalante. Costa Rica.
- Pedro A. Nikken. Venezuela.
- Héctor Fix-Zamudio. Méjico.
- Héctor Gross Espiell. Uruguay.
- Jorge R. Hernández Alcerro. Honduras.

Composición de 1985:

- Thomas Buergenthal. (Presidente). Estados Unidos.
- Rafael Nieto Navia. (Vicepresidente). Colombia.
- Huntley Eugene Munroe. Jamaica.
- Máximo Cisneros Sánchez. Perú.
- Carlos Roberto Reina. Honduras.
- Rodolfo Piza Escalante. Costa Rica.
- Pedro A. Nikken. Venezuela.

Composición de 1984:

- Pedro A. Nikken. (Presidente). Venezuela.
- Thomas Buergenthal. (Vicepresidente). Estados Unidos.
- Huntley Eugene Munroe. Jamaica.
- Máximo Cisneros Sánchez. Perú.
- Carlos Roberto Reina. Honduras.
- Rodolfo Piza Escalante. Costa Rica.
- Rafael Nieto Navia. Colombia.

Composición de 1983:

- Pedro A. Nikken. (Presidente). Venezuela.

- Thomas Buergenthal. (Vicepresidente). Estados Unidos.
- Huntley Eugene Munroe. Jamaica.
- Máximo Cisneros Sánchez. Perú.
- Carlos Roberto Reina. Honduras.
- Rodolfo Piza Escalante. Costa Rica.
- Rafael Nieto Navia. Colombia.

Composición de 1982:

- Carlos Roberto Reina. (Presidente). Honduras.
- Pedro A. Nikken. (Vicepresidente). Venezuela.
- Huntley Eugene Munroe. Jamaica.
- César Ordoñez Quintero[122]. Colombia.
- Máximo Cisneros Sánchez. Perú.
- Rodolfo Piza Escalante. Costa Rica.
- Thomas Buergenthal. Estados Unidos.

Composición de 1981:

- Carlos Roberto Reina. (Presidente). Honduras.
- Pedro A. Nikken. (Vicepresidente). Venezuela.
- Huntley Eugene Munroe. Jamaica.
- César Ordoñez Quintero. Colombia.
- Máximo Cisneros Sánchez. Perú.
- Rodolfo Piza Escalante. Costa Rica.
- Thomas Buergenthal. Estados Unidos.

Composición de 1980:

- Rodolfo Piza Escalante. (Presidente). Costa Rica.
- Máximo Cisneros Sánchez. (Vicepresidente). Perú.
- Huntley Eugene Munroe. Jamaica.
- César Ordoñez Quintero. Colombia.
- Carlos Roberto Reina. (Presidente). Honduras.
- Thomas Buergenthal. Estados Unidos.
- Pedro A. Nikken. (Vicepresidente). Venezuela.

122 El Juez César Ordóñez Quintero falleció el 10 de marzo de 1982.

Composición de 1979:

- Rodolfo Piza Escalante. (Presidente). Costa Rica.
- Máximo Cisneros Sánchez. (Vicepresidente). Perú.
- Huntley Eugene Munroe. Jamaica.
- César Ordoñez Quintero. Colombia.
- Carlos Roberto Reina. (Presidente). Honduras.
- Thomas Buergenthal. Estados Unidos.

1.3. Jueces permanentes

Máximo Cisneros Sánchez:

- Perú.
- 1979-1985.
- Vicepresidente 1979-1980.

Carlos Roberto Reina:

- Honduras.
- 1979-1985.
- Presidente 1981-1982.

César Ordóñez:

- Colombia.
- 1979 - hasta 10 de marzo de 1982.

Huntley Eugene Munroe:

- Jamaica.
- 1979-1985.

Rodolfo E. Piza Escalante:

- Costa Rica.
- 1979-1988.
- Presidente 1979-1980.

Thomas Buergenthal:

- Estados Unidos.
- 1979-1991.
- Vicepresidente 1983-1984.
- Presidente 1985-1986.

Pedro Nikken:

- Venezuela.
- 1980-1988.
- Vicepresidente 1981-1982.
- Presidente 1983-1984.

Rafael Nieto Navia:

- Colombia.
- 1983-1988 y 1989-1994.
- Vicepresidente 1985-1986.
- Presidente 1987-1988.
- Presidente 1993-1994.

Héctor Fix-Zamudio:

- Méjico.
- 1986-1991 y 1992-1997.
- Vicepresidente 1989.
- Presidente 1990-1991.
- Presidente 1992.
- Vicepresidente del 01 de enero de 1994 hasta el 9 de diciembre de 1994.
- Presidente del 9 de diciembre de 1994-1995.
- Presidente de 1996 - 12 de septiembre de 1997.

Jorge R. Hernández Alcerro:

- Honduras.
- 1986-1988.

Héctor Gros Espiell:

- Uruguay.
- 1986-1989.
- Vicepresidente 1987-1988.
- Presidente 1989.

Policarpio Callejas:

- Honduras.
- 1989-1991.

Orlando Tovar Tamayo:

- Venezuela.

- 1989-1991.
- Vicepresidente 1990 - hasta 21 de noviembre de 1991.

Sonia Picado Sotela:

- Costa Rica.
- 1989 - 16 de junio de 1994.
- Vicepresidenta 1991-1992.
- Vicepresidenta 1993 - 16 de junio de 1994.

Julio A. Barberis:

- Argentina.
- 1990-1991.

Asdrúbal Aguiar Aranguren:

- Venezuela.
- 1992-1994.

Alejandro Montiel Argüello:

- Nicaragua.
- 1992-1997.

Hernán Salgado Pesantes:

- Ecuador.
- 1992-1997 y 1998-2003.
- Vicepresidente del 9 de diciembre de 1994-1995.
- Vicepresidente 1996 - 12 de septiembre de 1997.
- Presidente del 12 de septiembre 1997 a 31 de diciembre de 1997.
- Presidente 1998-1999.

Máximo Pacheco Gómez:

- Chile.
- 1992-1997 y 1998-2003.
- Vicepresidente 2000-2001.

Antônio A. Cançado Trindade:

- Brasil.
- 1995-2000 y 2001-2006.
- Vicepresidente del 12 de septiembre 1997 hasta el 31 de diciembre 1997.
- Vicepresidente 1998.
- Presidente del 16 de septiembre de 1999 hasta el 31 de diciembre de 1999.

- Presidente 2000-2001.
- Presidente 2002-2003.

Alirio Abreu Burelli:

- Venezuela.
- 1995-2000 y 2001-2006.
- Vicepresidente 2002, 2004-2005-2006.

Oliver H. Jackman:

- Barbados.
- 1995-2000 y 2001-2006.

Sergio García Ramírez:

- Méjico.
- 1998-2003 y 2004-2009.
- Vicepresidente 2003
- Presidente 2004-2005.
- Presidente 2006-2007.

Carlos Vicente De Roux Rengifo:

- Colombia.
- 1998-2003.

Diego García-Sayán:

- Perú.
- 2004-2009 y 2010-2015.
- Vicepresidente 2008-2009.
- Presidente 2010-2011.
- Presidente 2012-2013.

Cecilia Medina Quiroga:

- Chile.
- 2004-2009.
- Vicepresidenta 2007.
- Presidenta 2008-2009.

Manuel E. Ventura Robles:

- Costa Rica.
- 2004-2009 y 2010-2015.
- Vicepresidente 2012-2013.

Leandro A. Franco:
- Argentina.
- 2007-2012.
- Vicepresidente 2010-2011.

Rhadys Abreu Blondet:
- República Dominicana.
- 2007-2012.

Margarette May Macaulay:
- Jamaica.
- 2007-2012.

Eduardo Vio Grossi:
- Chile.
- 2010-2015 y 2016-2021.
- Vicepresidente 2018-2019.

Alberto Pérez Pérez:
- Uruguay.
- 2010-2015.

Humberto Antonio Sierra Porto:
- Colombia.
- 2013-2018 y 2019-2024.
- Presidente 2014-2015.

Roberto de F. Caldas:
- Brasil.
- 2013-2018.
- Vicepresidente 2014-2015.
- Presidente 2016-2017.

Eduardo Ferrer Mac-Gregor Poisot:
- Méjico.
- 2013-2018 y 2019-2024.
- Vicepresidente 2016-2017.
- Presidente 2018-2019.

Elizabeth Odio Benito:
- Costa Rica.
- 2016-2021.

Patricio Pazmiño Freire:
- Ecuador.
- 2016-2021.

Eugenio Raúl Zaffaroni:
- Argentina.
- 2016-2021.

Ricardo Pérez Manrique:
- Uruguay.
- 2019-2024.

1.4. Jueces *ad hoc*

Rigoberto Espinal Irías:
- 1987.

Antônio A. Cançado Trindade:
- 1991, 1993 y 1994.

Jorge E. Orihuela Ibérico:
- 1991 y 1996.

Manuel Aguirre Roca:
- 1993.

Julio A. Barberis:
- 1996, 1998, 2000, 2001 y 2002.

Edgar E. Larraondo Salguero:
- 1996, 1998 y 2001.

Alfonso Novales Aguirre:
- 1996, 1998 y 1999.

Rafael Nieto Navia:
- 1997 y 2002.

Fernando Vidal Ramírez:
- 1998, 1999, 2000, 2001, 2006 y 2007.

Charles N. Brower:
- 2000 y 2002.

Alejandro Montiel Argüello:
- 2000, 2001, 2004 y 2005.

Arturo Martínez Gálvez:
- 2003.

Óscar Luján Fappiano:
- 2004.

Marco Antonio Mata Coto:
- 2004.

Juan Federico D. Monroy Gálvez:
- 2004.

Víctor Manuel Núñez Rodríguez:
- 2004.

Ramón Fogel Pedroso:
- 2005.

Diego Eduardo López Medina:
- 2007 y 2008.

Javier de Belaunde López de Romaña:
- 2003 y 2006.

Ricardo Gil Lavedra:
- 2003.

Emilio Camacho Paredes:
- 2004.

Francisco José Eguiguren Praeli:
- 2004.

Ernesto Rey Cantor:
- 2004 y 2005.

Hernán Salgado Pesantes:
- 2004 y 2005.

Alejandro Sánchez Garrido:
- 2004 y 2005.

Arturo Alfredo Herrador Sandoval:
- 2005.

Jorge Santistevan de Noriega:
- 2005.

Gustavo Zafra Roldán:
- 2005.

Juan Carlos Esguerra Portocarrero:

- 2006.

Álvaro Castellanos Howell:

- 2008.

Diego Rodríguez Pinzón:

- 2008.

Claus Werner Von Wobeser Hoepfner:

- 2008.

Rosa María Álvarez González:

- 2009.

Einer Elías Biel Morales:

- 2009.

Ramón Cadena Rámila:

- 2009.

Roberto de F. Caldas:

- 2009.

John A. Connell:

- 2009.

Víctor Óscar Shiyin García Toma:

- 2009.

Pier Paolo Pasceri Scaramuzza:

- 2009.

Leo Valladares Lanza:

- 2009.

2. La Comisión Interamericana de Derechos Humanos

2.1. Composición actual

Roberta Clarke:

- Barbados.
- 2022-2025.

Carlos Bernal Pulido (primer vicepresidente):

- Colombia.
- 2022-2025.

José Luis Caballero Ochoa (segundo vicepresidente):

- Méjico.
- 2023-2025.

Edgar Stuardo Ralón Orellana:

- Guatemala.
- 2020-2027.

Arif Bulkan:

- Guayana.
- 2024-2027.

Andrea Pochak:

- Argentina.
- 2024-2027.

Gloria Monique de Mees:

- Surinam.
- 2024-2027.

2.2. Antiguos miembros

Margarette May Macaulay:

- Jamaica.
- 2016-2023.

Esmeralda Arosemena de Troitiño:

- Panamá.
- 2016-2023.

Joel Hernández García:

- Méjico.
- 2018-2023.

Julissa Mantilla Falcón:

- Perú.
- 2020-2023.

Antonia Urrejola Noguera:

- Chile.
- 2018-2021.

Flávia Piovesan:

- Brasil.
- 2018-2021.

Luis Ernesto Vargas Silva:

- Colombia.
- 2017-2019.

Francisco José Eguiguren Praeli:

- Perú.
- 2016-2019.

James L. Cavallaro:

- Estados Unidos.
- 2014-2017.

Paulo Vannuchi:

- Brasil.
- 2014-2017.

José de Jesús Orozco Henríquez:

- Méjico.
- 2010-2017.

Enrique Gil Botero:

- Colombia.
- 2016-2017.

Rosa María Ortiz:

- Paraguay.
- 2012-2015.

Rose-Marie Belle Antoine:

- Trinidad y Tobago.
- 2012-2015.

Tracy Robinson:

- Jamaica.
- 2012-2015.

Felipe González:

- Chile.
- 2008-2015.

Dinah Shelton:

- Estados Unidos.
- 2010-2013.

Rodríguez Escobar Gil:

- Colombia.
- 2010-2013.

María Silva Guillén:

- El Salvador.
- 2010-2011.

Luz Patricia Mejía:

- Venezuela.
- 2008-2011.

Paulo Sérgio Pinheiro:

- Brasil.
- 2004-2011.

Paulo G. Carozza:

- Estados Unidos.
- 2006-2009.

Víctor E. Abramovich:

- Argentina.
- 2006-2009.

Florentín Meléndez:

- El Salvador.
- 2004-2009.

Sir Clare Kamau Roberts:

- Antigua y Barbuda.
- 2002-2009.

Freddy Gutiérrez Trejo:

- Venezuela.
- 2004-2007.

Evelio Fernández Arévalos:

- Paraguay.
- 2004-2007.

Susana Villarán de la Puente:

- Perú.
- 2002-2004.

José Zalaquett:

- Chile.
- 2001-2004.

Julio Prado Vallejo:

- Ecuador.
- 2000-2003.

Robert K. Goldman:

- Estados Unidos.
- 1996-2003.

Juan Méndez:

- Argentina.
- 2000-2003.

Marta Altolaguirre:

- Guatemala.
- 2000-2003.

Diego García Sayán:

- Perú.
- 2002.

Peter Laurie:

- Barbados.
- 1999-2001.

Hélio Bicudo:

- Brasil.
- 1998-2001.

Claudio Grossman:

- Chile.
- 1994-2001.

Jean Joseph Exumé:

- Haití.
- 1996-1999.

Carlos Ayala Corao:

- Venezuela.
- 1996-1999.

Álvaro Tirado Mejía:

- Colombia.
- 1992-1999.

Henry Forde:

- Barbados.
- 1998-1999.

John S. Donalson:

- Trinidad y Tobago.
- 1994-1997.

Michael Reisman:

- Estados Unidos.
- 1990-1995.

Óscar Luján Fappiano:

- Argentina.
- 1990-1997.

Patrick Lipton Robinson:

- Jamaica.
- 1988-1995.

Leo Valladares Lanza:

- Honduras.
- 1988-1995.

John Reese Stevenson:

- Estados Unidos.
- 1988-1990.

Oliver Hamlet Jackman:

- Barbados.
- 1986-1993.

Marco Tulio Bruni-Celli:

- Venezuela.
- 1986-1993.

Elsa Kelly:

- Argentina.
- 1986-1989.

Gilda Maciel Correa Russomano:

- Brasil.
- 1984-1991.

Luis Adolfo Siles Salinas:

- Bolivia.
- 1984-1987.

Bruce McColm:

- Estados Unidos.
- 1984-1988.

Luis Demetrio Tinoco Castro:

- Costa Rica.
- 1980-1985.

César Selpúveda:

- Méjico.
- 1980-1985.

Francisco Bertrand Galindo:

- El Salvador.
- 1980-1987.

Marco Gerardo Monroy Cabra:

- Colombia.
- 1978-1987.

José Joaquín Gori:

- Colombia.
- 1976-1978.

Tom J. Farer:

- Estados Unidos.
- 1976-1983.

Fernando Volio Jiménez:

- Costa Rica.
- 1976-1979.

Carlos García Bauer:

- Guatemala.
- 1976-1979.

Andrés Aguilar:

- Venezuela.
- 1972-1985.

Robert F. Woodward:

- Estados Unidos.
- 1972-1976.

Genaro R. Carrió:

- Argentina.
- 1972-1976.

Justino Jiménez de Arechega:

- Uruguay.
- 1968-1972.

Mario Alzamora Valdez:

- Perú.
- 1968-1972.

Carlos A. Dunshee de Abranches:

- Brasil.
- 1964-1983.

Daniel Hugo Martins:

- Uruguay.
- 1964-1968.

Gabino Fraga:

- Méjico.
- 1960-1979.

Manuel Bianchi Gundián:

- Chile.
- 1960-1976.

Durwood V. Sandifer:

- Estados Unidos.
- 1960-1972.

Ángela Acuña de Chacón:

- Costa Rica.
- 1960-1972.

Gonzalo Escudero:

- Ecuador.
- 1960-1968.

Reynaldo Galindo Pohl:

- El Salvador.
- 1960-1964.

Rómulo Gallegos:

- Venezuela.
- 1960-1963.

D

INSTRUMENTOS BÁSICOS

1. Acta final de la Quinta Sesión de Cancilleres (extracto), 12 a 18 de agosto de 1959

La Quinta Reunión de Consulta de Ministros de Relaciones Exteriores, constituida por los Ministros de les veintiuna Repúblicas que integran la Organización de los Estados Americanos, se celebró en la ciudad de Santiago, República de Chile, del 12 al 18 de agosto de 1959. La Reunión fue convocada por Resolución del Consejo de la Organización de los Estados Americanos aprobada el 13 de julio de 1959.

(...)

Como resultado de sus deliberaciones, la Quinta Reunión de Consulta de Ministros de Relaciones Exteriores aprobó las conclusiones siguientes:

(...)

VIII
Derechos Humanos

La Quinta Reunión de Consulta de Ministros de Relaciones Exteriores,

Considerando:

Que en el preámbulo de la Carta de la Organización de los Estados Americanos se expresa: «Seguros de que el sentido genuino de la solidaridad americana y de la buena vecindad no pueda ser otro que el de consolidar en este Continente, dentro del marco de las instituciones democráticas, un régimen de libertad individual y de justicia social, fundado en el respeto de los derechos esenciales del hombre»;

Que la promoción de esos derechos constituyo parte de los fines esenciales de la solidaridad de los Estados Americanos, señalados en el preámbulo del Tratado Interamericano de Asistencia Recíproca y de la Carta de la Organización de los Estados Americanos, y uno de los medios para el logro de la solidaridad, tal como lo preceptúa el Artículo 5, inciso de la misma Carta y la Resolución XXXII de la Novena Conferencia Internacional Americana;

Que en diversos instrumentos de la Organización de los Estados Americanos se ha consagrado y repetido la norma de que la libertad, la justicia y la paz tienen por base el reconocimiento de la dignidad intrínseca y de los derechos iguales o inalienables de la persona humana;

Que, como corolario esencial de esta norma, se ha considerado indispensable que tales derechos sean protegidos por un régimen jurídico, a fin de que el hombre no se vea compelido al supremo recurso de la rebelión contra la tiranía y la opresión; y

Que ha sido constante la demanda de los Estados Americanos en el seno de las Naciones Unidas, en favor de la urgente aprobación de los Pactos de Derechos Civiles y Políticos y de Derechos Económicos, Sociales y Culturales que den aplicación mundial, a la Declaración Universal de Derechos Humanos de 1948,

Declara:

Que once años después de proclamada la Declaración Americana de los Derechos & Deberes del Hombre, y habiéndose avanzado paralelamente en el seno de la Organización de las Naciones Unidas y de la unión conocida como el Consejo de Europa en la reglamentación y ordenación de esta materia hasta el nivel satisfactorio y halagador en que hoy se encuentra, se halla preparado el ambiente en el Hemisferio para que se celebre una Convención y, por consiguiente,

Resuelve:

I

1. Que al Consejo Interamericano de Jurisconsultos proceda a elaborar, en su Cuarta Reunión, un proyecto de Convención sobre derechos humanos, pasando el encargo, si no lo hiciere, al Consejo de la Organización de los Estados Americanos, que comisionará para ese efecto al Comité Jurídico Interamericano o a la entidad que estime conveniente; y que asimismo proceda a elaborar el proyecto o proyectos de convención sobre la creación de una Corte Interamericana de Protección de los Derechos Humanos y de otros órganos adecuados para la tutela y observancia de los mismos.
2. Que dichos proyectos sean sometidos a la Undécima Conferencia Interamericana y remitidos a los Gobiernos 60 días antes de la instalación de dicha Conferencia.

II

Crear una Comisión Interamericana de Derechos Humanos que se compondrá de siete miembros, elegidos a título personal de ternas presentadas por los Gobiernos, por el Consejo de la Organización de los Estados Americanos, encargada de promover el respeto de tales derechos, la cual será organizada por el mismo Consejo y tendrá las atribuciones específicas que éste le señale.

(...)

Reservas y declaraciones:

Reservas del Uruguay.

La Delegación del Uruguay vote favorablemente la Parte I de la Resolución sobre Derechos Humanos (Resolución VIII), bajo las reservas de orden constitucional a que pudiera dar lugar la aprobación de los proyectos a que se refieren los numerales 1 y 2 de la citada Parte I de la Resolución VIII.

La Delegación del Uruguay desea dejar constancia de que al votar negativamente la Parte II de la Resolución sobre Derechos Humanos (Resolución VIII), lo ha hecho por entender:

1. Que lo esencial de dicha Parte II ya ha sido contemplado por el apartado b) de la Resolución relativa a la Comisión Interamericana de Paz (Resolución IV).
2. Que la estructuración definitiva de la Comisión cuya creación se propone debe seguir y no preceder a la Convención sobre Derechos Humanos, a que se refiere la Parte I de la Resolución VIII.
3. Que las atribuciones de esta Comisión deben ser determinadas después de un cuidadoso estudio en forma de que, cumpliendo el cometido para el que se crea, no pueda poner en peligro el principio de no intervención, cuya estricta observancia recomienda esta misma Reunión de Cancilleres; estudio que considera que debe ser realizado por los mismos órganos técnicos a quienes se les ha encomendado la preparación de los proyectos a que se refiere la Parte I de la Resolución VIII.

La Delegación del Uruguay vota favorablemente la Resolución sobre Ejercicio Efectivo de la Democracia Representativa (Resolución IX), bajo las reservas de orden constitucional a que pudiera dar lugar la aprobación del proyecto a que se refiere el numeral 1.

Declaración de los Estados Unidos de América.

Como es bien sabido, los Estados Unidos de América, desde sus comienzos como nación, han defendido firmemente los derechos humanos. El fomento del respeto a los derechos humanos en el sistema interamericano está respaldado, consecuentemente, por los Estados Unidos. Aunque a los Estados Unidos, debido a la estructura de su Gobierno federal, no les es posible celebrar acuerdos multilaterales respecto a los derechos humanos o respecto a una Corte Interamericana de Derechos Humanos, por supuesto no objeta que otros Estados participen en convenios sobre estas materias sí están en posición de hacerlo. Por lo tanto, aun cuando los Estados Unidos han votado a favor de la Resolución VIII, «Derechos Humanos», reservan su posición respecto a su participación en los instrumentos u organismos que puedan surgir.

En relación con su voto favorable a la Resolución IX, «Ejercicio Efectivo de la Democracia Representativa», la Delegación de los Estados Unidos de América llama la atención hacia la declaración que hizo respecto a la Resolución VIII, «Derechos Humanos», y la reitera.

Reserva de Argentina.

La Delegación Argentina declara que al otorgar su aprobación a la Resolución sobre Derechos Humanos (Resolución VIII), hace expresa reserva de las disposiciones constitucionales y del derecho positivo interno en vigor en la República Argentina, en cuanto a la constitución y facultades de los organismos internacionales cuya creación se contempla.

En Fe de lo cual, los Ministros de Relaciones Exteriores firman la presente Acta Final.

Hecha en la ciudad de Santiago de Chile el día 18 de agosto de 1959. El Secretario General depositará el original del Acta Final en los Archivos de la Unión Panamericana, la cual enviará copias certificadas de ella a los Gobiernos de las Repúblicas Americanas.

2. Carta de la Organización de los Estados Americanos (extracto), 30 de abril de 1948

SEGUNDA PARTE

CAPÍTULO VIII
De los órganos

Artículo 53.

La Organización de los Estados Americanos realiza sus fines por medio de:

a) La Asamblea General;

b) La Reunión de Consulta de Ministros de Relaciones Exteriores;

c) Los Consejos;

d) El Comité Jurídico Interamericano;

e) La Comisión Interamericana de Derechos Humanos;

f) La Secretaría General;

g) Las Conferencias Especializadas, y

h) Los Organismos Especializados.

Se podrán establecer, además de los previstos en la Carta y de acuerdo con sus disposiciones, los órganos subsidiarios, organismos y las otras entidades que se estimen necesarios.

(...)

CAPÍTULO XV
La Comisión Interamericana de Derechos Humanos

Artículo 106.

Habrá una Comisión Interamericana de Derechos Humanos que tendrá, como función principal, la de promover la observancia y la defensa de los derechos humanos y de servir como órgano consultivo de la Organización en esta materia.

Una convención interamericana sobre derechos humanos determinará la estructura, competencia y procedimiento de dicha Comisión, así como los de los otros órganos encargados de esa materia.

CAPÍTULO XXII
Disposiciones transitorias

(...)

Artículo 145.

Mientras no entre en vigor la convención interamericana sobre derechos humanos a que se refiere el capítulo XV, la actual Comisión Interamericana de Derechos Humanos velará por la observancia de tales derechos.

3. Convención Americana sobre Derechos Humanos (extracto), Pacto de San José, 22 de noviembre de 1969

PARTE II
Medios de protección

CAPÍTULO VI
De los órganos competentes

Artículo 33.

Son competentes para conocer de los asuntos relacionados con el cumplimiento de los compromisos contraídos por los Estados parte en esta Convención:

a. la Comisión Interamericana de Derechos Humanos, llamada en adelante la Comisión, y

b. la Corte Interamericana de Derechos Humanos, llamada en adelante la Corte.

CAPÍTULO VII
La Comisión Interamericana de Derechos Humanos

Sección 1
Organización

Artículo 34.

La Comisión Interamericana de Derechos Humanos se compondrá de siete miembros, que deberán ser personas de alta autoridad moral y reconocida versación en materia de derechos humanos.

Artículo 35.

La Comisión representa a todos los miembros que integran la Organización de los Estados Americanos.

Artículo 36.

1. Los Miembros de la Comisión serán elegidos a título personal por la Asamblea General de la Organización de una lista de candidatos propuestos por los Gobiernos de los Estados miembros.

2. Cada uno de dichos Gobiernos puede proponer hasta tres candidatos, nacionales del Estado que los proponga o de cualquier otro Estado miembro de la Organización de los Estados Americanos. Cuando se proponga una terna, por lo menos uno de los candidatos deberá ser nacional de un Estado distinto del proponente.

Artículo 37.

1. Los miembros de la Comisión serán elegidos por cuatro años y sólo podrán ser reelegidos una vez, pero el mandato de tres de los miembros designados en la primera elección expirará al cabo de dos años. Inmediatamente después de dicha elección se determinarán por sorteo en la Asamblea General los nombres de estos tres miembros.

2. No puede formar parte de la Comisión más de un nacional de un mismo Estado.

Artículo 38.

Las vacantes que ocurrieren en la Comisión, que no se deban a expiración normal del mandato, se llenarán por el Consejo Permanente de la Organización de acuerdo con lo que disponga el Estatuto de la Comisión.

Artículo 39.

La Comisión preparará su Estatuto, lo someterá a la aprobación de la Asamblea General, y dictará su propio Reglamento.

Artículo 40.

Los servicios de Secretaría de la Comisión deben ser desempeñados por la unidad funcional especializada que forma parte de la Secretaría General de la Organización y debe disponer de los recursos necesarios para cumplir las tareas que le sean encomendadas por la Comisión.

Sección 2
Funciones

Artículo 41.

La Comisión tiene la función principal de promover la observancia y la defensa de los derechos humanos, y en el ejercicio de su mandato tiene las siguientes funciones y atribuciones:

a. estimular la conciencia de los derechos humanos en los pueblos de América;

b. formular recomendaciones, cuando lo estime conveniente, a los Gobiernos de los Estados miembros para que adopten medidas progresivas en favor de los derechos humanos dentro del marco de sus leyes internas y sus preceptos constitucionales, al igual que disposiciones apropiadas para fomentar el debido respeto a esos derechos;

c. preparar los estudios e informes que considere convenientes para el desempeño de sus funciones;

d. solicitar de los Gobiernos de los Estados miembros que le proporcionen informes sobre las medidas que adopten en materia de derechos humanos;

e. atender las consultas que, por medio de la Secretaría General de la Organización de los Estados Americanos, le formulen los Estados miembros en cuestiones relacionadas con los derechos humanos y, dentro de sus posibilidades, les prestará el asesoramiento que éstos le soliciten;

f. actuar respecto de las peticiones y otras comunicaciones en ejercicio de su autoridad de conformidad con lo dispuesto en los artículos 44 al 51 de esta Convención, y

g. rendir un informe anual a la Asamblea General de la Organización de los Estados Americanos.

Artículo 42.

Los Estados parte deben remitir a la Comisión copia de los informes y estudios que en sus respectivos campos someten anualmente a las Comisiones Ejecutivas del Consejo Interamericano Económico y Social y del Consejo Interamericano para la Educación, la Ciencia y la Cultura, a fin de que aquella vele porque se promuevan los derechos derivados de las normas económicas, sociales y sobre educación, ciencia y cultura, contenidas en la Carta de la Organización de los Estados Americanos, reformada por el Protocolo de Buenos Aires.

Artículo 43.

Los Estados parte se obligan a proporcionar a la Comisión las informaciones que ésta les solicite sobre la manera en que su derecho interno asegura la aplicación efectiva de cualesquiera disposiciones de esta Convención.

Sección 3
Competencia

Artículo 44.

Cualquier persona o grupo de personas, o entidad no gubernamental legalmente reconocida en uno o más Estados miembros de la Organización, puede presentar a la Comisión peticiones que contengan denuncias o quejas de violación de esta Convención por un Estado parte.

Artículo 45.

1. Todo Estado parte puede, en el momento del depósito de su instrumento de ratificación o adhesión de esta Convención, o en cualquier momento posterior, declarar que reconoce la competencia de la Comisión para recibir y examinar las comunicaciones en que un Estado parte alegue que otro Estado parte ha incurrido en violaciones de los derechos humanos establecidos en esta Convención.

2. Las comunicaciones hechas en virtud del presente artículo sólo se pueden admitir y examinar si son presentadas por un Estado parte que haya hecho una declaración por la cual reconozca la referida competencia de la Comisión. La Comisión no admitirá ninguna comunicación contra un Estado parte que no haya hecho tal declaración.

3. Las declaraciones sobre reconocimiento de competencia pueden hacerse para que ésta rija por tiempo indefinido, por un período determinado o para casos específicos.

4. Las declaraciones se depositarán en la Secretaría General de la Organización de los Estados Americanos, la que transmitirá copia de las mismas a los Estados miembros de dicha Organización.

Artículo 46.

1. Para que una petición o comunicación presentada conforme a los artículos 44 ó 45 sea admitida por la Comisión, se requerirá:

a. que se hayan interpuesto y agotado los recursos de jurisdicción interna, conforme a los principios del Derecho Internacional generalmente reconocidos;

b. que sea presentada dentro del plazo de seis meses, a partir de la fecha en que el presunto lesionado en sus derechos haya sido notificado de la decisión definitiva;

c. que la materia de la petición o comunicación no esté pendiente de otro procedimiento de arreglo internacional, y

d. que en el caso del artículo 44 la petición contenga el nombre, la nacionalidad, la profesión, el domicilio y la firma de la persona o personas o del representante legal de la entidad que somete la petición.

2. Las disposiciones de los incisos 1.a. y 1.b. del presente artículo no se aplicarán cuando:

a. no exista en la legislación interna del Estado de que se trata el debido proceso legal para la protección del derecho o derechos que se alega han sido violados;

b. no se haya permitido al presunto lesionado en sus derechos el acceso a los recursos de la jurisdicción interna, o haya sido impedido de agotarlos, y

c. haya retardo injustificado en la decisión sobre los mencionados recursos.

Artículo 47.

La Comisión declarará inadmisible toda petición o comunicación presentada de acuerdo con los artículos 44 o 45 cuando:

a. falte alguno de los requisitos indicados en el artículo 46;

b. no exponga hechos que caractericen una violación de los derechos garantizados por esta Convención;

c. resulte de la exposición del propio peticionario o del Estado manifiestamente infundada la petición o comunicación o sea evidente su total improcedencia, y

d. sea sustancialmente la reproducción de petición o comunicación anterior ya examinada por la Comisión u otro organismo internacional.

Sección 4
Procedimiento

Artículo 48.

1. La Comisión, al recibir una petición o comunicación en la que se alegue la violación de cualquiera de los derechos que consagra esta Convención, procederá en los siguientes términos:

a. si reconoce la admisibilidad de la petición o comunicación solicitará informaciones al Gobierno del Estado al cual pertenezca la autoridad señalada como responsable de la violación alegada, transcribiendo las partes pertinentes de la petición o comunicación. Dichas informaciones deben ser enviadas dentro de un plazo razonable, fijado por la Comisión al considerar las circunstancias de cada caso;

b. recibidas las informaciones o transcurrido el plazo fijado sin que sean recibidas, verificará si existen o subsisten los motivos de la petición o comunicación. De no existir o subsistir, mandará archivar el expediente;

c. podrá también declarar la inadmisibilidad o la improcedencia de la petición o comunicación, sobre la base de una información o prueba sobrevinientes;

d. si el expediente no se ha archivado y con el fin de comprobar los hechos, la Comisión realizará, con conocimiento de las partes, un examen del asunto planteado en la petición o comunicación. Si fuere necesario y conveniente, la Comisión realizará una investigación para cuyo eficaz cumplimiento solicitará, y los Estados interesados le proporcionarán, todas las facilidades necesarias;

e. podrá pedir a los Estados interesados cualquier información pertinente y recibirá, si así se le solicita, las exposiciones verbales o escritas que presenten los interesados;

f. se pondrá a disposición de las partes interesadas, a fin de llegar a una solución amistosa del asunto fundada en el respeto a los derechos humanos reconocidos en esta Convención.

2. Sin embargo, en casos graves y urgentes, puede realizarse una investigación previo consentimiento del Estado en cuyo territorio se alegue haberse cometido la violación, tan sólo con la presentación de una petición o comunicación que reúna todos los requisitos formales de admisibilidad.

Artículo 49.

Si se ha llegado a una solución amistosa con arreglo a las disposiciones del inciso 1.f. del artículo 48 la Comisión redactará un informe que será transmitido al peticionario y a los Estados parte en esta Convención y comunicado después, para su publicación, al Secretario General de la Organización de los Estados Americanos. Este informe contendrá una breve exposición de los hechos y de la solución lograda. Si cualquiera de las partes en el caso lo solicitan, se les suministrará la más amplia información posible.

Artículo 50.

1. De no llegarse a una solución, y dentro del plazo que fije el Estatuto de la Comisión, ésta redactará un informe en el que expondrá los hechos y sus conclusiones. Si el informe no representa, en todo o en parte, la opinión unánime de los miembros de la Comisión, cualquiera de ellos podrá agregar a dicho informe su opinión por separado. También se agregarán al informe las exposiciones verbales o escritas que hayan hecho los interesados en virtud del inciso 1.e. del artículo 48.

2. El informe será transmitido a los Estados interesados, quienes no estarán facultados para publicarlo.

3. Al transmitir el informe, la Comisión puede formular las proposiciones y recomendaciones que juzgue adecuadas.

Artículo 51.

1. Si en el plazo de tres meses, a partir de la remisión a los Estados interesados del informe de la Comisión, el asunto no ha sido solucionado o sometido a la decisión de la Corte por la Comisión o por el Estado interesado, aceptando su competencia, la Comisión podrá emitir, por mayoría absoluta de votos de sus miembros, su opinión y conclusiones sobre la cuestión sometida a su consideración.

2. La Comisión hará las recomendaciones pertinentes y fijará un plazo dentro del cual el Estado debe tomar las medidas que le competan para remediar la situación examinada.

3. Transcurrido el período fijado, la Comisión decidirá, por la mayoría absoluta de votos de sus miembros, si el Estado ha tomado o no medidas adecuadas y si publica o no su informe.

CAPÍTULO VIII
La Corte Interamericana de Derechos Humanos

Sección 1
Organización

Artículo 52.

1. La Corte se compondrá de siete jueces, nacionales de los Estados miembros de la Organización, elegidos a título personal entre juristas de la más alta autoridad moral, de reconocida competencia en materia de derechos humanos, que reúnan las condiciones requeridas para el ejercicio de las más elevadas funciones judiciales conforme a la ley del país del cual sean nacionales o del Estado que los proponga como candidatos.

2. No debe haber dos jueces de la misma nacionalidad.

Artículo 53.

1. Los jueces de la Corte serán elegidos, en votación secreta y por mayoría absoluta de votos de los Estados parte en la Convención, en la Asamblea General de la Organización, de una lista de candidatos propuestos por esos mismos Estados.

2. Cada uno de los Estados parte puede proponer hasta tres candidatos, nacionales del Estado que los propone o de cualquier otro Estado miembro de la Organización de los Estados Americanos. Cuando se proponga una terna, por lo menos uno de los candidatos deberá ser nacional de un Estado distinto del proponente.

Artículo 54.

1. Los jueces de la Corte serán elegidos para un período de seis años y sólo podrán ser reelegidos una vez. El mandato de tres de los jueces designados

en la primera elección, expirará al cabo de tres años. Inmediatamente después de dicha elección, se determinarán por sorteo en la Asamblea General los nombres de estos tres jueces.

2. El juez elegido para reemplazar a otro cuyo mandato no ha expirado, completará el período de éste.

3. Los jueces permanecerán en funciones hasta el término de su mandato. Sin embargo, seguirán conociendo de los casos a que ya se hubieran abocado y que se encuentren en estado de sentencia, a cuyos efectos no serán sustituidos por los nuevos jueces elegidos.

Artículo 55.

1. El juez que sea nacional de alguno de los Estados parte en el caso sometido a la Corte, conservará su derecho a conocer del mismo.

2. Si uno de los jueces llamados a conocer del caso fuere de la nacionalidad de uno de los Estados parte, otro Estado parte en el caso podrá designar a una persona de su elección para que integre la Corte en calidad de juez *ad hoc*.

3. Si entre los jueces llamados a conocer del caso ninguno fuere de la nacionalidad de los Estados parte, cada uno de éstos podrá designar un juez *ad hoc*.

4. El juez *ad hoc* debe reunir las calidades señaladas en el artículo 52.

5. Si varios Estados parte en la Convención tuvieren un mismo interés en el caso, se considerarán como una sola parte para los fines de las disposiciones precedentes. En caso de duda, la Corte decidirá.

Artículo 56.

El quórum para las deliberaciones de la Corte es de cinco jueces.

Artículo 57.

La Comisión comparecerá en todos los casos ante la Corte.

Artículo 58.

1. La Corte tendrá su sede en el lugar que determinen, en la Asamblea General de la Organización, los Estados parte en la Convención, pero podrá celebrar reuniones en el territorio de cualquier Estado miembro de la Organización de los Estados Americanos en que lo considere conveniente por mayoría de sus miembros y previa aquiescencia del Estado respectivo. Los Estados parte en la Convención pueden, en la Asamblea General por dos tercios de sus votos, cambiar la sede de la Corte.

2. La Corte designará a su Secretario.

3. El Secretario residirá en la sede de la Corte y deberá asistir a las reuniones que ella celebre fuera de la misma.

Artículo 59.

La Secretaría de la Corte será establecida por ésta y funcionará bajo la dirección del Secretario de la Corte, de acuerdo con las normas administrativas de la Secretaría General de la Organización en todo lo que no sea incompatible con la independencia de la Corte. Sus funcionarios serán nombrados por el Secretario General de la Organización, en consulta con el Secretario de la Corte.

Artículo 60.

La Corte preparará su Estatuto y lo someterá a la aprobación de la Asamblea General, y dictará su Reglamento.

Sección 2
Competencia y Funciones

Artículo 61.

1. Sólo los Estados parte y la Comisión tienen derecho a someter un caso a la decisión de la Corte.

2. Para que la Corte pueda conocer de cualquier caso, es necesario que sean agotados los procedimientos previstos en los artículos 48 a 50.

Artículo 62.

1. Todo Estado parte puede, en el momento del depósito de su instrumento de ratificación o adhesión de esta Convención, o en cualquier momento posterior, declarar que reconoce como obligatoria de pleno derecho y sin convención especial, la competencia de la Corte sobre todos los casos relativos a la interpretación o aplicación de esta Convención.

2. La declaración puede ser hecha incondicionalmente, o bajo condición de reciprocidad, por un plazo determinado o para casos específicos. Deberá ser presentada al Secretario General de la Organización, quien transmitirá copias de la misma a los otros Estados miembros de la Organización y al Secretario de la Corte.

3. La Corte tiene competencia para conocer de cualquier caso relativo a la interpretación y aplicación de las disposiciones de esta Convención que le sea sometido, siempre que los Estados parte en el caso hayan reconocido o reconozcan dicha competencia, ora por declaración especial, como se indica en los incisos anteriores, ora por convención especial.

Artículo 63.

1. Cuando decida que hubo violación de un derecho o libertad protegidos en esta Convención, la Corte dispondrá que se garantice al lesionado en el goce de su derecho o libertad conculcados. Dispondrá, asimismo, si ello fuera procedente, que se reparen las consecuencias de la medida o situación

que ha configurado la vulneración de esos derechos y el pago de una justa indemnización a la parte lesionada.

2. En casos de extrema gravedad y urgencia, y cuando se haga necesario evitar daños irreparables a las personas, la Corte, en los asuntos que esté conociendo, podrá tomar las medidas provisionales que considere pertinentes. Si se tratare de asuntos que aún no estén sometidos a su conocimiento, podrá actuar a solicitud de la Comisión.

Artículo 64.

1. Los Estados miembros de la Organización podrán consultar a la Corte acerca de la interpretación de esta Convención o de otros tratados concernientes a la protección de los derechos humanos en los Estados americanos. Asimismo, podrán consultarla, en lo que les compete, los órganos enumerados en el capítulo X de la Carta de la Organización de los Estados Americanos, reformada por el Protocolo de Buenos Aires.

2. La Corte, a solicitud de un Estado miembro de la Organización, podrá darle opiniones acerca de la compatibilidad entre cualquiera de sus leyes internas y los mencionados instrumentos internacionales.

Artículo 65.

La Corte someterá a la consideración de la Asamblea General de la Organización en cada período ordinario de sesiones un informe sobre su labor en el año anterior. De manera especial y con las recomendaciones pertinentes, señalará los casos en que un Estado no haya dado cumplimiento a sus fallos.

Sección 3
Procedimiento

Artículo 66.

1. El fallo de la Corte será motivado.

2. Si el fallo no expresare en todo o en parte la opinión unánime de los jueces, cualquiera de éstos tendrá derecho a que se agregue al fallo su opinión disidente o individual.

Artículo 67.

El fallo de la Corte será definitivo e inapelable. En caso de desacuerdo sobre el sentido o alcance del fallo, la Corte lo interpretará a solicitud de cualquiera de las partes, siempre que dicha solicitud se presente dentro de los noventa días a partir de la fecha de la notificación del fallo.

Artículo 68.

1. Los Estados parte en la Convención se comprometen a cumplir la decisión de la Corte en todo caso en que sean partes.

2. La parte del fallo que disponga indemnización compensatoria se podrá ejecutar en el respectivo país por el procedimiento interno vigente para la ejecución de sentencias contra el Estado.

Artículo 69.

El fallo de la Corte será notificado a las partes en el caso y transmitido a los Estados parte en la Convención.

CAPÍTULO IX
Disposiciones comunes

Artículo 70.

1. Los jueces de la Corte y los miembros de la Comisión gozan, desde el momento de su elección y mientras dure su mandato, de las inmunidades reconocidas a los agentes diplomáticos por el derecho internacional. Durante el ejercicio de sus cargos gozan, además, de los privilegios diplomáticos necesarios para el desempeño de sus funciones.

2. No podrá exigirse responsabilidad en ningún tiempo a los jueces de la Corte ni a los miembros de la Comisión por votos y opiniones emitidos en el ejercicio de sus funciones.

Artículo 71.

Son incompatibles los cargos de juez de la Corte o miembros de la Comisión con otras actividades que pudieren afectar su independencia o imparcialidad conforme a lo que se determine en los respectivos Estatutos.

Artículo 72.

Los jueces de la Corte y los miembros de la Comisión percibirán emolumentos y gastos de viaje en la forma y condiciones que determinen sus Estatutos, teniendo en cuenta la importancia e independencia de sus funciones. Tales emolumentos y gastos de viaje será fijados en el programa-presupuesto de la Organización de los Estados Americanos, el que debe incluir, además, los gastos de la Corte y de su Secretaría. A estos efectos, la Corte elaborará su propio proyecto de presupuesto y lo someterá a la aprobación de la Asamblea General, por conducto de la Secretaría General. Esta última no podrá introducirle modificaciones.

Artículo 73.

Solamente a solicitud de la Comisión o de la Corte, según el caso, corresponde a la Asamblea General de la Organización resolver sobre las sanciones aplicables a los miembros de la Comisión o jueces de la Corte que hubiesen incurrido en las causales previstas en los respectivos Estatutos. Para dictar una resolución se requerirá una mayoría de los dos tercios de los votos de los Estados miembros de la Organización en el caso de los miembros de la Comisión y, además, de los dos tercios de los votos de los Estados parte en la Convención, si se tratare de jueces de la Corte.

PARTE III
Disposiciones generales y transitorias

CAPÍTULO X
Firma, ratificación, enmienda, protocolo y denuncia

Artículo 74.

1. Esta Convención queda abierta a la firma y a la ratificación o adhesión de todo Estado miembro de la Organización de los Estados Americanos.

2. La ratificación de esta Convención o la adhesión a la misma se efectuará mediante el depósito de un instrumento de ratificación o de adhesión en la Secretaría General de la Organización de los Estados Americanos. Tan pronto como once Estados hayan depositado sus respectivos instrumentos de ratificación o de adhesión, la Convención entrará en vigor. Respecto a todo otro Estado que la ratifique o adhiera a ella ulteriormente, la Convención entrará en vigor en la fecha del depósito de su instrumento de ratificación o de adhesión.

3. El Secretario General informará a todos los Estados miembros de la Organización de la entrada en vigor de la Convención.

Artículo 75.

Esta Convención sólo puede ser objeto de reservas conforme a las disposiciones de la Convención de Viena sobre Derecho de los Tratados, suscrita el 23 de mayo de 1969.

Artículo 76.

1. Cualquier Estado parte directamente y la Comisión o la Corte por conducto del Secretario General, pueden someter a la Asamblea General, para lo que estime conveniente, una propuesta de enmienda a esta Convención.

2. Las enmiendas entrarán en vigor para los Estados ratificantes de las mismas en la fecha en que se haya depositado el respectivo instrumento de ratificación que corresponda al número de los dos tercios de los Estados parte en esta Convención. En cuanto al resto de los Estados parte, entrarán en vigor en la fecha en que depositen sus respectivos instrumentos de ratificación.

Artículo 77.

1. De acuerdo con la facultad establecida en el artículo 31, cualquier Estado parte y la Comisión podrán someter a la consideración de los Esta-

dos parte reunidos con ocasión de la Asamblea General, proyectos de protocolos adicionales a esta Convención, con la finalidad de incluir progresivamente en el régimen de protección de la misma otros derechos y libertades.

2. Cada protocolo debe fijar las modalidades de su entrada en vigor, y se aplicará sólo entre los Estados parte en el mismo.

Artículo 78.

1. Los Estados parte podrán denunciar esta Convención después de la expiración de un plazo de cinco años a partir de la fecha de entrada en vigor de la misma y mediante un preaviso de un año, notificando al Secretario General de la Organización, quien debe informar a las otras partes.

2. Dicha denuncia no tendrá por efecto desligar al Estado parte interesado de las obligaciones contenidas en esta Convención en lo que concierne a todo hecho que, pudiendo constituir una violación de esas obligaciones, haya sido cumplido por él anteriormente a la fecha en la cual la denuncia produce efecto.

CAPÍTULO XI
Disposiciones transitorias

Sección 1
Comisión Interamericana de Derechos Humanos

Artículo 79.

Al entrar en vigor esta Convención, el Secretario General pedirá por escrito a cada Estado miembro de la Organización que presente, dentro de un plazo de noventa días, sus candidatos para miembros de la Comisión Interamericana de Derechos Humanos. El Secretario General preparará una lista por orden alfabético de los candidatos presentados y la comunicará a los Estados miembros de la Organización al menos treinta días antes de la próxima Asamblea General.

Artículo 80.

La elección de miembros de la Comisión se hará de entre los candidatos que figuren en la lista a que se refiere el artículo 79, por votación secreta de la Asamblea General y se declararán elegidos los candidatos que obtengan mayor número de votos y la mayoría absoluta de los votos de los representantes de los Estados miembros. Si para elegir a todos los miembros de la Comisión resultare necesario efectuar varias votaciones, se eliminará sucesivamente, en la forma que determine la Asamblea General, a los candidatos que reciban menor número de votos.

Sección 2
Corte Interamericana de Derechos Humanos

Artículo 81.

Al entrar en vigor esta Convención, el Secretario General pedirá por escrito a cada Estado parte que presente, dentro de un plazo de noventa días, sus candidatos para jueces de la Corte Interamericana de Derechos Humanos. El Secretario General preparará una lista por orden alfabético de los candidatos presentados y la comunicará a los Estados parte por lo menos treinta días antes de la próxima Asamblea General.

Artículo 82.

La elección de jueces de la Corte se hará de entre los candidatos que figuren en la lista a que se refiere el artículo 81, por votación secreta de los Estados parte en la Asamblea General y se declararán elegidos los candidatos que obtengan mayor número de votos y la mayoría absoluta de los votos de los representantes de los Estados parte. Si para elegir a todos los jueces de la Corte resultare necesario efectuar varias votaciones, se eliminarán sucesivamente, en la forma que determinen los Estados parte, a los candidatos que reciban menor número de votos.

En Fe de lo cual, los Plenipotenciarios infrascritos, cuyos plenos poderes fueron hallados de buena y debida forma, firman esta Convención, que se llamará «Pacto de San José de Costa Rica», en la ciudad de San José, Costa Rica, el veintidós de noviembre de mil novecientos sesenta y nueve.

4. Sede de la Corte Interamericana de Derechos Humanos. Resolución de la Asamblea General de la OEA[123], 1 de julio de 1978

LA ASAMBLEA GENERAL

Considerando,

Que es inminente la entrada en vigor de la Convención Americana sobre Derechos Humanos «Pacto de San José de Costa Rica», suscrita en la Conferencia Especializada Interamericana sobre Derechos Humanos, San José, Costa Rica, el 22 de noviembre de 1969;

Que el Artículo 33 de la Convención dispone el establecimiento de una Corte Interamericana de Derechos Humanos como órgano competente para

123 AG/RES.372 (VII-0/78). Resolución aprobada en la séptima sesión plenaria, celebrada el 1 de julio de 1978).

conocer de los asuntos relacionados con el cumplimiento de los compromisos contraídos por los Estados parte;

Que el Artículo 58 dispone que la Corte tendrá su sede en el lugar que determinen, en la Asamblea General de la Organización, los Estados parte en la Convención, y

Que el Gobierno de Costa Rica ha hecho ofrecimiento formal de su territorio como sede de la Corte Interamericana de Derechos Humanos.

Resuelve:

Recomendar que la sede de la Corte Interamericana de Derechos Humanos sea establecida en su oportunidad en Costa Rica.

II. Convenio entre el Gobierno de la República de Costa Rica y la Corte Interamericana de Derechos Humanos

La Gaceta - Diario Oficial

PODER LEGISLATIVO

Leyes

Núm. 6889

La Asamblea Legislativa De la República de Costa Rica, decreta:

Artículo 1.

Apruébase el convenio entre el Gobierno de la República de Costa Rica y la Corte Interamericana de Derechos Humanos, suscrito en San José el 10 de setiembre de 1981, cuyo texto es el siguiente:

Convenio entre el Gobierno de la República de Costa Rica y la Corte Interamericana de Derechos Humanos

Considerando:

Que el Gobierno de la República de Costa Rica suscribió el 22 de noviembre de 1969 en la Conferencia Especializada Interamericana sobre Derechos Humanos, la Convención Americana sobre Derechos Humanos llamada «Pacto de San José de Costa Rica»;

Que la Asamblea Legislativa de la República de Costa Rica ratificó la Convención Americana sobre Derechos Humanos mediante la Ley núm. 4534 del 23 de febrero de 1970;

Que Costa Rica depositó el día 8 de abril de 1970 en la Secretaría General de la Organización de los Estados Americanos, el Instrumento de Ratificación del «Pacto de San José de Costa Rica»;

Que la Convención Americana sobre Derechos Humanos que dispone la creación de la Corte Interamericana de Derechos Humanos entró en vigor el día 18 de julio de 1978 y como consecuencia de esto, los Estados parte en la Convención eligieron el 22 de mayo de 1979 a los siete primeros jueces durante el Sétimo Período Extraordinario de Sesiones de la Asamblea General de la O.E.A., a los cuales dio posesión de sus cargos el Secretario General de esa Organización en la sede del organismo regional en Washington, D.C. el 29 de junio de 1979, instalándose posteriormente el tribunal en su propia sede el día 3 de setiembre de 1979 mediante una ceremonia en el Teatro Nacional en San José de Costa Rica.

Que la Asamblea General de la Organización de los Estados Americanos recomendó en su Octavo Período Ordinario de Sesiones celebrado en el mes de junio de 1978, al aprobar la Resolución AG/RES.372 (VIII-0/78), que San José, Capital de Costa Rica, fuera la sede de la Corte Interamericana de Derechos Humanos.

Que los representantes de los Estados parte en la Convención Americana sobre Derechos Humanos, en sesión celebrada de conformidad con el Artículo 58 de la referida Convención el 20 de noviembre de 1978 durante el Sexto Período Extraordinario de Sesiones de la Asamblea General de la Organización de los Estados Americanos, determinaron que San José de Costa Rica fuera la sede de la Corte.

Que el Estatuto de la Corte Interamericana de Derechos Humanos, aprobado mediante la Resolución AG/RES.448 (IX-0/79) adoptada por la Asamblea General de la O.E.A. en su Noveno Período Ordinario de Sesiones, celebrado en La Paz, Bolivia, en octubre de 1979, dispone en su artículo 27.1 que las relaciones de la Corte con el país sede serán reglamentadas mediante un acuerdo especial; y dispone en su artículo 15.5 que el régimen de inmunidades y privilegios de los jueces de la Corte y de su personal, podrá reglamentarse o complementarse mediante convenios multilaterales o bilaterales entre la Corte, la O.E.A. y sus Estados miembros.

El Gobierno de Costa Rica, en adelante denominado el Gobierno, representado por su Ministro de Relaciones Exteriores y Culto, Dr. Bernd Niehaus Quesada, y por su Ministra de Justicia a.i., Lic. Mercedes Valverde Kopper, de una parte, y la Corte Interamericana de Derechos Humanos, en adelante denominada la Corte, representada por su Presidente, Dr. Carlos Roberto Reina Idiáquez, de la otra parte.

Convienen en el siguiente Convenio de Sede que incluye el régimen de inmunidad y privilegios de la Corte, sus jueces, su personal y las personas que comparezcan ante ella

CAPÍTULO I
Personería jurídica y organización

Artículo 1.

La Corte Interamericana de Derechos Humanos es una entidad judicial autónoma del Sistema Interamericano constituida en virtud de la Convención Americana sobre Derechos Humanos, que goza de personalidad jurídica internacional y de todos los derechos, atribuciones y potestades correspondientes de conformidad con la mencionada Convención, el Estatuto de la propia Corte y sus reglamentos.

Artículo 2.

La Corte tiene su sede en San José, Costa Rica, la cual tendrá carácter internacional y en ella funcionará la Secretaría de la institución.

Artículo 3.

Para facilitar y fortalecer el desarrollo de las actividades que lleve a cabo en la República de Costa Rica, la Corte podrá celebrar acuerdos de cooperación con instituciones tales como facultades de Derecho, asociaciones o colegios de abogados, tribunales, academias e instituciones educativas o de investigación en disciplinas conexas con los derechos humanos, con el fin de obtener su colaboración y de fortalecer y promover los principios jurídicos e institucionales de la Convención en general y de la Corte en particular.

CAPÍTULO II
Capacidad legal, privilegios e inmunidades de la Corte

Artículo 4.

De acuerdo con su carácter de persona jurídica la Corte está facultada para:

a) Contratar.

b) Adquirir bienes muebles e inmuebles en el cumplimiento de sus fines y para disponer libremente de dichos bienes.

c) Entablar procedimientos judiciales y administrativos cuando así convenga a sus intereses, pudiendo renunciar a la inmunidad de jurisdicción de que gozará en Costa Rica como organismo internacional que es.

Artículo 5.

Habida cuenta de la importancia e independencia de la Corte, ésta gozará de las inmunidades y privilegios establecidos en el Acuerdo sobre Privilegios e Inmunidades de la Organización de los Estados Americanos del 15 de mayo de 1949 (ratificado por Costa Rica mediante Decreto-Ley núm.753 del 6 de octubre de 1949), con las equivalencias correspondientes, y de cualesquiera otros previstos en el presente Convenio.

Artículo 6.

Los locales y archivos de la Corte serán inviolables. Estos, sus haberes y bienes, dondequiera que estén ubicados, gozarán de inmunidades contra allanamiento, requisición, confiscación, expropiación y cualquier otra forma de intervención, ya sea de carácter ejecutivo, administrativo, judicial o legislativo.

Artículo 7.

La Corte, así como sus activos, ingresos y otros bienes estarán:

a) Exentos de toda contribución directa presente o futura, salvo cuando tales contribuciones constituyen de hecho tasas.

b) Exentos de derechos de aduana o cargos de efectos equivalentes y de cualesquiera otros impuestos, tasas, contribuciones o restricciones presentes o futuras respecto a artículos y vehículos que importe o exporte para su uso oficial. Los artículos que se importen libres de derechos no podrán venderse en el país, si no es conforme a las condiciones en que convenga el Gobierno, las cuales no serán menos favorables que las establecidas para las misiones diplomáticas residentes.

c) Exentos de derechos de aduana, prohibiciones y restricciones presentes o futuras respecto a la importación y exportación de sus publicaciones.

Artículo 8.

Sin verse afectados por ordenanzas fiscales, reglamentos o moratorias de naturaleza alguna:

a) La Corte podrá tener fondos en moneda extranjera y llevar sus cuentas en cualquier divisa.

b) La Corte tendrá libertad para transferir sus fondos, dentro o fuera del país, así como para convertir a cualquier otra divisa la moneda corriente que tenga en custodia.

En el ejercicio de estos derechos se prestará la debida atención a toda recomendación del Gobierno hasta donde se considere que la misma se puede tomar en cuenta sin causar detrimento a los intereses de la Corte.

Artículo 9.

La Corte, así como sus bienes, ingresos y activos gozarán de inmunidad contra todo procedimiento judicial o administrativo y no estarán sujetos a la jurisdicción de los tribunales nacionales a excepción de los casos particulares en que se renuncie expresamente a esa inmunidad. se entiende que esa renuncia de inmunidad no tendrá el efecto de sujetar dichos bienes y activos a ninguna medida de ejecución.

Artículo 10.

La Corte gozará en la República de Costa Rica de una total franquicia postal y de un tratamiento favorable en sus comunicaciones oficiales, igual al acordado a las misiones diplomáticas con respecto a prioridades, tarifas o impuestos a los cables, telex, telegramas, radiotelegramas, teléfonos y otros medios de comunicación, así como también en las tarifas de prensa para materiales de información destinados a la publicidad por cualquier medio.

Ninguna censura será aplicada a la correspondencia ni a otras comunicaciones oficiales de la Corte.

La Corte tendrá el derecho de emplear códigos, así como el de despachar y recibir correspondencia por medio de mensajeros o en valijas selladas, gozando al efecto de los mismos privilegios e inmunidades de los correos, mensajeros o valijas diplomáticas.

CAPÍTULO III
Inmunidades y privilegios de los jueces de la Corte

Artículo 11.

De conformidad con el artículo 70 de la Convención Americana sobre Derechos Humanos los jueces gozarán, desde el momento de su elección y mientras dure su mandato, de todas las inmunidades y privilegios, exenciones y franquicias reconocidas a los jefes de misiones diplomáticas acreditados ante el Gobierno de la República, que no podrán ser menores a las reconocidas por la Convención de Viena sobre Relaciones Diplomáticas, ratificada por la Asamblea Legislativa de la República de Costa Rica mediante Ley N.° 3394 del 24 de setiembre de 1964, y por el Acuerdo sobre Privilegios e Inmunidades de la Organización de los Estados Americanos del 15 de mayo de 1949, ratificado por la República de Costa Rica mediante Decreto Ley N.° 753 del 6 de octubre de 1949 y otros pactos vigentes en la materia, sin condiciones de reciprocidad.

Sin embargo, el Gobierno de Costa Rica no reconocerá exenciones o franquicias fiscales o patrimoniales a los jueces que sean nacionales del país, salvo respecto de sus actos oficiales o de su relación de servicio con la Corte, pero, en todo caso, no estarán sujetos a medidas de restricción, ejecución o compulsión, administrativas o judiciales, mientras su inmunidad no les sea levantada por la Corte.

La aplicación de las inmunidades y privilegios previstos en el presente artículo a las actividades profesionales privadas o económicas que realicen los jueces, será de acuerdo con lo dispuesto por el artículo 31, párrafos 1, 2 y 3, de la Convención de Viena sobre Relaciones Diplomáticas.

Los jueces ad-hoc e interinos gozarán de las mismas inmunidades, privilegios, exoneraciones y franquicias mientras dure su mandato, con la misma salvedad antes mencionada referida a los nacionales.

Artículo 12.

Los jueces de la Corte tendrán derecho a portar, desde el momento de su elección y mientras dure su mandato, carné diplomático costarricense.

Si el país de origen de un Juez no expide a su favor pasaporte diplomático, la Corte le solicitará el Gobierno de Costa Rica, si lo considera necesario para el cumplimiento de sus funciones, que le otorgue pasaporte diplomático costarricense.

Los jueces que visiten en funciones propias de su cargo países en los cuales la república de Costa Rica tenga establecidas misiones diplomáticas o consulados, tendrán derecho a ser recibidos y auxiliados por las referidas misiones y consulados y a recibir el tratamiento acorde con su alta investidura.

Artículo 13.

Los cónyuges, hijos menores y dependientes de los jueces gozarán de las mismas inmunidades y privilegios que los miembros de la familia de los agentes diplomáticos, con las mismas condiciones y salvedades establecidas en el artículo 11 del presente convenio.

CAPÍTULO IV
Inmunidades y privilegios del secretario y del secretario adjunto de la Corte

Artículo 14.

Para el buen ejercicio de sus funciones se otorgarán al Secretario y al Secretario Adjunto de la Corte y a los miembros de sus familias de que habla el artículo 13, las mismas inmunidades y privilegios, exenciones y franquicias que se otorgan a los jueces en el artículo 11, con las mismas salvedades contempladas en dicho artículo y la salvedad también de que no se les reconocerá la categoría de jefes de misión.

CAPÍTULO V
Inmunidades y privilegios del personal de la Corte

Artículo 15.

El personal técnico y administrativo de la Corte gozará de los mismos privilegios e inmunidades y con las mismas condiciones y salvedades previstos en el Acuerdo sobre Privilegios e Inmunidades de la O.E.A. ratificado mediante Decreto Ley N° 753 del 6 de octubre de 1949, con las equivalencias correspondientes, así como de cualesquiera otros pactos vigentes.

Artículo 16.

La Corte comunicará al Gobierno, por intermedio de su Secretario o de su Secretario Adjunto, los nombres del personal en Costa Rica a quienes correspondan las prerrogativas e inmunidades mencionadas en este Capítulo V.

CAPÍTULO VI
Prerrogativas de cortesía diplomática

Artículo 17.

El Poder Ejecutivo y la Corte Interamericana de Derechos Humanos reglamentarán de común acuerdo el presente Convenio y establecerán las equivalencias y prerrogativas de Cortesía diplomáticas correspondientes a los jueces, secretarios y miembros del personal de la última, con apego a la Convención Americana sobre Derechos Humanos, al Estatuto de la Corte y a los demás instrumentos citados en este Convenio.

Artículo 18.

La precedencia de la Corte y de los jueces, así como de los demás aspectos relativos al ceremonial serán determinados en un cambio de notas entre el Ministro de Relaciones Exteriores y Culto y el Presidente de la Corte, tomando en cuenta las normas aplicables a otros tribunales internacionales de justicia.

CAPÍTULO VII
Facilidades de inmigración y permanencia

Artículo 19.

Los jueces y todos los funcionarios de la Corte ya sean permanentes o temporales y los familiares que vivan con ellos, gozarán de inmunidad contra toda restricción de inmigración y de registro de extranjeros y se les facilitará su ingreso, permanencia y salida del país para el cumplimiento de sus misiones. Esta disposición también cubrirá a las personas que, sin ser funcionarios de la Corte, visiten el país por encargo de las autoridades de la institución con el fin de realizar tareas relacionadas con el cumplimiento de las misiones oficiales.

Artículo 20.

A los funcionarios de la Corte y a los familiares que vivan con ellos, cuya calidad haya sido notificada oficialmente al Ministerio de Relaciones Exteriores y Culto y respecto a los cuales se suministre la información requerida, dicho Ministerio proporcionará un documento de identidad que acreditará su condición ante las autoridades nacionales.

Artículo 21.

Lo establecido en los artículos anteriores no liberará a la Corte de proporcionar, cuando se le requieran, las pruebas conducentes a demostrar que las personas que solicitan las prerrogativas acordadas tienen derecho a ellas.

Artículo 22.

Ninguna de estas disposiciones excluye la aplicación de los reglamentos de salud o cuarentena.

CAPÍTULO VIII
Carácter de las inmunidades y privilegios

Artículo 23.

Las inmunidades y privilegios se reconocen a los funcionarios de la Corte exclusivamente en interés de la institución. Por consiguiente, el Presidente de la Corte levantará la inmunidad a cualquier funcionario o miembro del personal en los casos en que considere que ésta obstruye el curso de la justicia y que la renuncia no habrá de perjudicar los intereses de la Corte.

Cuando se trate de los jueces, sus inmunidades y privilegios sólo podrán ser levantados por la Corte.

Artículo 24.

La Corte, cuando así lo requiera el Gobierno, cooperará con las autoridades competentes del país a fin de no entorpecer la administración de la justicia costarricense, de velar por el cumplimiento de las ordenanzas de policía y evitar que ocurran abusos en relación con las inmunidades y privilegios mencionados en este Acuerdo.

Artículo 25.

La Corte tomará las medidas que sean necesarias para la solución adecuada de:

a) Las disputas que se originen en relación con contratos u otras cuestiones de derecho privado en que la Corte sea parte.

b) Las disputas en que se aparte cualquier funcionario de la Corte, con relación a las cuales goce de inmunidad, siempre que tal inmunidad no haya sido levantada de acuerdo con el artículo 23.

CAPÍTULO IX
Inmunidades y privilegios de los comparecientes ante la Corte

Artículo 26.

El Gobierno de la República de Costa Rica reconocerá a los representantes de las partes, sus consejeros y abogados, a los representantes de la Comisión Interamericana de Derechos Humanos y a las personas de las que se hagan asistir, a los testigos, peritos u otras personas que la Corte decida oír durante la celebración de los procesos, procedimientos y actos, la siguientes inmunidades y privilegios:

a) La obtención inmediata de los visados que les permitan el ingreso al territorio costarricense y la permanencia en él. El Gobierno dictará al efecto las medidas que correspondan.

b) El otorgamiento inmediato de un documento de viaje que haga posible su comparecencia ante la Corte, cuando éste resulte necesario por carecer del mismo y no poder obtenerlo de su país de origen o residencia.

c) El goce de inmunidad contra todo procedimiento administrativo o judicial durante su estancia en el país, la que, sin embargo, podrá ser levantada por la Corte cuando lo considere procedente.

Las mismas inmunidades y privilegios se otorgarán a las personas que comparezcan como víctimas o denunciantes en los procesos.

Las inmunidades y privilegios a que se refiere el presente artículo regirán desde el momento en que la Corte haya comunicado al Gobierno de Costa Rica la citación de las personas indicadas, hasta la terminación del proceso.

Además, no se les podrá exigir a las personas indicadas responsabilidad alguna respecto de los actos que ejecuten y de las expresiones orales o escritas que emitan en el curso de un proceso o procedimiento ante la Corte.

CAPÍTULO X
Eficacia de las resoluciones

Artículo 27.

Las resoluciones de la Corte y, en su caso, de su Presidente, una vez comunicadas a las autoridades administrativas o judiciales correspondientes de la república, tendrán la misma fuerza ejecutiva y ejecutoria que las dictadas por los tribunales costarricenses.

CAPÍTULO XI
De la contribución del País Sede al funcionamiento de la Corte

Artículo 28.

Como contribución del país sede al funcionamiento de la Corte, el Gobierno de la República de Costa Rica:

a) Continuará otorgando una subvención anual no inferior a la ya otorgada a la Corte en el primer año de su funcionamiento, incluida en la Ley de Presupuesto General de la República de Costa Rica para el año 1980.

b) Proporcionará a la Corte un local adecuado para su funcionamiento.

CAPÍTULO XII
Disposiciones finales

Artículo 29.

El presente Convenio entrará en vigor una vez aprobado por la Asamblea Legislativa y ratificado de acuerdo con los procedimientos constitucionales de la República de Costa rica.

Artículo 30.

Las partes contratantes, de mutuo acuerdo, podrán introducirle modificaciones al presente Convenio, así como suscribir protocolo o convenios derivados del mismo, los cuales entrarán en vigencia de acuerdo con las disposiciones constitucionales vigentes.

Artículo 31.

El presente Convenio regirá hasta tanto Costa Rica sea Estado parte en la Convención Americana sobre Derechos Humanos y sede de la Corte. Sin embargo, las inmunidades y privilegios a que se refiere continuarán en vigor durante el período de tiempo que sea convenientemente necesario para su traslado. En fe de lo cual, los que suscriben, debidamente autorizados para hacerlo, firman dos ejemplares originales del presente Convenio en la ciudad de San José, Costa Rica, a los diez días del mes de setiembre de mil novecientos ochenta y uno.

Dr. Bernd Niehaus Quesada	Licda. Mercedes Valverde Kopper
Ministro de Relaciones Exteriores y Culto	Ministra de Justicia a.i.

Dr. Carlos Roberto Reina

Presidente

Artículo 2.

Rige a partir de su publicación.

Comuníquese al Poder Ejecutivo.

Asamblea Legislativa.

San José, a los dos días del mes de setiembre de mil novecientos ochenta y tres

Jorge Luis Villanueva Badilla

Presidente

Javier Bolaños Quesada	María Lidya Sánchez Valverde
Primer Secretario	Segunda Secretaria

Presidencia de la República.

San José, a los nueve días del mes de setiembre de mil novecientos ochenta y tres.

E

COMISIÓN INTERAMERICANA DE DERECHOS HUMANOS

1. Estatuto de la Comisión Interamericana de Derechos Humanos[124], octubre de 1979

I. Naturaleza y propósitos.

Artículo 1.

1. La Comisión Interamericana de Derechos Humanos es un órgano de la Organización de los Estados Americanos creado para promover la observancia y la defensa de los derechos humanos y servir como órgano consultivo de la Organización en esta materia.

2. Para los fines del presente Estatuto, por derechos humanos se entiende:

a. los derechos definidos en la Convención Americana sobre Derechos Humanos en relación con los Estados parte en la misma;

b. los derechos consagrados en la Declaración Americana de Derechos y Deberes del Hombre, en relación con los demás Estados miembros.

II. Composición y estructura.

Artículo 2.

1. La Comisión se compone de siete miembros, quienes deben ser personas de alta autoridad moral y de reconocida versación en materia de derechos humanos.

2. La Comisión representa a todos los Estados miembros de la Organización.

---

124 Aprobado mediante la Resolución núm. 447 adoptada por la Asamblea General de la OEA en su noveno período ordinario de sesiones, celebrado en La Paz, Bolivia, octubre de 1979.

Artículo 3.

1. Los miembros de la Comisión serán elegidos a título personal por la Asamblea General de la Organización, de una lista de candidatos propuestos por los Gobiernos de los Estados miembros.

2. Cada Gobierno puede proponer hasta tres candidatos, ya sea nacionales del Estado que los propone o de cualquier otro Estado miembro de la Organización. Cuando se proponga una terna, por lo menos uno de los candidatos deberá ser nacional de un Estado distinto del proponente.

Artículo 4.

1. Seis meses antes de la celebración del período ordinario de sesiones de la Asamblea General de la OEA, previa a la terminación del mandato para el cual fueron elegidos los miembros de la Comisión[125], el Secretario General de la OEA pedirá por escrito a cada Estado miembro de la Organización que presente sus candidatos dentro de un plazo de noventa días.

2. El Secretario General preparará una lista por orden alfabético de los candidatos presentados y la comunicará a los Estados miembros de la Organización al menos treinta días antes de la próxima Asamblea General.

Artículo 5.

La elección de los miembros de la Comisión se hará de entre los candidatos que figuren en la lista a que se refiere el artículo 4 (2), por votación secreta de la Asamblea General, y se declararán elegidos los candidatos que obtengan mayor número de votos y la mayoría absoluta de los votos de los Estados miembros. Si para elegir a todos los miembros de la Comisión resultare necesario efectuar varias votaciones, se eliminarán sucesivamente, en la forma que determine la Asamblea General, a los candidatos que reciban menor número de votos.

Artículo 6.

Los miembros de la Comisión serán elegidos por cuatro años y sólo podrán ser reelegidos una vez. Los mandatos se contarán a partir del 1° de enero del año siguiente al de la elección.

Artículo 7.

No puede formar parte de la Comisión más de un nacional de un mismo Estado.

Artículo 8.

1. El cargo de miembro de la Comisión Interamericana de Derechos Humanos es incompatible con el ejercicio de actividades que pudieren afectar su

---

125 Modificado mediante AG/RES. 1098 (XXI-0/91).

independencia, su imparcialidad, o la dignidad o el prestigio de su cargo en la Comisión.

2. La Comisión considerará cualquier caso que se presente sobre incompatibilidad según los términos fijados en el inciso primero de este artículo y de acuerdo con el procedimiento que disponga su Reglamento.

Si la Comisión, con el voto afirmativo de por lo menos cinco de sus miembros, determina que existe un caso de incompatibilidad, lo elevará con sus antecedentes a la Asamblea General, la cual decidirá al respecto.

3. La declaratoria de incompatibilidad, por parte de la Asamblea General, será adoptada con una mayoría de los dos tercios de los Estados miembros de la Organización y causará la inmediata separación del cargo del miembro de la Comisión, pero no invalidará las actuaciones en la que éste hubiera intervenido.

Artículo 9.

Son deberes de los miembros de la Comisión:

1. Asistir, salvo impedimento justificado, a las reuniones ordinarias y extraordinarias que celebre la Comisión en su sede permanente o en aquella a la que haya acordado trasladarse transitoriamente.

2. Formar parte, salvo impedimento justificado, de las Comisiones Especiales que la Comisión acuerde integrar para el desempeño de observaciones in loco, o para realizar cualquier otro de los deberes que le incumban.

3. Guardar absoluta reserva sobre todos los asuntos que la Comisión considere confidenciales.

4. Guardar, en las actividades de su vida pública y privada un comportamiento acorde con la elevada autoridad moral de su cargo y la importancia de la misión encomendada a la Comisión.

Artículo 10.

1. Si algún miembro violare gravemente alguno de los deberes a que se refiere el artículo 9, la Comisión, con el voto afirmativo de cinco de sus miembros, someterá el caso a la Asamblea General de la Organización, la cual decidirá si procede separarlo de su cargo.

2. Antes de tomar su decisión, la Comisión oirá al miembro en cuestión.

Artículo 11.

1. Al producirse una vacante que no se deba al vencimiento normal del mandato, el Presidente de la Comisión lo notificará inmediatamente al Secretario General de la Organización, quien a su vez lo llevará a conocimiento de los Estados miembros de la Organización.

2. Para llenar las vacantes cada Gobierno podrá presentar un candidato dentro del plazo de treinta días a contar de la fecha de recibo de la comunicación en que el Secretario General informe que se ha producido una vacante.

3. El Secretario General preparará una lista por orden alfabético de los candidatos y la comunicará al Consejo Permanente de la Organización, el cual llenará la vacante.

4. Cuando el mandato expire dentro de los seis meses siguientes a la fecha en que ocurriera una vacante, ésta no se llenará.

Artículo 12.

1. En los Estados miembros de la Organización que son partes en la Convención Americana sobre Derechos Humanos, los miembros de la Comisión gozan, desde el momento de su elección y mientras dure su mandato, de las inmunidades reconocidas por el derecho internacional a los agentes diplomáticos. Durante el ejercicio de sus cargos gozan, además, de los privilegios diplomáticos necesarios para el desempeño de sus funciones.

2. En los Estados miembros de la Organización que no son partes de la Convención Americana sobre Derechos Humanos, los miembros de la Comisión gozarán de los privilegios e inmunidades correspondientes a sus cargos, necesarios para desempeñar con independencia sus funciones.

3. El régimen de inmunidades y privilegios de los miembros de la Comisión podrá reglamentarse o complementarse mediante convenios multilaterales o bilaterales entre la Organización y los Estados miembros.

Artículo 13.

Los miembros de la Comisión percibirán gastos de viaje, viáticos y honorarios, según corresponda, por su participación en las sesiones de la Comisión o en otras funciones que la Comisión, de acuerdo con su Reglamento, les encomiende individual o colectivamente. Tales gastos de viaje, viáticos y honorarios se incluirán en el presupuesto de la Organización y su monto y condiciones serán determinados por la Asamblea General.

Artículo 14.

1. La Comisión tendrá un Presidente, un primer Vicepresidente y un segundo Vicepresidente, que serán elegidos por mayoría absoluta de sus miembros por un período de un año, y podrán ser reelegidos sólo una vez en cada período de cuatro años.

2. El Presidente y los Vicepresidentes constituirán la Directiva de la Comisión, cuyas funciones serán determinadas por el Reglamento.

Artículo 15.

El Presidente de la Comisión podrá trasladarse a la sede de ésta y permanecer en ella durante el tiempo necesario para el cumplimiento de sus funciones.

III. Sede y reuniones.

Artículo 16.

1. La Comisión tendrá su sede en Washington D. C.

2. La Comisión podrá trasladarse y reunirse en el territorio de cualquier Estado americano cuando lo decida por mayoría absoluta de votos y con la anuencia o a invitación del Gobierno respectivo.

3. La Comisión se reunirá en sesiones ordinarias y extraordinarias de conformidad con su Reglamento.

Artículo 17.

1. La mayoría absoluta de los miembros de la Comisión constituye quórum.

2. En relación con los Estados que son partes en la Convención, las decisiones se tomarán por mayoría absoluta de votos de los miembros de la Comisión en los casos en que así lo establezcan la Convención Americana sobre Derechos Humanos y el presente Estatuto. En los demás casos se requerirá la mayoría absoluta de los miembros presentes.

3. En relación con los Estados que no son partes en la Convención, las decisiones se tomarán por mayoría absoluta de votos de los miembros de la Comisión, salvo cuando se trate de asuntos de procedimiento, en cuyo caso las decisiones se tomarán por simple mayoría.

IV. Funciones y atribuciones.

Artículo 18.

Respecto a los Estados miembros de la Organización de los Estados Americanos, la Comisión tiene las siguientes atribuciones:

a. estimular la conciencia de los derechos humanos en los pueblos de América;

b. formular recomendaciones a los Gobiernos de los Estados para que adopten medidas progresivas en favor de los derechos humanos, dentro del marco de sus legislaciones, de sus preceptos constitucionales y de sus compromisos internacionales, y también disposiciones apropiadas para fomentar el respeto a esos derechos;

c. preparar los estudios o informes que considere convenientes para el desempeño de sus funciones;

d. solicitar que los Gobiernos de los Estados le proporcionen informes sobre las medidas que adopten en materia de derechos humanos;

e. atender las consultas que, por medio de la Secretaría General de la Organización, le formule cualquier Estado miembro sobre cuestiones relacionadas con los derechos humanos en ese Estado y, dentro de sus posibilidades, prestar el asesoramiento que le soliciten;

f. rendir un informe anual a la Asamblea General de la Organización, en el cual se tenga debida cuenta del régimen jurídico aplicable a los Estados parte en la Convención Americana sobre Derechos Humanos y de los Estados que no son partes;

g. practicar observaciones *in loco* en un Estado, con la anuencia o a invitación del Gobierno respectivo, y

h. presentar al Secretario General el programa-presupuesto de la Comisión para que éste lo someta a la Asamblea General.

Artículo 19.

En relación con los Estados parte en la Convención Americana sobre Derechos Humanos, la Comisión ejercerá sus funciones de conformidad con las atribuciones previstas en aquella y en el presente Estatuto y, además de las atribuciones señaladas en el artículo 18, tendrá las siguientes:

a. diligenciar las peticiones y otras comunicaciones, de conformidad con lo dispuesto en los artículos 44 al 51 de la Convención;

b. comparecer ante la Corte Interamericana de Derechos Humanos en los casos previstos en la Convención;

c. solicitar a la Corte Interamericana de Derechos Humanos que tome las medidas provisionales que considere pertinentes en asuntos graves y urgentes que aún no estén sometidos a su conocimiento, cuando se haga necesario para evitar daños irreparables a las personas;

d. consultar a la Corte acerca de la interpretación de la Convención Americana sobre Derechos Humanos o de otros tratados sobre la protección de los derechos humanos en los Estados americanos;

e. someter a la consideración de la Asamblea General proyectos de protocolos adicionales a la Convención Americana sobre Derechos Humanos, con el fin de incluir progresivamente en el régimen de protección de la misma otros derechos y libertades, y

f. someter a la Asamblea General, para lo que estime conveniente, por conducto del Secretario General, propuestas de enmienda a la Convención Americana sobre Derechos Humanos.

Artículo 20.

En relación con los Estados miembros de la Organización que no son partes de la Convención Americana sobre Derechos Humanos, la Comisión tendrá, además de las atribuciones señaladas en el artículo 18, las siguientes:

a. prestar particular atención a la tarea de la observancia de los derechos humanos mencionados en los artículos I, II, III, IV, XVIII, XXV y XXVI de la Declaración Americana de los Derechos y Deberes del Hombre;

b. examinar las comunicaciones que le sean dirigidas y cualquier información disponible; dirigirse al Gobierno de cualquiera de los Estados miembros no partes en la Convención con el fin de obtener las informaciones que considere pertinentes y formularles recomendaciones, cuando lo considere apropiado, para hacer más efectiva la observancia de los derechos humanos fundamentales;

c. verificar, como medida previa al ejercicio de la atribución prescrita en el inciso b. anterior, si los procesos y recursos internos de cada Estado miembro no parte en la Convención fueron debidamente aplicados y agotados.

V. Secretaría.

Artículo 21.

1. Los servicios de Secretaría de la Comisión estarán a cargo de una unidad administrativa especializada bajo la dirección de un Secretario Ejecutivo. Esta unidad dispondrá de los recursos y del personal necesarios para cumplir las tareas que le encomiende la Comisión.

2. El Secretario Ejecutivo, quien deberá ser persona de alta autoridad moral y reconocida versación en materia de derechos humanos, será responsable de la actividad de la Secretaría y asistirá a la Comisión en el ejercicio de sus funciones, de conformidad con el Reglamento.

3. El Secretario Ejecutivo será designado por el Secretario General de la Organización en consulta con la Comisión. Asimismo, para que el Secretario General pueda proceder a la separación del Secretario Ejecutivo de la Comisión deberá consultar su decisión con la Comisión e informarle de los motivos en que se fundamenta.

VI. Estatuto y reglamento.

Artículo 22.

1. El presente Estatuto podrá ser modificado por la Asamblea General.

2. La Comisión formulará y adoptará su propio Reglamento de acuerdo con el presente Estatuto.

Artículo 23.

1. El Reglamento de la Comisión determinará, de acuerdo con lo dispuesto en los artículos 44 al 51 de la Convención Americana sobre Derechos Humanos, el procedimiento que se debe seguir en los casos de peticiones o comunicaciones en las que se alegue la violación de cualquiera de los derechos que consagra la mencionada Convención y en las que se impute tal violación a algún Estado parte en la misma.

2. De no llegarse a la solución amistosa referida en los artículos 44 al 51 de la Convención, la Comisión redactará dentro del plazo de 180 días el informe requerido por el artículo 50 de la Convención.

Artículo 24.

1. El Reglamento establecerá el procedimiento que se debe seguir en los casos de comunicaciones que contengan denuncias o quejas de violaciones

de derechos humanos imputables a Estados que no sean partes en la Convención Americana sobre Derechos Humanos.

2. A tal efecto, el Reglamento contendrá las normas pertinentes establecidas en el Estatuto de la Comisión aprobado por el Consejo de la Organización en las resoluciones aprobadas el 25 de mayo y el 8 de junio de 1960, con las modificaciones y enmiendas introducidas por la Resolución XXII de la Segunda Conferencia Interamericana Extraordinaria y por el Consejo de la Organización en la sesión celebrada el 24 de abril de 1968 y tomando en consideración la Resolución CP/RES. 253 (343/78) «Transición entre la actual Comisión Interamericana de Derechos Humanos y la Comisión prevista en la Convención Americana sobre Derechos Humanos», adoptada por el Consejo Permanente de la Organización el 20 de septiembre de 1978.

VII. Disposiciones transitorias.

Artículo 25.

Mientras que la Comisión no adopte su nuevo Reglamento, se aplicará en relación a todos los Estados de la Organización, el Reglamento actual (OEA/Ser.L/VII.17 doc. 26, de 2 de mayo de 1976).

Artículo 26.

1. Este Estatuto entrará en vigor 30 días después de su aprobación por la Asamblea General.

2. El Secretario General promoverá la inmediata publicación del Estatuto y le dará la más amplia divulgación posible.

2. Reglamento de la Comisión Interamericana de Derechos Humanos[126], 13 de octubre de 2009

TÍTULO I
Organización de la Comisión

Capítulo I
Naturaleza y composición

Artículo 1. Naturaleza y composición.

1. La Comisión Interamericana de Derechos Humanos es un órgano autónomo de la Organización de los Estados Americanos que tiene las funciones

126 Aprobado por la Comisión en su 137 período ordinario de sesiones, celebrado del 28 de octubre al 13 de noviembre de 2009; y modificado el 2 de septiembre de 2011 y en su 147 período ordinario de sesiones, celebrado del 8 al 22 de marzo de 2013, para su entrada en vigor el 1 de agosto de 2013.

principales de promover la observancia y la defensa de los derechos humanos y de servir como órgano consultivo de la Organización en esta materia.

2. La Comisión representa a todos los Estados miembros que integran la Organización.

3. La Comisión se compone de siete miembros, elegidos a título personal por la Asamblea General de la Organización, quienes deberán ser personas de alta autoridad moral y reconocida versación en materia de derechos humanos.

CAPÍTULO II
Miembros de la Comisión

Artículo 2. Duración del mandato.

1. Los miembros de la Comisión serán elegidos por cuatro años y sólo podrán ser reelegidos una vez.

2. En el caso de que no hayan sido elegidos los nuevos miembros de la Comisión para sustituir a los que terminan sus mandatos, éstos continuarán en el ejercicio de sus funciones hasta que se efectúe la elección de los nuevos miembros.

Artículo 3. Precedencia.

Los miembros de la Comisión, según su antigüedad en el mandato, seguirán en orden de precedencia al Presidente y Vicepresidentes. Cuando hubiere dos o más miembros con igual antigüedad, la precedencia será determinada de acuerdo con la edad.

Artículo 4. Incompatibilidad.

1. El cargo de miembro de la Comisión Interamericana de Derechos Humanos es incompatible con el ejercicio de actividades que pudieran afectar su independencia, su imparcialidad, o la dignidad o el prestigio de dicho cargo. En el momento de asumir sus funciones los miembros se comprometerán a no representar a víctimas o sus familiares, ni a Estados, en medidas cautelares, peticiones y casos individuales ante la CIDH, por un plazo de dos años, contados a partir del cese de su mandato como miembros de la Comisión.

2. La Comisión, con el voto afirmativo de por lo menos cinco de sus miembros, determinará si existe una situación de incompatibilidad.

3. La Comisión, antes de tomar una decisión, oirá al miembro al que se atribuya dicha incompatibilidad.

4. La decisión sobre incompatibilidad, con todos sus antecedentes, será enviada por conducto del Secretario General a la Asamblea General de la Organización para los efectos previstos en el artículo 8 párrafo 3 del Estatuto de la Comisión.

Artículo 5. Renuncia.

La renuncia de un miembro de la Comisión deberá ser presentada por escrito al Presidente de la Comisión quien de inmediato la pondrá en conocimiento del Secretario General de la OEA para los fines pertinentes.

CAPÍTULO III
Directiva de la Comisión

Artículo 6. Composición y funciones.

La Directiva de la Comisión estará compuesta por un Presidente, un primer Vicepresidente, y un segundo Vicepresidente, quienes tendrán las funciones señaladas en este Reglamento.

Artículo 7. Elecciones.

1. La elección de los cargos a los que se refiere el artículo anterior se llevará a cabo con la sola participación de los miembros presentes.

2. La elección será secreta. Sin embargo, por acuerdo unánime de los miembros presentes, la Comisión podrá acordar otro procedimiento.

3. Para ser electo en cualquiera de los cargos a que se refiere el artículo 6 se requerirá el voto favorable de la mayoría absoluta de los miembros de la Comisión.

4. Si para la elección de alguno de estos cargos resultare necesario efectuar más de una votación, se eliminarán sucesivamente los nombres que reciban menor número de votos.

5. La elección se efectuará el primer día del primer período de sesiones de la Comisión en el año calendario.

Artículo 8. Permanencia en los cargos directivos.

1. El mandato de los integrantes de la directiva es de un año de duración. El ejercicio de los cargos directivos de los integrantes se extiende desde la elección de sus integrantes hasta la realización, el año siguiente, de la elección de la nueva directiva, en la oportunidad que señala el párrafo 5 del artículo 7. Los integrantes de la directiva podrán ser reelegidos en sus respectivos cargos sólo una vez en cada período de cuatro años.

2. En caso de que expire el mandato del Presidente o de alguno de los Vicepresidentes en ejercicio como miembro de la Comisión, se aplicará lo dispuesto en los párrafos 2 y 3 del artículo 9 del presente Reglamento.

Artículo 9. Renuncia, vacancia y sustitución.

1. En caso de que un miembro de la directiva renuncie a su cargo o deje de ser miembro de la Comisión, ésta llenará dicho cargo en la sesión inmediatamente posterior, por el tiempo que reste del mandato.

2. Hasta que la Comisión elija a un nuevo Presidente, de conformidad con el párrafo 1 de este artículo, el Primer Vicepresidente ejercerá sus funciones.

3. Igualmente, el Primer Vicepresidente sustituirá al Presidente si este último se viere impedido temporalmente de desempeñar sus funciones. La sustitución corresponderá al Segundo Vicepresidente en los casos de vacancia, ausencia o impedimento del Primer Vicepresidente y al miembro más antiguo de acuerdo al orden de precedencia indicado en el artículo 3, en caso de vacancia, ausencia o impedimento del Segundo Vicepresidente.

Artículo 10. Atribuciones del Presidente.

1. Son atribuciones del Presidente:

a. representar a la Comisión ante los otros órganos de la OEA y otras instituciones;

b. convocar a sesiones de la Comisión, de conformidad con el Estatuto y el presente Reglamento;

c. presidir las sesiones de la Comisión y someter a su consideración las materias que figuren en el orden del día del programa de trabajo aprobado para el correspondiente período de sesiones; decidir las cuestiones de orden que se susciten durante las deliberaciones; y someter asuntos a votación de acuerdo con las disposiciones pertinentes de este Reglamento;

d. conceder el uso de la palabra a los miembros en el orden en que la hayan solicitado;

e. promover los trabajos de la Comisión y velar por el cumplimiento de su programa presupuesto;

f. rendir un informe escrito a la Comisión, al inicio de sus períodos de sesiones, sobre las actividades desarrolladas durante los recesos en cumplimiento de las funciones que le confieren el Estatuto y el presente Reglamento;

g. velar por el cumplimiento de las decisiones de la Comisión;

h. asistir a las reuniones de la Asamblea General de la OEA y a otras actividades relacionadas con la promoción y protección de los derechos humanos;

i. trasladarse a la sede de la Comisión y permanecer en ella durante el tiempo que considere necesario para el cumplimiento de sus funciones;

j. designar comisiones especiales, comisiones *ad hoc* y subcomisiones integradas por varios miembros, con el objeto de cumplir cualquier mandato relacionado con su competencia; y

k. ejercer cualquier otra atribución conferida en el presente Reglamento u otras tareas que le encomiende la Comisión.

2. El Presidente podrá delegar en uno de los Vicepresidentes o en otro miembro de la Comisión las atribuciones especificadas en los incisos a, h y k.

CAPÍTULO IV
Secretaría ejecutiva

Artículo 11[127].

La Secretaría Ejecutiva estará compuesta por un Secretario Ejecutivo y por lo menos un Secretario Ejecutivo Adjunto; y por el personal profesional, técnico y administrativo necesario para el cumplimiento de sus labores.

2. El Secretario Ejecutivo será una persona con independencia y alta autoridad moral, con experiencia y de reconocida trayectoria en derechos humanos.

3. El Secretario Ejecutivo será designado por el Secretario General de la Organización. La Comisión llevará a cabo el siguiente procedimiento interno para identificar el candidato más calificado y remitir su nombre al Secretario General, proponiendo su designación por un periodo de cuatro años que podrá ser renovado una vez:

a. La Comisión realizará un concurso público para llenar la vacante y publicará los criterios y calificaciones para el cargo, así como una descripción de las tareas a ser desempeñadas.

b. La Comisión revisará las aplicaciones recibidas e identificará entre tres y cinco finalistas, quienes serán entrevistado s para el cargo.

c. Las hojas de vida de los finalistas se harán públicas, incluyendo en la página Web de la Comisión, durante el mes anterior a la selección final con el objeto de recibir observaciones sobre los candidatos.

d. La Comisión determinará el candidato más calificado, teniendo en cuenta las observaciones, por mayoría absoluta de sus miembros.

4. Previo a iniciar su periodo en el cargo y durante el mismo, el Secretario Ejecutivo y el Secretario Ejecutivo Adjunto revelarán a la Comisión cualquier interés que pueda ser considerado en conflicto con el ejercicio de sus funciones.

Artículo 12. Atribuciones del Secretario Ejecutivo.

1. Son atribuciones del Secretario Ejecutivo:

a. dirigir, planificar y coordinar el trabajo de la Secretaría Ejecutiva y coordinar los aspectos operativos de la labor de los grupos de trabajo y relatorías;

b. elaborar, en consulta con el Presidente, el proyecto de programa presupuesto de la Comisión, que se regirá por las normas presupuestarias vigentes para la OEA, del cual dará cuenta a la Comisión;

127 Artículo 11 modificado por la Comisión Interamericana de Derechos Humanos el 2 de septiembre de 2011.

c. preparar, en consulta con el Presidente, el proyecto de programa de trabajo para cada período de sesiones;

d. asesorar al Presidente y a los miembros de la Comisión en el desempeño de sus funciones;

e. rendir un informe escrito a la Comisión, al iniciarse cada período de sesiones, sobre las labores cumplidas por la Secretaría Ejecutiva a contar del anterior período de sesiones, así como de aquellos asuntos de carácter general que puedan ser de interés de la Comisión; y

f. ejecutar las decisiones que le sean encomendadas por la Comisión o el Presidente.

2. El Secretario Ejecutivo Adjunto sustituirá al Secretario Ejecutivo en caso de ausencia o impedimento de éste. En ausencia o impedimento de ambos, el Secretario Ejecutivo o el Secretario Ejecutivo Adjunto, según fuera el caso, designará temporalmente a uno de los especialistas de la Secretaría Ejecutiva para sustituirlo.

3. El Secretario Ejecutivo, el Secretario Ejecutivo Adjunto y el personal de la Secretaría Ejecutiva deberán guardar la más absoluta reserva sobre todos los asuntos que la Comisión considere confidenciales. Al momento de asumir sus funciones, el Secretario Ejecutivo se comprometerá a no representar a víctimas o sus familiares, ni a Estados, en medidas cautelares, peticiones y casos individuales ante la CIDH, por un plazo de dos años, contados a partir del cese de sus funciones como Secretario Ejecutivo.

Artículo 13. Funciones de la Secretaría Ejecutiva.

La Secretaría Ejecutiva preparará los proyectos de informe, resoluciones, estudios y otros trabajos que le encomienden la Comisión o el Presidente. Asimismo, recibirá y dará trámite a la correspondencia y las peticiones y comunicaciones dirigidas a la Comisión. La Secretaría Ejecutiva podrá también solicitar a las partes interesadas la información que considere pertinente, de acuerdo con lo dispuesto en el presente Reglamento.

CAPÍTULO V
Funcionamiento de la Comisión

Artículo 14. Períodos de sesiones.

1. La Comisión celebrará al menos dos períodos ordinarios de sesiones al año durante el lapso previamente determinado por ella y el número de sesiones extraordinarias que considere necesario. Antes de la finalización del período de sesiones se determinará la fecha y lugar del período de sesiones siguiente.

2. Los períodos de sesiones de la Comisión se celebrarán en su sede. Sin embargo, por el voto de la mayoría absoluta de sus miembros, la Comisión

podrá acordar reunirse en otro lugar con la anuencia o por invitación del respectivo Estado.

3. Cada período se compondrá de las sesiones necesarias para el desarrollo de sus actividades. Las sesiones tendrán carácter reservado, a menos que la Comisión determine lo contrario.

4. El miembro que, por enfermedad o por cualquier causa grave se viere impedido de asistir a todo o a una parte de cualquier período de sesiones de la Comisión, o para desempeñar cualquier otra función, deberá así notificarlo, tan pronto le sea posible, al Secretario Ejecutivo, quien informará al Presidente y lo hará constar en acta.

Artículo 15. Relatorías y grupos de trabajo.

1. La Comisión podrá asignar tareas o mandatos específicos ya sea a uno o a un grupo de sus miembros con vistas a la preparación de sus períodos de sesiones o para la ejecución de programas, estudios o proyectos especiales.

2. La Comisión podrá designar a sus miembros como responsables de relatorías de país, en cuyo caso asegurará que cada Estado miembro de la OEA cuente con un relator o relatora. En la primera sesión del año o cuando sea necesario, la CIDH considerará el funcionamiento y la labor de las relatorías de país y decidirá sobre su asignación. Asimismo, los relatores o relatoras de país ejercerán las responsabilidades de seguimiento que la Comisión les asigne y, al menos una vez al año, informarán al pleno sobre las actividades llevadas a cabo.

3. La Comisión podrá crear relatorías con mandatos ligados al cumplimiento de sus funciones de promoción y protección de los derechos humanos respecto de las áreas temáticas que resulten de especial interés a ese fin. Los fundamentos de la decisión serán plasmados en una resolución adoptada por la mayoría absoluta de votos de los miembros de la Comisión en la que se dejará constancia de:

a. la definición del mandato conferido, incluyendo sus funciones y alcances; y

b. la descripción de las actividades a desarrollar y los métodos de financiamiento proyectados con el fin de sufragarlas.

Los mandatos serán evaluados en forma periódica y serán sujetos a revisión, renovación o terminación por lo menos una vez cada tres años.

4. Las relatorías a las que se refiere el parágrafo anterior podrán funcionar ya sea como relatorías temáticas, a cargo de un miembro de la Comisión, o como relatorías especiales, a cargo de otras personas designadas por la Comisión. Las relatoras o relatores temáticos serán designados por la Comisión en su primera sesión del año o en cualquier otro momento que resulte necesario. Las personas a cargo de las relatorías especiales serán designadas por la Comisión conforme a los siguientes parámetros:

a. convocatoria a concurso abierto para llenar la vacante, con publicidad de los criterios a ser empleados en la elección de postulantes, de sus antecedentes de idoneidad para el cargo, y de la resolución de la CIDH aplicable al proceso de selección; y

b. elección por voto favorable de la mayoría absoluta de los miembros de la CIDH y publicidad de los fundamentos de la decisión.

Previo al proceso de designación, y durante el ejercicio de su cargo, los relatores especiales deben revelar a la Comisión todo interés que pueda estar en conflicto con el mandato de la relatoría. Los relatores especiales ejercerán su cargo por un período de tres años, renovable por un período más, a menos que el mandato de la relatoría concluya antes de que se cumpla ese período. La Comisión, por decisión de la mayoría absoluta de sus miembros, podrá decidir reemplazar a un relator o relatora especial, por causa razonable.

5. Las personas a cargo de las relatorías especiales ejercerán sus funciones en coordinación con la Secretaría Ejecutiva la cual podrá delegarles la preparación de informes sobre peticiones y casos.

6. Las personas a cargo de las relatorías temáticas y especiales desempeñarán sus actividades en coordinación con aquellas a cargo de las relatorías de país. Los relatores presentarán sus planes de trabajo al pleno de la Comisión para aprobación. Rendirán un informe escrito a la Comisión sobre las labores realizadas, al menos una vez por año.

7. El desempeño de las actividades y funciones previstas en los mandatos de las relatorías se ajustará a las normas del presente Reglamento y a las directivas, códigos de conducta y manuales que pueda adoptar la Comisión.

8. Los relatores deberán llamar la atención del pleno de la Comisión sobre cuestiones que, habiendo llegado a su conocimiento, puedan ser consideradas como materia de controversia, grave preocupación o especial interés de la Comisión.

Artículo 16. Quórum para sesionar.

Para constituir quórum será necesaria la presencia de la mayoría absoluta de los miembros de la Comisión.

Artículo 17. Discusión y votación.

1. Las sesiones se ajustarán al presente Reglamento y subsidiariamente a las disposiciones pertinentes del Reglamento del Consejo Permanente de la OEA.

2. Los miembros de la Comisión no podrán participar en la discusión, investigación, deliberación o decisión de un asunto sometido a la consideración de la Comisión en los siguientes casos:

a. si fuesen nacionales del Estado objeto de consideración general o específica o si estuviesen acreditados o cumpliendo una misión especial como agentes diplomáticos ante dicho Estado; o

b. si previamente hubiesen participado, a cualquier título, en alguna decisión sobre los mismos hechos en que se funda el asunto o si hubiesen actuado como consejeros o representantes de alguna de las partes interesadas en la decisión.

3. En caso de que un miembro considere que debe abstenerse de participar en el examen o decisión del asunto comunicará dicha circunstancia a la Comisión, la cual decidirá si es procedente la inhibición.

4. Cualquier miembro podrá suscitar la inhibición de otro miembro, fundado en las causales previstas en el párrafo 2 del presente artículo.

5. Mientras la Comisión no se halla reunida en sesión ordinaria o extraordinaria, los miembros podrán deliberar y decidir las cuestiones de su competencia por el medio que consideren adecuado.

Artículo 18. Quórum especial para decidir.

1. La Comisión resolverá las siguientes cuestiones por el voto de la mayoría absoluta de sus miembros:

a. elección de los integrantes de la directiva de la Comisión;

b. interpretación de la aplicación del presente Reglamento;

c. adopción de informe sobre la situación de los derechos humanos en un determinado Estado; y

d. cuando tal mayoría esté prevista en la Convención Americana, el Estatuto o el presente Reglamento.

2. Respecto a otros asuntos será suficiente el voto de la mayoría de los miembros presentes.

Artículo 19. Voto razonado.

1. Los miembros, estén o no de acuerdo con las decisiones de la mayoría, tendrán derecho a presentar su voto razonado por escrito, el cual deberá incluirse a continuación de dicha decisión.

2. Si la decisión versare sobre la aprobación de un informe o proyecto, el voto razonado se incluirá a continuación de dicho informe o proyecto.

3. Cuando la decisión no conste en un documento separado, el voto razonado se transcribirá en el acta de la sesión, a continuación de la decisión de que se trate.

4. El voto razonado deberá presentarse por escrito a la Secretaría dentro de los 30 días posteriores al período de sesiones en el cual se haya adoptado la decisión respectiva. En casos urgentes, la mayoría absoluta de los

miembros puede estipular un plazo menor. Vencido dicho plazo sin que se haya presentado el voto razonado por escrito a la Secretaría, se considerará que el respectivo miembro desistió del mismo, sin perjuicio de consignar su disidencia.

Artículo 20. Actas de las sesiones.

1. En cada sesión se levantará un acta resumida en la que constará el día y la hora de celebración, los nombres de los miembros presentes, los asuntos tratados, las decisiones adoptadas y cualquier declaración especialmente formulada por los miembros con el fin de que conste en acta. Estas actas son documentos internos de trabajo de carácter reservado.

2. La Secretaría Ejecutiva distribuirá copias de las actas resumidas de cada sesión a los miembros de la Comisión, quienes podrán presentar a aquella sus observaciones con anterioridad al período de sesiones en que deben ser aprobadas. Si no ha habido objeción hasta el comienzo de dicho período de sesiones, se considerarán aprobadas.

Artículo 21. Remuneración por servicios extraordinarios.

Con la aprobación de la mayoría absoluta de sus miembros, la Comisión podrá encomendar a cualquiera de ellos la elaboración de un estudio especial u otros trabajos específicos para ser ejecutados individualmente, fuera de los períodos de sesiones. Dichos trabajos se remunerarán de acuerdo con las disponibilidades del presupuesto. El monto de los honorarios se fijará sobre la base del número de días requeridos para la preparación y redacción del trabajo.

TÍTULO II
Procedimiento

CAPÍTULO I
Disposiciones generales

Artículo 22. Idiomas oficiales.

1. Los idiomas oficiales de la Comisión serán el español, el francés, el inglés y el portugués. Los idiomas de trabajo serán los que acuerde la Comisión conforme a los idiomas hablados por sus miembros.

2. Cualquiera de los miembros de la Comisión podrá dispensar la interpretación de debates y la preparación de documentos en su idioma.

Artículo 23. Presentación de peticiones.

Cualquier persona o grupo de personas, o entidad no gubernamental legalmente reconocida en uno o más Estados miembros de la OEA puede presentar a la Comisión peticiones en su propio nombre o en el de terceras personas, referentes a la presunta violación de alguno de los derechos humanos reconocidos, según el caso, en la Declaración Americana de los Derechos y Deberes del Hombre, la Convención Americana sobre Derechos Humanos «Pacto de San José de Costa Rica», el Protocolo Adicional a la Convención Americana sobre Derechos Humanos en Materia de Derechos Económicos, Sociales y Culturales «Protocolo de San Salvador», el Protocolo a la Convención Americana sobre Derechos Humanos Relativo a la Abolición de la Pena de Muerte, la Convención Interamericana para Prevenir y Sancionar la Tortura, la Convención Interamericana sobre Desaparición Forzada de Personas y la Convención Interamericana para Prevenir, Sancionar y Erradicar la Violencia contra la Mujer «Convención de Belém do Pará», conforme a sus respectivas disposiciones, el Estatuto de la Comisión y el presente Reglamento. El peticionario podrá designar en la propia petición, o en otro escrito, a un abogado u a otra persona para representarlo ante la Comisión.

Artículo 24. Tramitación *motu proprio*.

La Comisión podrá, *motu proprio*, iniciar la tramitación de una petición que contenga, a su juicio, los requisitos para tal fin.

Artículo 25. Medidas Cautelares[128].

1. Con fundamento en los artículos 106 de la Carta de la Organización de los Estados Americanos, 41.b de la Convención Americana sobre Derechos Humanos, 18.b del Estatuto de la Comisión y XIII de la Convención Interamericana sobre Desaparición Forzada de Personas, la Comisión podrá, a iniciativa propia o a solicitud de parte, solicitar que un Estado adopte medidas cautelares. Tales medidas, ya sea que guarden o no conexidad con una petición o caso, se relacionarán con situaciones de gravedad y urgencia que presenten un riesgo de daño irreparable a las personas o al objeto de una petición o caso pendiente ante los órganos del Sistema Interamericano.

2. A efectos de tomar la decisión referida en el párrafo 1, la Comisión considerará que:

a. la «gravedad de la situación», significa el serio impacto que una acción u omisión puede tener sobre un derecho protegido o sobre el efecto eventual de una decisión pendiente en un caso o petición ante los órganos del Sistema Interamericano;

b. la «urgencia de la situación» se determina por la información que indica que el riesgo o la amenaza sean inminentes y puedan materializarse, requiriendo de esa manera acción preventiva o tutelar; y

128 Artículo 25 modificado por la Comisión Interamericana en su 147 período ordinario de sesiones, celebrado del 8 al 22 de marzo de 2013.

c. el «daño irreparable» significa la afectación sobre derechos que, por su propia naturaleza, no son susceptibles de reparación, restauración o adecuada indemnización.

3. Las medidas cautelares podrán proteger a personas o grupos de personas, siempre que el beneficiario o los beneficiarios puedan ser determinados o determinables, a través de su ubicación geográfica o su pertenencia o vínculo a un grupo, pueblo, comunidad u organización.

4. Las solicitudes de medidas cautelares dirigidas a la Comisión deberán contener, entre otros elementos:

a. los datos de las personas propuestas como beneficiarias o información que permita determinarlas;

b. una descripción detallada y cronológica de los hechos que sustentan la solicitud y cualquier otra información disponible; y

c. la descripción de las medidas de protección solicitadas.

5. Antes de tomar una decisión sobre la solicitud de medidas cautelares, la Comisión requerirá al Estado involucrado información relevante, salvo cuando la inmediatez del daño potencial no admita demora. En dicha circunstancia, la Comisión revisará la decisión adoptada lo más pronto posible o, a más tardar, en el siguiente período de sesiones, teniendo en cuenta la información aportada por las partes.

6. Al considerar la solicitud, la Comisión tendrá en cuenta su contexto y los siguientes elementos:

a. si se ha denunciado la situación de riesgo ante las autoridades pertinentes, o los motivos por los cuales no hubiera podido hacerse;

b. la identificación individual de los propuestos beneficiarios de las medidas cautelares o la determinación del grupo al que pertenecen o están vinculados; y

c. la expresa conformidad de los potenciales beneficiarios, cuando la solicitud sea presentada por un tercero, salvo en situaciones en las que la ausencia de consentimiento se encuentre justificada.

7. Las decisiones de otorgamiento, ampliación, modificación y levantamiento de medidas cautelares serán emitidas mediante resoluciones fundamentadas que incluirán, entre otros, los siguientes elementos:

a. la descripción de la situación y de los beneficiarios;

b. la información aportada por el Estado, de contar con ella;

c. las consideraciones de la Comisión sobre los requisitos de gravedad, urgencia e irreparabilidad;

d. de ser aplicable, el plazo de vigencia de las medidas cautelares; y

e. los votos de los miembros de la Comisión.

8. El otorgamiento de estas medidas y su adopción por el Estado no constituirán prejuzgamiento sobre violación alguna a los derechos protegidos en la Convención Americana sobre Derechos Humanos u otros instrumentos aplicables.

9. La Comisión evaluará con periodicidad, de oficio o a solicitud de parte, las medidas cautelares vigentes, con el fin de mantenerlas, modificarlas o levantarlas. En cualquier momento, el Estado podrá presentar una petición debidamente fundada a fin de que la Comisión deje sin efecto las medidas cautelares vigentes. La Comisión solicitará observaciones a los beneficiarios antes de decidir sobre la petición del Estado. La presentación de tal solicitud no suspenderá la vigencia de las medidas cautelares otorgadas.

10. La Comisión podrá tomar las medidas de seguimiento apropiadas, como requerir a las partes interesadas información relevante sobre cualquier asunto relacionado con el otorgamiento, observancia y vigencia de las medidas cautelares. Dichas medidas pueden incluir, cuando resulte pertinente, cronogramas de implementación, audiencias, reuniones de trabajo y visitas de seguimiento y revisión.

11. En adición a lo expresado en el inciso 9, la Comisión podrá levantar o revisar una medida cautelar cuando los beneficiarios o sus representantes, en forma injustificada, se abstengan de dar respuesta satisfactoria a la Comisión sobre los requerimientos planteados por el Estado para su implementación.

12. La Comisión podrá presentar una solicitud de medidas provisionales a la Corte Interamericana de acuerdo con las condiciones establecidas en el artículo 76 del presente Reglamento. Si en el asunto se hubieren otorgado medidas cautelares, éstas mantendrán su vigencia hasta que la Corte notifique a las partes su resolución sobre la solicitud.

13. Ante una decisión de desestimación de una solicitud de medidas provisionales por parte de la Corte Interamericana, la Comisión no considerará una nueva solicitud de medidas cautelares, salvo que existan nuevos hechos que así lo justifiquen. En todo caso, la Comisión podrá ponderar el uso de otros mecanismos de monitoreo de la situación.

CAPÍTULO II
Peticiones referentes a la Convención Americana sobre Derechos Humanos y otros instrumentos aplicables

Artículo 26. Revisión inicial.

1. La Secretaría Ejecutiva de la Comisión tendrá la responsabilidad del estudio y tramitación inicial de las peticiones presentadas a la Comisión que llenen todos los requisitos establecidos en el Estatuto y en el artículo 28 del presente Reglamento.

2. Si una petición no reúne los requisitos exigidos en el presente Reglamento, la Secretaría Ejecutiva podrá solicitar al peticionario o a su representante que los complete.

3. Si la Secretaría Ejecutiva tuviera alguna duda sobre el cumplimiento de los requisitos mencionados, consultará a la Comisión.

Artículo 27. Condición para considerar la petición.

La Comisión tomará en consideración las peticiones sobre presuntas violaciones de los derechos humanos consagrados en la Convención Americana sobre Derechos Humanos y otros instrumentos aplicables, con relación a los Estados miembros de la OEA, solamente cuando llenen los requisitos establecidos en tales instrumentos, en el Estatuto y en el presente Reglamento.

Artículo 28. Requisitos para la consideración de peticiones[129].

Las peticiones dirigidas a la Comisión deberán contener la siguiente información:

1. El nombre de la persona o personas denunciantes o, en el caso de que el peticionario sea una entidad no gubernamental, su representante o representantes legales y el Estado miembro en el que esté legalmente reconocida;

2. Si el peticionario desea que su identidad sea mantenida en reserva frente al Estado, y las razones respectivas;

3. La dirección de correo electrónico para recibir correspondencia de la Comisión y, en su caso, número de teléfono, facsímil y dirección postal;

4. Una relación del hecho o situación denunciada, con especificación del lugar y fecha de las violaciones alegadas;

5. De ser posible, el nombre de la víctima, así como de cualquier autoridad pública que haya tomado conocimiento del hecho o situación denunciada;

6. La indicación del Estado que el peticionario considera responsable, por acción o por omisión, de la violación de alguno de los derechos humanos consagrados en la Convención Americana sobre Derechos Humanos y otros instrumentos aplicables, aunque no se haga una referencia específica al/os artículo(s) presuntamente violado(s);

7. El cumplimiento con el plazo previsto en el artículo 32 del presente Reglamento;

8. Las gestiones emprendidas para agotar los recursos de la jurisdicción interna o la imposibilidad de hacerlo conforme al artículo 31 del presente Reglamento; y

---

129 Artículo 28 modificado por la Comisión Interamericana en su 147 período ordinario de sesiones, celebrado del 8 al 22 de marzo de 2013.

9. La indicación de si la denuncia ha sido sometida a otro procedimiento de arreglo internacional conforme al artículo 33 del presente Reglamento.

Artículo 29. Tramitación inicial[130].

1. La Comisión, actuando inicialmente por intermedio de su Secretaría Ejecutiva, recibirá y procesará en su tramitación inicial las peticiones que le sean presentadas. Cada petición se registrará, se hará constar en ella la fecha de recepción y se acusará recibo al peticionario.

2. La petición será estudiada en su orden de entrada; no obstante, la Comisión podrá adelantar la evaluación de una petición en supuestos como los siguientes:

a. cuando el transcurso del tiempo prive a la petición de su efecto útil, en particular:

i. cuando la presunta víctima sea un adulto mayor, niño o niña;

ii. cuando la presunta víctima padezca de una enfermedad terminal;

iii. cuando se alegue que la presunta víctima puede ser objeto de aplicación de la pena de muerte; o

iv. cuando el objeto de la petición guarde conexidad con una medida cautelar o provisional vigente;

b. cuando las presuntas víctimas sean personas privadas de libertad;

c. cuando el Estado manifieste formalmente su intención de entrar en un proceso de solución amistosa del asunto; o

d. cuando se dé alguna de las circunstancias siguientes:

i. la decisión pueda tener el efecto de remediar situaciones estructurales graves que tengan un impacto en el goce de los derechos humanos; o

ii. la decisión pueda impulsar cambios legislativos o de práctica estatal y evitar la recepción de múltiples peticiones sobre el mismo asunto.

3. Si la petición no reúne los requisitos exigidos en el presente Reglamento, la Comisión podrá solicitar al peticionario o a su representante que los complete conforme al artículo 26.2 del presente Reglamento.

4. Si la petición expone hechos distintos, o si se refiere a más de una persona o a presuntas violaciones sin conexión en el tiempo y el espacio, la Comisión podrá desglosarla y tramitarla en expedientes separados, a condición de que reúna todos los requisitos del artículo 28 del presente Reglamento.

5. Si dos o más peticiones versan sobre hechos similares, involucran a las mismas personas, o si revelan el mismo patrón de conducta, la Comisión las podrá acumular y tramitar en un mismo expediente.

---

130 Artículo 29 modificado por la Comisión Interamericana en su 147 período ordinario de sesiones, celebrado del 8 al 22 de marzo de 2013.

6. En los casos previstos en los literales 4 y 5, la Comisión notificará por escrito a los peticionarios.

7. En casos de gravedad o urgencia, la Secretaría Ejecutiva notificará de inmediato a la Comisión.

Artículo 30. Procedimiento de admisibilidad[131].

1. La Comisión, a través de su Secretaría Ejecutiva, dará trámite a las peticiones que reúnan los requisitos previstos en el artículo 28 del presente Reglamento.

2. A tal efecto, transmitirá las partes pertinentes de la petición al Estado en cuestión. La solicitud de información al Estado no prejuzgará sobre la decisión de admisibilidad que adopte la Comisión.

3. El Estado presentará su respuesta dentro del plazo de tres meses contados desde la fecha de transmisión. La Secretaría Ejecutiva evaluará solicitudes de prórroga de dicho plazo que estén debidamente fundadas. Sin embargo, no concederá prórrogas que excedan de cuatro meses contados a partir de la fecha del envío de la primera solicitud de información al Estado.

4. En caso de gravedad y urgencia o cuando se considere que la vida de una persona o su integridad personal se encuentre en peligro real e inminente, la Comisión solicitará al Estado su más pronta respuesta, a cuyo efecto utilizará los medios que considere más expeditos.

5. Antes de pronunciarse sobre la admisibilidad de la petición, la Comisión podrá invitar a las partes a presentar observaciones adicionales, ya sea por escrito o en una audiencia, conforme a lo establecido en el Capítulo VI del presente Reglamento.

6. Las consideraciones y cuestionamientos a la admisibilidad de la petición deberán ser presentadas desde el momento de la transmisión de las partes pertinentes de ésta al Estado y antes de que la Comisión adopte su decisión sobre admisibilidad.

7. En los casos previstos en el inciso 4, la Comisión podrá solicitar que el Estado presente su respuesta y observaciones sobre la admisibilidad y el fondo del asunto. La respuesta y observaciones del Estado deben ser enviadas dentro de un plazo razonable, fijado por la Comisión al considerar las circunstancias de cada caso.

Artículo 31. Agotamiento de los recursos internos.

1. Con el fin de decidir sobre la admisibilidad del asunto la Comisión verificará si se han interpuesto y agotado los recursos de la jurisdicción

131 Artículo 30 modificado por la Comisión Interamericana en su 147 período ordinario de sesiones, celebrado del 8 al 22 de marzo de 2013.

interna, conforme a los principios del derecho internacional generalmente reconocidos.

2. Las disposiciones del párrafo precedente no se aplicarán cuando:

a. no exista en la legislación interna del Estado en cuestión el debido proceso legal para la protección del derecho o derechos que se alegan han sido violados;

b. no se haya permitido al presunto lesionado en sus derechos el acceso a los recursos de la jurisdicción interna, o haya sido impedido de agotarlos; o

c. haya retardo injustificado en la decisión sobre los mencionados recursos.

3. Cuando el peticionario alegue la imposibilidad de comprobar el cumplimiento del requisito señalado en este artículo, corresponderá al Estado en cuestión demostrar que los recursos internos no han sido agotados, a menos que ello se deduzca claramente del expediente.

Artículo 32. Plazo para la presentación de peticiones.

1. La Comisión considerará las peticiones presentadas dentro de los seis meses contados a partir de la fecha en que la presunta víctima haya sido notificada de la decisión que agota los recursos internos.

2. En los casos en los cuales resulten aplicables las excepciones al requisito del previo agotamiento de los recursos internos, la petición deberá presentarse dentro de un plazo razonable, a criterio de la Comisión. A tal efecto, la Comisión considerará la fecha en que haya ocurrido la presunta violación de los derechos y las circunstancias de cada caso.

Artículo 33. Duplicación de procedimientos.

1. La Comisión no considerará una petición si la materia contenida en ella:

a. se encuentra pendiente de otro procedimiento de arreglo ante un organismo internacional gubernamental de que sea parte el Estado en cuestión; o

b. reproduce sustancialmente otra petición pendiente o ya examinada y resuelta por la Comisión u otro organismo internacional gubernamental del que sea parte el Estado en cuestión.

2. Sin embargo, la Comisión no se inhibirá de considerar las peticiones a las que se refiere el párrafo 1 cuando:

a. el procedimiento seguido ante el otro organismo se limite a un examen general sobre derechos humanos en el Estado en cuestión y no haya decisión sobre los hechos específicos que son objeto de la petición ante la Comisión o no conduzca a su arreglo efectivo; o

b. el peticionario ante la Comisión sea la víctima de la presunta violación o su familiar y el peticionario ante el otro organismo sea una tercera persona o una entidad no gubernamental, sin mandato de los primeros.

Artículo 34. Otras causales de inadmisibilidad.

La Comisión declarará inadmisible cualquier petición o caso cuando:

a. no exponga hechos que caractericen una violación de los derechos a que se refiere el artículo 27 del presente Reglamento;

b. sea manifiestamente infundada o improcedente, según resulte de la exposición del propio peticionario o del Estado; o

c. la inadmisibilidad o improcedencia resulten de una información o prueba sobreviniente presentada a la Comisión.

Artículo 35. Grupo de trabajo sobre admisibilidad.

La Comisión constituirá un grupo de trabajo compuesto por tres o más de sus miembros a fin de estudiar, entre sesiones, la admisibilidad de las peticiones y formular recomendaciones al pleno.

Artículo 36. Decisión sobre admisibilidad[132].

1. Una vez consideradas las posiciones de las partes, la Comisión se pronunciará sobre la admisibilidad del asunto. Los informes de admisibilidad e inadmisibilidad serán públicos y la Comisión los incluirá en su Informe Anual a la Asamblea General de la OEA.

2. Con ocasión de la adopción del informe de admisibilidad, la petición será registrada como caso y se iniciará el procedimiento sobre el fondo. La adopción del informe de admisibilidad no prejuzga sobre el fondo del asunto.

3. En circunstancias excepcionales, y luego de haber solicitado información a las partes de acuerdo con lo dispuesto en el artículo 30 del presente Reglamento, la Comisión podrá abrir el caso, pero diferir el tratamiento de la admisibilidad hasta el debate y decisión sobre el fondo. La decisión será adoptada en una resolución fundada que incluirá un análisis de las circunstancias excepcionales. Las circunstancias excepcionales que la Comisión tomará en cuenta incluirán las siguientes:

a. cuando la consideración sobre la aplicabilidad de una posible excepción al requisito del agotamiento de recursos internos estuviera inextricablemente unida al fondo del asunto;

b. en casos de gravedad y urgencia o cuando se considere que la vida de una persona o su integridad personal se encuentran en peligro inminente; o

c. cuando el transcurso del tiempo pueda impedir que la decisión de la Comisión tenga efecto útil.

132 Artículo 36 modificado por la Comisión Interamericana en su 147 período ordinario de sesiones, celebrado del 8 al 22 de marzo de 2013.

4. Cuando la Comisión proceda de conformidad con el artículo 30.7 del presente Reglamento, abrirá un caso e informará a las partes por escrito que ha diferido el tratamiento de la admisibilidad hasta el debate y decisión sobre el fondo.

Artículo 37. Procedimiento sobre el fondo[133].

1. Con la apertura del caso, la Comisión fijará un plazo de cuatro meses para que los peticionarios presenten sus observaciones adicionales sobre el fondo. Las partes pertinentes de dichas observaciones serán transmitidas al Estado en cuestión a fin de que presente sus observaciones dentro del plazo de cuatro meses.

2. La Secretaría Ejecutiva evaluará solicitudes de prórroga de los plazos mencionados en el inciso precedente, que estén debidamente fundadas. Sin embargo, no concederá prórrogas que excedan de seis meses contados a partir de la fecha del envío de la primera solicitud de observaciones a cada parte.

3. En caso de gravedad y urgencia o cuando se considere que la vida de una persona o su integridad personal se encuentren en peligro real e inminente y una vez abierto el caso, la Comisión solicitará a las partes que envíen sus observaciones adicionales sobre el fondo dentro de un plazo razonable, fijado por la Comisión al considerar las circunstancias de cada caso.

4. Antes de pronunciarse sobre el fondo del caso, la Comisión fijará un plazo para que las partes manifiesten si tienen interés en iniciar el procedimiento de solución amistosa previsto en el artículo 40 del presente Reglamento. En los supuestos previstos en el artículo 30.7 y en el inciso anterior, la Comisión solicitará que las partes se manifiesten de la manera más expedita. Asimismo, la Comisión podrá invitar a las partes a presentar observaciones adicionales por escrito.

5. Si lo estima necesario para avanzar en el conocimiento del caso, la Comisión podrá convocar a las partes a una audiencia, conforme a lo establecido en el Capítulo VI del presente Reglamento.

Artículo 38. Presunción.

Se presumirán verdaderos los hechos alegados en la petición cuyas partes pertinentes hayan sido transmitidas al Estado en cuestión, si éste no suministra información relevante para controvertirlos dentro del plazo fijado por la Comisión conforme al artículo 37 del presente Reglamento, siempre que de otros elementos de convicción no resulte una conclusión contraria.

---

133 Artículo 37 modificado por la Comisión Interamericana en su 147 período ordinario de sesiones, celebrado del 8 al 22 de marzo de 2013.

Artículo 39. Investigación in loco.

1. Si lo considera necesario y conveniente, la Comisión podrá realizar una investigación in loco, para cuyo eficaz cumplimiento solicitará las facilidades pertinentes, que serán proporcionadas por el Estado en cuestión. En casos graves y urgentes, la Comisión podrá realizar una investigación in loco, previo consentimiento del Estado en cuyo territorio se alegue haberse cometido la violación, tan sólo con la presentación de una petición o comunicación que reúna todos los requisitos formales de admisibilidad.

2. La Comisión podrá delegar en uno o más de sus miembros la recepción de prueba testimonial conforme a las reglas establecidas en el artículo 65, incisos 5, 6, 7 y 8.

Artículo 40. Solución amistosa.

1. La Comisión se pondrá a disposición de las partes en cualquier etapa del examen de una petición o caso, por iniciativa propia o a solicitud de cualquiera de ellas a fin de llegar a una solución amistosa del asunto fundada en el respeto de los derechos humanos establecidos en la Convención Americana sobre Derechos Humanos, la Declaración Americana y otros instrumentos aplicables.

2. El procedimiento de solución amistosa se iniciará y continuará con base en el consentimiento de las partes.

3. Cuando lo considere necesario, la Comisión podrá encomendar a uno o más de sus miembros la tarea de facilitar la negociación entre las partes.

4. La Comisión podrá dar por concluida su intervención en el procedimiento de solución amistosa si advierte que el asunto no es susceptible de resolverse por esta vía, o alguna de las partes no consiente en su aplicación, decide no continuar en él, o no muestra la voluntad de llegar a una solución amistosa fundada en el respeto de los derechos humanos.

5. Si se logra una solución amistosa, la Comisión aprobará un informe con una breve exposición de los hechos y de la solución lograda, lo transmitirá a las partes y lo publicará. Antes de aprobar dicho informe, la Comisión verificará si la víctima de la presunta violación o, en su caso, sus derechohabientes, han dado su consentimiento en el acuerdo de solución amistosa. En todos los casos, la solución amistosa deberá fundarse en el respeto de los derechos humanos reconocidos en la Convención Americana sobre Derechos Humanos, la Declaración Americana y otros instrumentos aplicables.

6. De no llegarse a una solución amistosa, la Comisión proseguirá con el trámite de la petición o caso.

Artículo 41. Desistimiento.

El peticionario podrá desistir en cualquier momento de su petición o caso, a cuyo efecto deberá manifestarlo por escrito a la Comisión. La manifestación del peticionario será analizada por la Comisión, que podrá archivar la petición o caso si lo estima procedente, o podrá proseguir el trámite en interés de proteger un derecho determinado.

Artículo 42. Archivo de peticiones y casos[134].

1. En cualquier momento del procedimiento, la Comisión decidirá sobre el archivo del expediente cuando verifique que no existen o subsisten los motivos de la petición o caso. Asimismo, la Comisión podrá decidir sobre el archivo del expediente cuando:

a. no se cuente con la información necesaria para alcanzar una decisión sobre la petición o caso, a pesar de los esfuerzos para obtener dicha información; o

b. la injustificada inactividad procesal del peticionario constituya indicio serio de desinterés en la tramitación de la petición.

2. Antes de considerar el archivo de una petición o caso, se solicitará a los peticionarios que presenten la información necesaria y se les notificará la posibilidad de una decisión de archivo. Una vez expirado el plazo establecido para la presentación de dicha información, la Comisión procederá a adoptar la decisión correspondiente.

3. La decisión de archivo será definitiva, salvo en los siguientes casos:

a. error material;

b. hechos sobrevinientes;

c. información nueva que hubiera afectado la decisión de la Comisión; o

d. fraude.

Artículo 43. Decisión sobre el fondo.

1. La Comisión deliberará sobre el fondo del caso, a cuyo efecto preparará un informe en el cual examinará los alegatos, las pruebas suministradas por las partes, y la información obtenida durante audiencias y observaciones in loco. Asimismo, la Comisión podrá tener en cuenta otra información de público conocimiento.

2. Las deliberaciones de la Comisión se harán en privado y todos los aspectos del debate serán confidenciales.

3. Toda cuestión que deba ser puesta a votación se formulará en términos precisos en uno de los idiomas de trabajo de la Comisión. A petición de cualquiera de los miembros, el texto será traducido por la Secretaría

134 Artículo 42 modificado por la Comisión Interamericana en su 147 período ordinario de sesiones, celebrado del 8 al 22 de marzo de 2013.

Ejecutiva a uno de los otros idiomas oficiales de la Comisión y se distribuirá antes de la votación.

4. Las actas referentes a las deliberaciones de la Comisión se limitarán a mencionar el objeto del debate y la decisión aprobada, así como los votos razonados y las declaraciones hechas para constar en acta. Si el informe no representa, en todo o en parte, la opinión unánime de los miembros de la Comisión, cualquiera de ellos podrá agregar su opinión por separado siguiendo el procedimiento establecido en el artículo 19 inciso 4 del presente Reglamento.

Artículo 44. Informe sobre el fondo[135].

Luego de la deliberación y voto sobre el fondo del caso, la Comisión procederá de la siguiente manera:

1. Si establece que no hubo violación en un caso determinado, así lo manifestará en su informe sobre el fondo. El informe será transmitido a las partes, y será publicado e incluido en el Informe Anual de la Comisión a la Asamblea General de la OEA.

2. Si establece una o más violaciones, preparará un informe preliminar con las proposiciones y recomendaciones que juzgue pertinentes y lo transmitirá al Estado en cuestión. En tal caso, fijará un plazo dentro del cual el Estado en cuestión deberá informar sobre las medidas adoptadas para cumplir las recomendaciones. El Estado no estará facultado para publicar el informe hasta que la Comisión adopte una decisión al respecto.

3. Notificará al peticionario la adopción del informe y su transmisión al Estado. En el caso de los Estados parte en la Convención Americana que hubieran aceptado la jurisdicción contenciosa de la Corte Interamericana, al notificar al peticionario la Comisión le dará la oportunidad de presentar, dentro del plazo de un mes, su posición respecto del sometimiento del caso a la Corte. Si el peticionario tuviera interés en que el caso sea sometido a la Corte, deberá presentar los siguientes elementos:

a. la posición de la víctima o sus familiares, si fueran distintos del peticionario;

b. los fundamentos con base en los cuales considera que el caso debe ser remitido a la Corte; y

c. las pretensiones en materia de reparaciones y costas.

135 Artículo 44 modificado por la Comisión Interamericana en su 147 período ordinario de sesiones, celebrado del 8 al 22 de marzo de 2013.

Artículo 45. Sometimiento del caso a la Corte.

1. Si el Estado en cuestión ha aceptado la jurisdicción de la Corte Interamericana, de conformidad con el artículo 62 de la Convención Americana, y la Comisión considera que no ha cumplido las recomendaciones del informe aprobado de acuerdo con el artículo 50 del referido instrumento, someterá el caso a la Corte, salvo por decisión fundada de la mayoría absoluta de los miembros de la Comisión.

2. La Comisión considerará fundamentalmente la obtención de justicia en el caso particular, fundada entre otros, en los siguientes elementos:

a. la posición del peticionario;

b. la naturaleza y gravedad de la violación;

c. la necesidad de desarrollar o aclarar la jurisprudencia del sistema; y

d. el eventual efecto de la decisión en los ordenamientos jurídicos de los Estados miembros.

Artículo 46. Suspensión del plazo para el sometimiento del caso a la Corte[136].

1. La Comisión podrá considerar a solicitud del Estado interesado la suspensión del plazo previsto en el artículo 51.1 de la Convención Americana para el sometimiento del caso a la Corte, cuando estuvieren reunidas las siguientes condiciones:

a. que el Estado haya demostrado su voluntad y capacidad de implementar las recomendaciones contenidas en el informe sobre el fondo, mediante la adopción de acciones concretas e idóneas orientadas a su cumplimiento. A tal efecto, la Comisión podrá tomar en cuenta la existencia de leyes internas que establezcan un mecanismo de cumplimiento de sus recomendaciones; y

b. que en su solicitud el Estado acepte en forma expresa e irrevocable la suspensión del plazo previsto en el artículo 51.1 de la Convención Americana para el sometimiento del caso a la Corte y, consecuentemente, renuncie expresamente a interponer excepciones preliminares respecto del cumplimiento con dicho plazo, en la eventualidad de que el asunto sea remitido a la Corte.

2. Para el establecimiento de los plazos de suspensión, la Comisión podrá tener en cuenta los siguientes factores:

a. la complejidad del asunto y de las medidas necesarias para cumplir con las recomendaciones de la Comisión, en particular cuando impliquen el involucramiento de diferentes ramas del Poder Público, o la coordinación entre Gobiernos centrales y regionales, entre otras;

---

136 Artículo 46 modificado por la Comisión Interamericana en su 147 período ordinario de sesiones, celebrado del 8 al 22 de marzo de 2013.

b. las medidas adoptadas por el Estado para el cumplimiento de las recomendaciones con anterioridad a la solicitud de la extensión del plazo; y

c. la posición del peticionario.

Artículo 47. Publicación del informe.

1. Si dentro del plazo de tres meses a partir de la transmisión del informe preliminar al Estado en cuestión, el asunto no ha sido solucionado o, en el caso de los Estados que hubieran aceptado la jurisdicción de la Corte Interamericana, no ha sido sometido a la decisión de ésta por la Comisión o por el propio Estado, la Comisión podrá emitir, por mayoría absoluta de votos, un informe definitivo que contenga su opinión y conclusiones finales y recomendaciones.

2. El informe definitivo será transmitido a las partes, quienes presentarán, en el plazo fijado por la Comisión, información sobre el cumplimiento de las recomendaciones.

3. La Comisión evaluará el cumplimiento de sus recomendaciones con base en la información disponible y decidirá, por mayoría absoluta de votos de sus miembros, sobre la publicación del informe definitivo. La Comisión decidirá asimismo sobre su inclusión en el Informe Anual a la Asamblea General de la OEA o su publicación en cualquier otro medio que considere apropiado.

Artículo 48. Seguimiento.

1. Una vez publicado un informe sobre solución amistosa o sobre el fondo en los cuales haya formulado recomendaciones, la Comisión podrá tomar las medidas de seguimiento que considere oportunas, tales como solicitar información a las partes y celebrar audiencias, con el fin de verificar el cumplimiento con los acuerdos de solución amistosa y recomendaciones.

2. La Comisión informará de la manera que considere pertinente sobre los avances en el cumplimiento de dichos acuerdos y recomendaciones.

Artículo 49. Certificación de informes.

Los originales de los informes firmados por los Comisionados que participaron en su adopción serán depositados en los archivos de la Comisión. Los informes transmitidos a las partes serán certificados por la Secretaría Ejecutiva.

Artículo 50. Comunicaciones interestatales.

1. La comunicación presentada por un Estado parte en la Convención Americana sobre Derechos Humanos, que ha aceptado la competencia de la Comisión para recibir y examinar tales comunicaciones contra otros Estados parte, será transmitida al Estado parte aludido, sea que éste haya aceptado o no la competencia de la Comisión. En caso de no haberla aceptado, la comu-

nicación será transmitida a los efectos de que dicho Estado pueda ejercer su opción bajo el artículo 45, párrafo 3, de la Convención, para reconocer esa competencia en el caso específico objeto de la comunicación.

2. Aceptada la competencia por el Estado aludido para conocer de la comunicación del otro Estado parte, el respectivo trámite se regirá por las disposiciones de este Capítulo II, en lo que le sean aplicables.

CAPÍTULO III
Peticiones referentes a Estados que no son partes en la Convención Americana sobre Derechos Humanos

Artículo 51. Recepción de la petición.

La Comisión recibirá y examinará la petición que contenga una denuncia sobre presuntas violaciones de los derechos humanos consagrados en la Declaración Americana de los Derechos y Deberes del Hombre con relación a los Estados miembros de la Organización que no sean partes en la Convención Americana sobre Derechos Humanos.

Artículo 52. Procedimiento aplicable.

El procedimiento aplicable a las peticiones referentes a Estados miembros de la OEA que no son partes en la Convención Americana será el establecido en las disposiciones generales contenidas en el Capítulo I del Título II; en los artículos 28 al 44 y 47 al 49 de este Reglamento.

CAPÍTULO IV
Observaciones *in loco*

Artículo 53. Designación de Comisión Especial.

Las observaciones *in loco* se practicarán, en cada caso, por una Comisión Especial designada a ese efecto. La determinación del número de miembros de la Comisión Especial y la designación de su Presidente corresponderán a la Comisión. En casos de extrema urgencia, tales decisiones podrán ser adoptadas por el Presidente, ad-referéndum de la Comisión.

Artículo 54. Impedimento.

El miembro de la Comisión que sea nacional o que resida en el territorio del Estado en donde deba realizarse una observación *in loco* estará impedido de participar en ella.

Artículo 55. Plan de actividades.

La Comisión Especial organizará su propia labor. A tal efecto, podrá asignar a sus miembros cualquier actividad relacionada con su misión y, en consulta con el Secretario Ejecutivo, a funcionarios de la Secretaría Ejecutiva o al personal necesario.

Artículo 56. Facilidades y garantías necesarias.

El Estado que invite a la Comisión Interamericana de Derechos Humanos a una observación *in loco*, u otorgue su anuencia a dicho efecto, concederá a la Comisión Especial todas las facilidades necesarias para llevar a cabo su misión y, en particular, se comprometerá a no tomar represalias de ningún orden en contra de las personas o entidades que hayan cooperado con ella mediante informaciones o testimonios.

Artículo 57. Otras normas aplicables.

Sin perjuicio de lo dispuesto en el artículo anterior, las observaciones *in loco* que acuerde la Comisión Interamericana se realizarán de conformidad con las siguientes normas:

a. la Comisión Especial o cualquiera de sus miembros podrá entrevistar, libre y privadamente, a personas, grupos, entidades o instituciones;

b. el Estado deberá otorgar las garantías necesarias a quienes suministren a la Comisión Especial informaciones, testimonios o pruebas de cualquier carácter;

c. los miembros de la Comisión Especial podrán viajar libremente por todo el territorio del país, para lo cual el Estado otorgará todas las facilidades del caso, incluyendo la documentación necesaria;

d. el Estado deberá asegurar la disponibilidad de medios de transporte local;

e. los miembros de la Comisión Especial tendrán acceso a las cárceles y todos los otros sitios de detención e interrogación y podrán entrevistar privadamente a las personas recluidas o detenidas;

f. el Estado proporcionará a la Comisión Especial cualquier documento relacionado con la observancia de los derechos humanos que ésta considere necesario para la preparación de su informe;

g. la Comisión Especial podrá utilizar cualquier medio apropiado para filmar, tomar fotografías, recoger, documentar, grabar o reproducir la información que considere oportuna;

h. el Estado adoptará las medidas de seguridad adecuadas para proteger a la Comisión Especial;

i. el Estado asegurará la disponibilidad de alojamiento apropiado para los miembros de la Comisión Especial;

j. las mismas garantías y facilidades indicadas en el presente artículo para los miembros de la Comisión Especial se extenderán al personal de la Secretaría Ejecutiva; y

k. los gastos en que incurra la Comisión Especial, cada uno de sus integrantes y el personal de la Secretaría Ejecutiva serán sufragados por la OEA, con sujeción a las disposiciones pertinentes.

CAPÍTULO V
Informe anual y otros informes de la Comisión

Artículo 58. Preparación de informes.

La Comisión rendirá un informe anual a la Asamblea General de la OEA. Además, la Comisión preparará los estudios e informes que considere convenientes para el desempeño de sus funciones, y los publicará del modo que juzgue oportuno. Una vez aprobada su publicación, la Comisión los transmitirá por intermedio de la Secretaría General a los Estados miembros de la OEA y sus órganos pertinentes.

Artículo 59. Informe Anual[137].

1. El Informe Anual de la Comisión a la Asamblea General de la Organización tendrá dos volúmenes.

2. El primer volumen incluirá lo siguiente:

a. una introducción con el progreso alcanzado en la consecución de los objetivos señalados en la Declaración Americana, la Convención Americana y los demás instrumentos interamericanos en materia de derechos humanos, así como el estado de ratificación de éstos; la relación del origen, bases jurídicas, estructura y fines de la Comisión; y los mandatos conferidos a la Comisión por los instrumentos interamericanos en materia de derechos humanos, por la Asamblea General de la Organización y por otros órganos competentes.

b. en el Capítulo I,

i. una lista de los períodos de sesiones celebrados durante el lapso cubierto por el informe, y de otras actividades desarrolladas por la Comisión para el cumplimiento de sus fines, objetivos y mandatos; y

ii. un resumen de las actividades desarrolladas por la Comisión con la Corte, otros órganos de la OEA, y organismos regionales o universales de la misma índole, así como los resultados logrados.

c. en el Capítulo II, una relación del sistema de peticiones y casos, que particularice:

i. la información sobre las peticiones en estudio inicial;

---

137 Artículo 59 modificado por la Comisión Interamericana en su 147 período ordinario de sesiones, celebrado del 8 al 22 de marzo de 2013.

ii. las peticiones declaradas admisibles e inadmisibles y los informes respectivos;

iii. los informes de fondo emitidos;

iv. las soluciones amistosas homologadas;

v. los informes de archivo adoptados;

vi. las medidas cautelares otorgadas; y

vii. el estado del cumplimiento de las recomendaciones en casos individuales.

d. en el Capítulo III, una relación de las actividades de las Relatorías, Relatorías Especiales y Unidades Temáticas, incluyendo una referencia a cada uno de los informes producidos por ellas, así como a otras actividades de promoción.

e. en el Capítulo IV,

i. la sección «A», un panorama anual sobre la situación de los derechos humanos en el hemisferio, derivado de la labor de monitoreo de la Comisión, destacando las principales tendencias, problemas, desafíos, avances y buenas prácticas respecto tanto de los derechos civiles y políticos como de los derechos económicos, sociales y culturales; y

ii. la sección «B», los informes especiales que la Comisión considere necesarios sobre la situación de los derechos humanos en los Estados miembros conforme a los criterios, metodología y procedimiento a los que hacen referencia los incisos siguientes.

f. en el Capítulo V, informes de seguimiento, en los que se destacarán los progresos alcanzados y las dificultades para la efectiva observancia de los derechos humanos.

g. en el Capítulo VI, una reseña de las actividades de desarrollo institucional, incluyendo información sobre los recursos financieros y la ejecución del presupuesto de la Comisión.

3. En un segundo volumen de su Informe Anual, la Comisión incorporará los informes de país, temáticos o regionales producidos o publicados durante el año, incluyendo los de Relatorías, Relatorías Especiales y Unidades Temáticas.

4. La Comisión aplicará las reglas establecidas en los incisos 5 a 9 de este artículo en la preparación de los Capítulos IV y V de su Informe Anual en el ejercicio de su mandato de promover y proteger los derechos humanos y, en particular, de su deber de informar a los Estados miembros de la OEA sobre la situación de los derechos humanos que pueden requerir una respuesta por parte de los órganos políticos y la atención prioritaria de la Comisión.

5. La Comisión utilizará información confiable y convincente obtenida de las siguientes fuentes:

a. actos oficiales del Estado, en todos los niveles y en cualquiera de sus ramas, incluyendo enmiendas constitucionales, legislación, decretos, decisiones judiciales, pronunciamientos de política, comunicaciones oficiales a la Comisión y a otros órganos de derechos humanos, así como cualquier otro pronunciamiento o acción atribuible al Estado;

b. información disponible en los casos, peticiones y medidas cautelares y provisionales en el Sistema Interamericano, así como información sobre el cumplimiento por parte del Estado de las recomendaciones de la Comisión y sentencias de la Corte Interamericana;

c. información obtenida en visitas *in loco* de la Comisión Interamericana, sus Relatores, y sus funcionarios;

d. información obtenida mediante audiencias públicas celebradas por la Comisión Interamericana durante sus sesiones;

e. conclusiones de otros órganos internacionales de derechos humanos, incluyendo los órganos de tratados, Relatores, grupos de trabajo, el Consejo de Derechos Humanos y otros órganos y agencias especializadas de la Organización de las Naciones Unidas;

f. informes de derechos humanos de Gobiernos y de órganos regionales; g. informes de organizaciones de la sociedad civil e información presentada por éstas y por particulares; e h. información pública ampliamente diseminada en los medios de comunicación.

6. Los criterios para la inclusión de un Estado miembro en el Capítulo IV.B del Informe Anual son los siguientes:

a. una violación grave de los elementos fundamentales y las instituciones de la democracia representativa previstos en la Carta Democrática Interamericana, que son medios esenciales para la realización de los derechos humanos, entre ellos:

i. si hubiera acceso discriminatorio o un ejercicio abusivo del poder que socave o contraríe el Estado de Derecho, tales como la infracción sistemática de la independencia del Poder Judicial o la falta de subordinación de las instituciones del Estado a la autoridad civil legalmente constituida;

ii. si se hubiera producido una alteración del orden constitucional que afecte gravemente el orden democrático; o

iii. cuando un Gobierno democráticamente constituido fuera derrocado por la fuerza o el Gobierno actual haya llegado al poder por otros medios distintos a las elecciones libres, justas y basadas en el sufragio universal y secreto, de conformidad con las normas internacionalmente aceptadas y los principios recogidos en la Carta Democrática Interamericana.

b. la suspensión ilegítima, total o parcial, del libre ejercicio de los derechos garantizados en la Declaración Americana o la Convención Americana, en razón de la imposición de medidas excepcionales tales como la declaratoria de un estado de emergencia, de un estado de sitio, la suspensión de garantías constitucionales, o medidas excepcionales de seguridad.

c. la comisión, por parte de un Estado, de violaciones masivas, graves y sistemáticas de los derechos humanos garantizados en la Declaración Americana, la Convención Americana, o los demás instrumentos de derechos humanos aplicables.

d. la presencia de otras situaciones estructurales que afecten seria y gravemente el goce y disfrute de los derechos fundamentales consagrados en la Declaración Americana, la Convención Americana o los demás instrumentos de derechos humanos aplicables. Entre otros factores a ponderar, estarán los siguientes:

i. graves crisis institucionales que infrinjan el disfrute de derechos humanos;

ii. incumplimiento sistemático del Estado con su obligación de combatir la impunidad, atribuible a una falta de voluntad manifiesta;

iii. omisiones graves en la adopción de disposiciones necesarias para hacer efectivos los derechos fundamentales o para cumplir las decisiones de la Comisión y la Corte Interamericana; y iv. violaciones sistemáticas de derechos humanos atribuibles al Estado en el marco de un conflicto armado interno.

7. La decisión sobre los países específicos a incluir en el Capítulo IV.B será adoptada por la Comisión cada año de conformidad con el quórum especial previsto en el artículo 18 del presente Reglamento. La inclusión de un Estado en dicho capítulo un determinado año no crea una presunción para su inclusión en el mismo en el año siguiente. Cuando la Comisión reciba del Estado concernido información que conduzca a la conclusión de que han sido superadas las condiciones que motivaron su inclusión, no lo incluirá en el mismo, salvo que nuevas razones así lo exijan.

8. Cuando un Estado incluido en el Capítulo IV.B del Informe Anual haya sido objeto de una visita *in loco*, no se le incorporará en dicho capítulo del Informe Anual correspondiente al año de la visita. El monitoreo de la situación de los derechos humanos de ese año en dicho Estado se realizará a través del informe de país preparado en relación con la visita *in loco*. Una vez que el informe de país haya sido publicado, la Comisión dará seguimiento al cumplimiento de las respectivas recomendaciones a través del Capítulo V de su Informe Anual. Con posterioridad, la Comisión decidirá, de conformidad con el presente Reglamento, si el monitoreo de la situación de los derechos humanos en el respectivo país debe ser incluido en alguno de los capítulos mencionados del Informe Anual.

9. A través del Capítulo V de su Informe Anual, la Comisión dará seguimiento a las medidas adoptadas para dar cumplimiento a las recomendaciones formuladas en los informes de país o temáticos, o en informes publicados previamente en el Capítulo IV.B.

10. En forma previa a la publicación en los Capítulos IV.B y V del Informe Anual, la Comisión transmitirá una copia preliminar al Estado respectivo. Éste podrá enviar a la Comisión una respuesta dentro del plazo máximo de un mes a partir de la transmisión del informe; esta respuesta estará disponible a través de un vínculo electrónico en la página de la Comisión, a menos que el Estado solicite lo contrario.

11. La Comisión incluirá en su Informe Anual cualquier otra información, observación o recomendación que considere pertinente someter a la Asamblea General.

Artículo 60. Informe sobre derechos humanos en un Estado.

La elaboración de un informe general o especial sobre la situación de los derechos humanos en un Estado determinado se ajustará a las siguientes normas:

a. una vez que el proyecto de informe haya sido aprobado por la Comisión se transmitirá al Gobierno del Estado en cuestión, para que formule las observaciones que juzgue pertinentes;

b. la Comisión indicará a dicho Estado el plazo dentro del cual debe presentar las observaciones;

c. recibidas las observaciones del Estado, la Comisión las estudiará y a la luz de ellas podrá mantener o modificar su informe y decidir acerca de las modalidades de su publicación;

d. si al vencimiento del plazo fijado el Estado no ha presentado observación alguna, la Comisión publicará el informe del modo que juzgue apropiado;

e. luego de aprobada su publicación, la Comisión los transmitirá por intermedio de la Secretaría General a los Estados miembros y a la Asamblea General de la OEA.

CAPÍTULO VI
Audiencias ante la Comisión

Artículo 61. Iniciativa.

La Comisión podrá celebrar audiencias por iniciativa propia o a solicitud de parte interesada. La decisión de convocar a las audiencias será adoptada por el Presidente de la Comisión, a propuesta del Secretario Ejecutivo.

Artículo 62. Objeto.

Las audiencias podrán tener por objeto recibir información de las partes con relación a alguna petición, caso en trámite ante la Comisión, seguimiento de recomendaciones, medidas cautelares, o información de carácter general o particular relacionada con los derechos humanos en uno o más Estados miembros de la OEA.

Artículo 63. Garantías.

El Estado en cuestión deberá otorgar las garantías pertinentes a todas las personas que concurran a una audiencia o que durante ella suministren a la Comisión informaciones, testimonios o pruebas de cualquier carácter. Dicho Estado no podrá enjuiciar a los testigos ni a los peritos, ni ejercer represalias contra ellos o sus familiares, a causa de sus declaraciones o dictámenes rendidos ante la Comisión.

Artículo 64. Audiencias sobre peticiones o casos.

1. Las audiencias sobre peticiones o casos tendrán por objeto recibir exposiciones verbales y escritas de las partes sobre hechos nuevos e información adicional a la que ha sido aportada durante el procedimiento. La información podrá referirse a alguna de las siguientes cuestiones: admisibilidad; inicio o desarrollo del procedimiento de solución amistosa; comprobación de los hechos; fondo del asunto; seguimiento de recomendaciones; o cualquier otra cuestión relativa al trámite de la petición o caso.

2. Las solicitudes de audiencia deberán ser presentadas por escrito con una anticipación no menor a 50 días del inicio del correspondiente período de sesiones de la Comisión. Las solicitudes de audiencia indicarán su objeto y la identidad de los participantes.

3. Si la Comisión accede a la solicitud o decide celebrarla por iniciativa propia, deberá convocar a ambas partes. Si una parte debidamente notificada no comparece, la Comisión proseguirá con la audiencia. La Comisión adoptará las medidas necesarias para preservar la identidad de los peritos y testigos, si estima que éstos requieren tal protección.

4. La Secretaría Ejecutiva informará a las partes acerca de la fecha, lugar y hora de la audiencia, con una anticipación no menor a un mes de su celebración. Sin embargo, en circunstancias excepcionales, dicho plazo podrá ser menor.

Artículo 65. Presentación y producción de pruebas.

1. Durante la audiencia, las partes podrán presentar cualquier documento, testimonio, informe pericial o elemento de prueba. A petición de parte o de oficio, la Comisión podrá recibir el testimonio de testigos o peritos.

2. Con relación a las pruebas documentales presentadas durante la audiencia, la Comisión otorgará a las partes un plazo prudencial para que presenten sus observaciones.

3. La parte que proponga testigos o peritos para una audiencia deberá manifestarlo en su solicitud. A tal efecto, identificará al testigo o perito y el objeto de su testimonio o peritaje.

4. Al decidir sobre la solicitud de audiencia, la Comisión determinará asimismo la recepción de la prueba testimonial o pericial propuesta.

5. El ofrecimiento de los testimonios y pericias por una de las partes será notificado a la otra parte por la Comisión.

6. En circunstancias extraordinarias, a criterio de la Comisión, con el fin de salvaguardar la prueba, podrá recibir testimonios en las audiencias sin sujeción a lo dispuesto en el párrafo anterior. En tales circunstancias, tomará las medidas necesarias para garantizar el equilibrio procesal de las partes en el asunto sometido a su consideración.

7. La Comisión oirá a un testigo a la vez, y los restantes permanecerán fuera de la sala. Los testigos no podrán leer sus presentaciones ante la Comisión.

8. Antes de su intervención, los testigos y peritos deberán identificarse y prestar juramento o promesa solemne de decir la verdad. A solicitud expresa del interesado, la Comisión podrá mantener en reserva la identidad del testigo o perito cuando sea necesario para proteger a éstos o a otras personas.

Artículo 66. Audiencias de carácter general.

1. Los interesados en presentar a la Comisión testimonios o informaciones sobre la situación de los derechos humanos en uno o más Estados, o sobre asuntos de interés general, deberán solicitar por escrito una audiencia a la Secretaría Ejecutiva, con una anticipación no menor a 50 días del inicio del correspondiente período de sesiones de la Comisión.

2. El solicitante deberá expresar el objeto de la comparecencia, una síntesis de las materias que serán expuestas, el tiempo aproximado que consideran necesario para tal efecto, y la identidad de los participantes.

3. Cuando la Comisión acceda a solicitudes de audiencia sobre la situación de los derechos humanos en un país, convocará al Estado interesado, a menos que decida mantener una audiencia privada conforme al artículo 68.

4. Si lo considera apropiado, la Comisión podrá convocar a otros interesados a participar de las audiencias sobre la situación de derechos humanos en uno o más Estados o sobre asuntos de interés general.

5. La Secretaría Ejecutiva informará acerca de la fecha, lugar y hora de la audiencia, con una anticipación no menor a un mes de su celebración. Sin embargo, en circunstancias excepcionales, dicho plazo podrá ser menor.

Artículo 67. Participación de los Comisionados.

El Presidente de la Comisión podrá conformar grupos de trabajo para atender el programa de audiencias.

Artículo 68. Publicidad de las audiencias.

Las audiencias serán públicas. Cuando circunstancias excepcionales así lo justifiquen, la Comisión, por iniciativa propia o a solicitud de parte interesada podrá celebrar audiencias privadas y decidirá quiénes podrán asistir a ellas.

Esta decisión corresponderá exclusivamente a la Comisión, que deberá informar al respecto a las partes antes del inicio de la audiencia, en forma oral o escrita. Aun en estos casos, se levantarán actas en los términos previstos por el artículo 70 de este Reglamento.

Artículo 69. Gastos.

La parte que proponga la producción de pruebas en una audiencia costeará todos los gastos que aquella ocasione.

Artículo 70. Documentos y actas de las audiencias.

1. En cada audiencia se levantará un acta resumida, en la que constará el día y la hora de celebración, los nombres de los participantes, las decisiones adoptadas y los compromisos asumidos por las partes. Los documentos presentados por las partes en la audiencia se agregarán como anexos al acta.

2. Las actas de las audiencias son documentos internos de trabajo de la Comisión. Si una parte lo solicita, la Comisión le extenderá una copia salvo que, a juicio de ésta, su contenido pudiera implicar algún riesgo para las personas.

3. La Comisión grabará los testimonios y los podrá poner a disposición de las partes que lo soliciten.

TÍTULO III
Relaciones con la Corte Interamericana de Derechos Humanos

CAPÍTULO I
Delegados, asesores, testigos y expertos

Artículo 71. Delegados y asesores.

1. La Comisión encomendará a uno o más de sus miembros, y a su Secretario Ejecutivo, su representación para que participen, con carácter de delegados, en la consideración de cualquier asunto ante la Corte Interamericana de Derechos Humanos. Tal representación tendrá vigencia mientras el delegado ostente la condición de Comisionado o de Secretario Ejecutivo, sin perjuicio de que en circunstancias excepcionales la Comisión pueda decidir extender la duración de tal representación.

2. Al nombrar su delegado o delegados, la Comisión le impartirá las instrucciones que considere necesarias para orientar su actuación ante la Corte.

3. Cuando se designe a más de un delegado, la Comisión atribuirá a uno de ellos la responsabilidad de resolver las situaciones no contempladas en las instrucciones o las dudas planteadas por un delegado.

4. Los delegados podrán ser asistidos por cualquier persona designada por la Comisión en calidad de asesores. En el ejercicio de sus funciones, los asesores actuarán de conformidad con las instrucciones de los delegados.

Artículo 72. Peritos[138].

1. La Comisión podrá solicitar a la Corte la comparecencia de peritos. 2. La presentación de dichos peritos se ajustará a lo dispuesto en el Reglamento de la Corte.

CAPÍTULO II
Del procedimiento ante la Corte

Artículo 73. Notificación al Estado y al peticionario.

Si la Comisión decide someter un caso a la Corte, el Secretario Ejecutivo notificará tal decisión de inmediato al Estado, al peticionario y a la víctima. Con dicha comunicación, la Comisión transmitirá al peticionario todos los elementos necesarios para la preparación y presentación de la demanda.

Artículo 74. Remisión del caso a la Corte.

1. Cuando la Comisión de conformidad con el artículo 61 de la Convención Americana sobre Derechos Humanos y el artículo 45 del presente Reglamento decida someter un caso a la jurisdicción contenciosa de la Corte Interamericana, remitirá al Tribunal, a través de su Secretaría, copia del informe previsto en el Artículo 50 de la Convención Americana acompañado de copia del expediente en trámite ante la Comisión, con exclusión de los documentos de trabajo interno, más cualquier otro documento que considere útil para el conocimiento del caso.

2. La Comisión remitirá asimismo una nota de envío del caso a la Corte, la cual podrá contener:

a. los datos disponibles de las víctimas o sus representantes debidamente acreditados, con la indicación de si el peticionario ha solicitado reserva de identidad;

b. su evaluación sobre el grado de cumplimiento de las recomendaciones formuladas en el informe de fondo;

c. el motivo por el cual se decidió someter el caso a la Corte;

d. los nombres de sus delegados; y

e. cualquier otra información que considere útil para el conocimiento del caso.

---

138 Artículo 72 modificado por la Comisión Interamericana en su 147 período ordinario de sesiones, celebrado del 8 al 22 de marzo de 2013.

3. Una vez sometido el caso a la jurisdicción de la Corte, la Comisión hará público el informe aprobado conforme al artículo 50 de la Convención Americana y la nota de envío del caso a la Corte.

Artículo 75. Remisión de otros elementos.

La Comisión remitirá a la Corte, a solicitud de ésta, cualquier otra petición, prueba, documento o información relativa al caso, con la excepción de los documentos referentes a la tentativa infructuosa de lograr una solución amistosa. La transmisión de los documentos estará sujeta, en cada caso, a la decisión de la Comisión, la que deberá excluir el nombre e identidad del peticionario, si éste no autorizara la revelación de estos datos.

Artículo 76. Medidas Provisionales[139].

1. La Comisión podrá solicitar medidas provisionales a la Corte en situaciones de extrema gravedad y urgencia cuando se haga necesario para evitar daños irreparables a las personas. Al tomar esta decisión, la Comisión considerara la posición de los beneficiarios o sus representantes.

2. La Comisión considerará los siguientes criterios para presentar la solicitud de medidas provisionales:

a. cuando el Estado concernido no haya implementado las medidas cautelares otorgadas por la Comisión;

b. cuando las medidas cautelares no hayan sido eficaces;

c. cuando exista una medida cautelar conectada a un caso sometido a la jurisdicción de la Corte;

d. cuando la Comisión lo estime pertinente al mejor efecto de las medidas solicitadas, para lo cual fundamentará sus motivos.

TÍTULO IV
Disposiciones finales

Artículo 77.

Cómputo calendario Todos los plazos señalados en el presente Reglamento —en número de días— se entenderán computados en forma calendaria.

Artículo 78. Interpretación.

Cualquier duda que surgiere en lo que respecta a la interpretación del presente Reglamento, deberá ser resuelta por la mayoría absoluta de los miembros de la Comisión.

139 Artículo 76 modificado por la Comisión Interamericana en su 147 período ordinario de sesiones, celebrado del 8 al 22 de marzo de 2013.

Artículo 79. Modificación del Reglamento[140].

El presente Reglamento será modificado, previa consulta pública, por la mayoría absoluta de los miembros de la Comisión.

Artículo 80. Disposición transitoria.

El presente Reglamento, cuyos textos en español e inglés son igualmente idénticos, entrará en vigor el 31 de diciembre de 2009.

3. Reglamento de la Comisión Interamericana de Derechos Humanos sobre el Fondo de asistencia legal del sistema interamericano de Derechos Humanos, 11 de noviembre de 2009

Artículo 1. Objeto.

El presente Reglamento tiene por objeto regular el funcionamiento del Fondo de Asistencia Legal para las Víctimas en relación con la Comisión Interamericana de Derechos Humanos.

Artículo 2. Asistencia legal.

La Comisión podrá conceder recursos del Fondo de asistencia legal a solicitud expresa del peticionario o peticionaria en una denuncia que haya sido declarada admisible o respecto a la cuál la Comisión haya comunicado su decisión de acumular el análisis de admisibilidad con el fondo del asunto.

Artículo 3. Criterio de necesidad y disponibilidad de recursos del Fondo.

El beneficio de asistencia legal se otorgará bajo la condición de que haya recursos disponibles, a aquellas personas que demuestren la carencia de recursos suficientes para sufragar total o parcialmente los gastos descritos en el artículo 4 del presente Reglamento.

Artículo 4. Objeto de la asistencia legal.

Los recursos del beneficio de asistencia legal a la que se refiere el presente Reglamento se destinarán a la recolección y remisión de documentos probatorios, así como los gastos relacionados con la comparecencia de la presunta víctima, testigos o peritos a audiencias ante la Comisión, y otros gastos que la Comisión estime pertinentes para el procesamiento de una petición o de un caso.

---

140 Artículo 79 modificado por la Comisión Interamericana en su 147 período ordinario de sesiones, celebrado del 8 al 22 de marzo de 2013.

Artículo 5. Postulación al beneficio de asistencia legal.

Quien desee postularse al beneficio de asistencia legal, deberá demostrar, mediante declaración jurada y otros medios probatorios idóneos, que carece de recursos suficientes para solventar los gastos descritos en el artículo 4 del presente Reglamento e indicar con precisión qué gastos requieren el uso de recursos del Fondo y su relación con la petición o caso.

Artículo 6. Determinación de la procedencia de la solicitud.

La Secretaría Ejecutiva de la Comisión Interamericana hará un examen preliminar de la solicitud y de ser necesario, requerirá información adicional al solicitante. Una vez completado el examen preliminar, la Secretaría someterá la solicitud a consideración del Consejo Directivo del Fondo.

El Consejo Directivo analizará cada una de las solicitudes que se presenten, determinará su procedencia e indicará qué aspectos del procesamiento de la denuncia podrán ser cubiertos con recursos del Fondo.

La decisión sobre el otorgamiento de recursos para cubrir los gastos de participación de presuntas víctimas, testigos y peritos en audiencias públicas será diferida hasta el momento de conceder dicha audiencia.

En caso de otorgarse el beneficio, el o la beneficiaria recibirá los recursos asignados por adelantado y se le exigirá remitir los documentos de soporte de gastos con posterioridad.

Artículo 7. Composición del Consejo Directivo del Fondo de asistencia legal.

El Consejo Directivo del Fondo de asistencia legal estará compuesto por un representante de la Comisión Interamericana y un representante de la Secretaría General de la OEA.

Artículo 8. Administración financiera del Fondo de asistencia legal.

La administración financiera del Fondo de Asistencia Legal, en lo relativo a la cuenta de la Comisión Interamericana de Derechos Humanos, estará a cargo de la Secretaría de Administración y Finanzas de la Secretaría General de la OEA. Una vez que el Consejo Directivo del Fondo determine la procedencia de la solicitud y ésta haya sido notificada al beneficiario o beneficiaria, la Secretaría de Administración y Finanzas de la Secretaría General de la OEA abrirá un expediente de gastos para el caso en particular, en el que se documentarán las erogaciones que se realicen conforme a los parámetros establecidos por el Consejo Directivo.

Artículo 9. Reintegro de los gastos al Fondo de asistencia legal.

La Comisión incluirá en las recomendaciones del informe sobre los méritos de una petición, con base en el artículo 50 de la Convención Americana o 45 de su Reglamento, según sea el caso, la estimación de los gastos que hayan sido realizadas con cargo al Fondo de Asistencia Legal para que el Estado concernido disponga su reintegro a dicho Fondo.

Artículo 10. Publicidad.

La Comisión publicará anualmente un breve informe sobre las erogaciones realizadas con cargo al Fondo de Asistencia Legal.

Artículo 11. Interpretación.

Cualquier duda que surgiere en la interpretación del presente Reglamento, deberá ser resuelta por la mayoría absoluta de los miembros de la Comisión.

Artículo 12. Reformas al Reglamento.

El presente Reglamento podrá ser modificado por la mayoría absoluta de los miembros de la Comisión.

Artículo 13. Entrada en vigor.

El presente Reglamento entrará en vigor el 1 de marzo de 2011.

4. Resolución 3/2018. Fortalecimiento al trámite de solicitudes de medidas cautelares, 10 de mayo de 2018

De conformidad con el artículo 25 del Reglamento la Comisión otorga medidas cautelares en situaciones que son graves y urgentes, y en las cuales tales medidas son necesarias para prevenir un daño irreparable a las personas. Entre las y los beneficiarios de medidas cautelares se encuentran defensores y defensoras de derechos humanos, periodistas y sindicalistas, grupos en situación de vulnerabilidad tales como mujeres, niños, niñas y adolescentes, comunidades afrodescendientes, pueblos indígenas, personas desplazadas forzadamente, integrantes de la comunidad LGTBI, personas privadas de libertad, migrantes, personas mayores y con discapacidad. Las medidas cautelares de la CIDH han protegido a su vez testigos y operadores de justicia que se encuentran en situaciones de grave riesgo. Asimismo, entre otras situaciones, se ha protegido a personas a quienes no se les ha proporcionado acceso a un tratamiento adecuado para atender su grave estado de salud, a pesar de requerirlo con urgencia.

Dado el crecimiento exponencial en las solicitudes de medidas cautelares, tal y como fue anunciado anteriormente por la Comisión, en el año 2017 se creó dentro de la Secretaría Ejecutiva una Sección de Medidas Cautelares, como parte de la Secretaría Ejecutiva de Peticiones y Casos con el objeto de profundizar la especialización y celeridad en el mecanismo de medidas cautelares.

Con el objetivo de avanzar en la implementación del Plan Estratégico 2017-2021 y fortalecer una atención oportuna de las solicitudes presentadas que reúnan los requisitos establecidos en el artículo 25 del Reglamento, la Comisión considera que se requiere la adopción de medidas que permitan agilizar el trámite de las solicitudes de medidas cautelares.

En vista de lo anterior:

LA COMISIÓN INTERAMERICANA DE DERECHOS HUMANOS

Reitera que por su propia naturaleza a través del mecanismo de medidas cautelares pueden analizarse alegaciones que se relacionan exclusivamente con los elementos de gravedad, urgencia y riesgo de daño irreparable establecidos en el artículo 25 de su Reglamento, los cuales pueden resolverse sin entrar en determinaciones de fondo que son propias del análisis de una petición individual o caso y que exceden la naturaleza propiamente cautelar;

Considera en este sentido que, en general, el mecanismo de medidas cautelares no ha sido estimado idóneo para abordar solicitudes que versan estrictamente sobre asuntos o pretensiones tales como: i) supuestas faltas al debido proceso y protección judicial en el marco de procesos penales o civiles (Artículos 8 y 25 de la Convención Americana sobre los Derechos Humanos y Artículo XVIII de la Declaración Americana); ii) determinar la compatibilidad en abstracto de una normativa a la Convención Americana u otros instrumentos aplicables; iii) pago de compensaciones pecuniarias, que incluyen procesos civiles, mercantiles y pensiones; iv) despidos alegadamente injustificados de empresas privadas o públicas de funcionarios no electos popularmente, pago de salarios, determinaciones sobre ascensos y vacaciones; v) embargos de carácter mercantil o civil y desalojos en los que no se alegan situaciones de riesgo adicionales al derecho a la propiedad privada; vi) solicitudes de recursos o apoyos económicos; y vii) trámites meramente administrativos, entre los que se incluyen, la emisión de certificaciones, hacer expeditos procedimientos y resoluciones declaratorias;

Considera que la falta de respuesta a las solicitudes de información adicional por parte de las o los solicitantes, así como la falta de presentación de información actualizada por períodos prolongados, constituyen obstáculos al momento de determinar la situación de riesgo actual de las personas propuestas como beneficiarias, con la celeridad requerida atendiendo a la propia naturaleza del mecanismo;

Resuelve desactivar las solicitudes de medidas cautelares donde no se haya solicitado información al Estado de conformidad con el artículo 25.5 del Reglamento, cuando no se cuente con información actualizada por parte de las o los solicitantes en un plazo mayor de 6 meses contados a partir de la última información presentada. La Secretaría procederá a notificar tales desactivaciones;

Resuelve desactivar las solicitudes de medidas cautelares en las cuales se haya solicitado información a las o los solicitantes y, una vez vencido el plazo establecido en la comunicación, no se cuente con su respuesta. La Comisión, a partir de la fecha de la presente resolución, procederá a verificar periódicamente —cada tres meses— los asuntos en inactividad para su desactivación, sin previa notificación;

Resuelve que, en el supuesto de haberse desactivado una solicitud, si las o los solicitantes remiten información adicional considerando que la situación actual de las personas propuestas como beneficiarias satisface los requisitos establecidos en artículo 25 del Reglamento, la información presentada será tramitada con un nuevo registro de solicitud de medida cautelar, atendiendo a la situación actual;

Resuelve que en ningún caso se podrá desactivar un asunto cuando la solicitud de información haya sido realizada al Estado y la falta de respuesta sea atribuible a éste.

Las presentes medidas se enmarcan en el compromiso de la Comisión con los Estados y solicitantes de fortalecer la agilidad en el mecanismo de medidas cautelares, la transparencia, previsibilidad y seguridad jurídica de las decisiones. La Comisión continuará, asimismo, garantizando un análisis de la situación planteada atendiendo al contexto de país, perspectiva de género y enfoques diferenciados respecto de solicitantes pertenecientes a grupos en situación de vulnerabilidad, así como el desarrollo de las herramientas previstas en el programa específico dentro de su Plan Estratégico 2017-2021.

La Comisión instruye que la Secretaría Ejecutiva adopte las medidas necesarias para aplicar esta decisión.

Aprobada en la ciudad de Santo Domingo, República Dominicana, el 10 de mayo de 2018 en el 168 Período de Sesiones por: Margarette May Macaulay, Presidenta; Esmeralda Arosemena de Troitiño, Primera Vicepresidenta; Luis Ernesto Vargas, Segundo Vicepresidente; Francisco José Eguiguren Praeli, Joel Antonio Hernández García, Antonia Urrejola y Flávia Piovesan, miembros de la CIDH.

F

CORTE INTERAMERICANA DE DERECHOS HUMANOS

1. Estatuto de la Corte Interamericana de Derechos Humanos[141], octubre de 1979

CAPÍTULO I
Disposiciones Generales

Artículo 1. Naturaleza y Régimen Jurídico.

La Corte Interamericana de Derechos Humanos es una institución judicial autónoma cuyo objetivo es la aplicación e interpretación de la Convención Americana sobre Derechos Humanos. La Corte ejerce sus funciones de conformidad con las disposiciones de la citada Convención y del presente Estatuto.

Artículo 2. Competencia y Funciones.

La Corte ejerce función jurisdiccional y consultiva:

1. Su función jurisdiccional se rige por las disposiciones de los artículos 61, 62 y 63 de la Convención.

2. Su función consultiva se rige por las disposiciones del artículo 64 de la Convención.

141 Aprobado mediante Resolución núm. 448 adoptada por la Asamblea General de la OEA en su noveno período de sesiones, celebrado en La Paz, Bolivia, octubre de 1979. Texto de acuerdo a la reforma hecha al Estatuto por la Asamblea General de OEA, decimosegundo período ordinario de sesiones (Washington D.C., noviembre de 1982), AG/RES. 625 (XII-0/82). Afectado por la AG/RES. 1098 (XXI-91).

Artículo 3. Sede.

1. La Corte tendrá su sede en San José, Costa Rica; sin embargo, podrá celebrar reuniones en cualquier Estado miembro de la Organización de los Estados Americanos (OEA), en que lo considere conveniente por mayoría de sus miembros y previa aquiescencia del Estado respectivo.

2. La sede de la Corte puede ser cambiada por el voto de los dos tercios de los Estados parte en la Convención, en la Asamblea General de la OEA.

CAPÍTULO II

Composición de la Corte

Artículo 4. Integración.

1. La Corte se compone de siete jueces, nacionales de los Estados miembros de la OEA, elegidos a título personal de entre juristas de la más alta autoridad moral, de reconocida competencia en materia de derechos humanos, que reúnan las condiciones requeridas para el ejercicio de las más elevadas funciones judiciales, conforme a la ley del Estado del cual sean nacionales o del Estado que los postule como candidatos.

2. No puede haber más de un juez de la misma nacionalidad.

Artículo 5. Mandato de los Jueces.

1. Los jueces de la Corte son electos para un mandato de seis años y sólo pueden ser reelectos una vez. El juez electo para reemplazar a otro cuyo mandato no ha expirado, completará tal mandato.

2. Los mandatos de los jueces se contarán a partir del primero de enero del año siguiente al de su elección y se extenderán hasta el 31 de diciembre del año en que se cumplan los mismos.

3. Los jueces permanecerán en funciones hasta el término de su mandato. Sin embargo, seguirán conociendo de los casos a que ya se hubieran abocado y que se encuentren en estado de sentencia, a cuyos efectos no serán sustituidos por los nuevos jueces elegidos.

Artículo 6. Fecha de Elección de los Jueces.

1. La elección de los jueces se hará, en lo posible, durante el período de sesiones de la Asamblea General de la OEA inmediatamente anterior a la expiración del mandato de los jueces salientes.

2. Las vacantes en la Corte causadas por muerte, incapacidad permanente, renuncia o remoción de los jueces, serán llenadas, en lo posible, en el próximo período de sesiones de la Asamblea General de la OEA. Sin embargo, la elección no será necesaria cuando la vacante se produzca dentro de los últimos seis meses del mandato del juez que le de origen.

3. Si fuere necesario para preservar el quórum de la Corte, los Estados parte en la Convención, en una sesión del Consejo Permanente de la OEA, a solicitud del Presidente de la Corte, nombrarán uno o más jueces interinos, que servirán hasta tanto no sean reemplazados por los elegidos.

Artículo 7. Candidatos.

1. Los jueces son elegidos por los Estados parte en la Convención, en la Asamblea General de la OEA, de una lista de candidatos propuestos por esos mismos Estados.

2. Cada Estado parte puede proponer hasta tres candidatos, nacionales del Estado que los propone o de cualquier otro Estado miembro de la OEA.

3. Cuando se proponga una terna, por lo menos uno de los candidatos debe ser nacional de un Estado distinto del proponente.

Artículo 8. Elección: Procedimiento Previo.

1. Seis meses antes de la celebración del período ordinario de sesiones de la Asamblea General de la OEA, previa a la terminación del mandato para el cual fueron elegidos los jueces de la Corte, el Secretario General de la OEA pedirá por escrito a cada Estado parte en la Convención, presentar sus candidatos dentro de un plazo de noventa días.

2. El Secretario General de la OEA preparará una lista en orden alfabético de los candidatos presentados, y la comunicará a los Estados parte, de ser posible, por lo menos treinta días antes del próximo período de sesiones de la Asamblea General de la OEA.

3. Cuando se trate de vacantes en la Corte, así como en casos de muerte o incapacidad permanente de un candidato, los plazos anteriores se reducirán prudencialmente, a juicio del Secretario General de la OEA.

Artículo 9. Votación.

1. La elección de los jueces se realiza en votación secreta y por mayoría absoluta de los Estados parte en la Convención, de entre los candidatos a que se refiere el artículo 7 del presente Estatuto.

2. Entre los candidatos que obtengan la citada mayoría absoluta, se tendrán por electos los que reciban mayor número de votos. Si fueran necesarias varias votaciones, se eliminarán sucesivamente los candidatos que obtengan menor número de votos, conforme lo determinen los Estados parte.

Artículo 10. Jueces.

1. El juez que sea nacional de alguno de los Estados que sean partes en un caso sometido a la Corte, conservará su derecho a conocer del caso.

2. Si uno de los jueces llamados a conocer de un caso fuera de la nacionalidad de uno de los Estados que sean partes en el caso, otro Estado parte en el mismo caso podrá designar a una persona para que integre la Corte en calidad de juez *ad hoc*.

3. Si entre los jueces llamados a conocer del caso ninguno fuera de la nacionalidad de los Estados parte en el mismo, cada uno de éstos podrá designar un juez *ad hoc*. Si varios Estados tuvieren un mismo interés en el caso, se considerarán como una sola parte para los fines de las disposiciones precedentes.

En caso de duda, la Corte decidirá.

4. Si el Estado con derecho a designar un juez *ad hoc* no lo hiciera dentro de los treinta días siguientes a la invitación escrita del Presidente de la Corte, se considerará que tal Estado renuncia al ejercicio de ese derecho.

5. Las disposiciones de los artículos 4, 11, 15, 16, 18, 19 y 20 del presente Estatuto, serán aplicables a los jueces *ad hoc*.

Artículo 11. Juramento.

1. Al tomar posesión de su cargo, los jueces rendirán el siguiente juramento o declaración solemne: «Juro (o declaro solemnemente) que ejerceré mis funciones de juez con honradez, independencia e imparcialidad y que guardaré secreto de todas las deliberaciones».

2. El juramento será recibido por el Presidente de la Corte, en lo posible en presencia de los otros jueces.

CAPÍTULO III
Estructura de la Corte

Artículo 12. Presidencia.

1. La Corte elige de entre sus miembros, a su Presidente y Vicepresidente, por dos años. Estos podrán ser reelectos.

2. El Presidente dirige el trabajo de la Corte, la representa, ordena el trámite de los asuntos que se sometan a la Corte y preside sus sesiones.

3. El Vicepresidente sustituye al Presidente en sus ausencias temporales y ocupa su lugar en caso de vacante. En este último caso, la Corte elegirá un Vicepresidente que reemplazará al anterior por el resto de su mandato.

4. En caso de ausencia del Presidente y del Vicepresidente, sus funciones serán desempeñadas por los otros jueces en el orden de precedencia establecido en el artículo 13 del presente Estatuto.

Artículo 13. Precedencia.

1. Los jueces titulares tendrán precedencia después del Presidente y del Vicepresidente, de acuerdo con su antigüedad en el cargo.

2. Cuando hubiera dos o más jueces de igual antigüedad, la precedencia será determinada por la mayor edad.

3. Los jueces *ad hoc* e interinos tendrán precedencia después de los titulares, en orden de edad. Sin embargo, si un juez *ad hoc* o interino hubiera servido previamente como juez titular, tendrá precedencia sobre los otros jueces *ad hoc* o interinos.

Artículo 14. Secretaría.

1. La Secretaría de la Corte funcionará bajo la inmediata autoridad del Secretario, de acuerdo con las normas administrativas de la Secretaría General de la OEA, en lo que no sea incompatible con la independencia de la Corte.

2. El Secretario será nombrado por la Corte. Será funcionario de confianza de la misma, de dedicación exclusiva, tendrá su oficina en la sede y deberá asistir a las reuniones que la Corte celebre fuera de la misma.

3. Habrá un Secretario Adjunto que auxiliará al Secretario en sus labores y lo sustituirá en sus ausencias temporales.

4. El personal de la Secretaría será nombrado por el Secretario General de la OEA, en consulta con el Secretario de la Corte.

CAPÍTULO IV
Derechos, Deberes y Responsabilidades

Artículo 15. Inmunidades y Privilegios.

1. Los jueces gozan, desde el momento de su elección y mientras dure su mandato, de las inmunidades reconocidas por el derecho internacional a los agentes diplomáticos. Durante el ejercicio de sus funciones gozan, además, de los privilegios diplomáticos necesarios para el desempeño de sus cargos.

2. No podrá exigírseles en ningún tiempo responsabilidad por votos y opiniones emitidos o actos realizados en el ejercicio de sus funciones.

3. La Corte en sí y su personal gozan de las inmunidades y privilegios previstos en el Acuerdo sobre Privilegios e Inmunidades de la Organización de los Estados Americanos de 15 de mayo de 1949, con las equivalencias correspondientes, habida cuenta de la importancia e independencia de la Corte.

4. Las disposiciones de los párrafos 1, 2 y 3 de este artículo se aplicarán a los Estados parte en la Convención. Se aplicarán también a aquellos otros Estados miembros de la OEA que las acepten expresamente, en general o para cada caso.

5. El régimen de inmunidades y privilegios de los jueces de la Corte y de su personal, podrá reglamentarse o complementarse mediante convenios multilaterales o bilaterales entre la Corte, la OEA y sus Estados miembros.

Artículo 16. Disponibilidad.

1. Los jueces estarán a disposición de la Corte, y deberán trasladarse a la sede de ésta o al lugar en que realice sus sesiones, cuantas veces y por el tiempo que sean necesarios conforme al Reglamento.

2. El Presidente deberá prestar permanentemente sus servicios.

Artículo 17. Emolumentos.

1. Los emolumentos del Presidente y de los jueces de la Corte se fijarán de acuerdo con las obligaciones e incompatibilidades que les imponen los artículos 16 y 18 y teniendo en cuenta la importancia e independencia de sus funciones.

2. Los jueces *ad hoc* devengarán los emolumentos que se establezcan reglamentariamente dentro de las disponibilidades presupuestarias de la Corte.

3. Los jueces percibirán, además, viáticos y gastos de viaje, cuando les corresponda.

Artículo 18. Incompatibilidades.

1. Es incompatible el ejercicio del cargo de juez de la Corte Interamericana de Derechos Humanos con el de los cargos y actividades siguientes:

a. los de miembros o altos funcionarios del Poder Ejecutivo; quedan exceptuados los cargos que no impliquen subordinación jerárquica ordinaria, así como los de agentes diplomáticos que no sean Jefes de Misión ante la OEA o ante cualquiera de sus Estados miembros;

b. los de funcionarios de organismos internacionales;

c. cualesquiera otros cargos y actividades que impidan a los jueces cumplir sus obligaciones, o que afecten su independencia, imparcialidad, la dignidad o prestigio de su cargo.

2. La Corte decidirá los casos de duda sobre incompatibilidad. Si ésta no fuere subsanada, serán aplicables las disposiciones del artículo 73 de la Convención y 20.2 del presente Estatuto.

3. Las incompatibilidades únicamente causarán la cesación del cargo y de las responsabilidades correspondientes, pero no invalidarán los actos y resoluciones en que el juez afectado hubiera intervenido.

Artículo 19. Impedimento, Excusas e Inhabilitación.

1. Los jueces estarán impedidos de participar en asuntos en que ellos o sus parientes tuvieren interés directo o hubieran intervenido anteriormente como agentes, consejeros o abogados, o como miembros de un tribunal nacional o internacional, o de una comisión investigadora, o en cualquier otra calidad, a juicio de la Corte.

2. Si alguno de los jueces estuviere impedido de conocer, o por algún motivo calificado considerare que no debe participar en determinado asunto, presentará su excusa ante el Presidente. Si éste no la aceptare, la Corte decidirá.

3. Si el Presidente considera que alguno de los jueces tiene causal de impedimento o por algún otro motivo calificado no deba participar en determinado asunto, así se lo hará saber. Si el juez en cuestión estuviere en desacuerdo, la Corte decidirá.

4. Cuando uno o más jueces fueren inhabilitados conforme a este artículo, el Presidente podrá solicitar a los Estados parte en la Convención que en una sesión del Consejo permanente de la OEA designen jueces interinos para reemplazarlos.

Artículo 20. Responsabilidades y Régimen Disciplinario.

1. Los jueces y el personal de la Corte deberán observar, dentro y fuera de sus funciones, una conducta acorde con la investidura de quienes participan en la función jurisdiccional internacional de la Corte. Responderán ante ésta de esa conducta, así como de cualquier impedimento, negligencia u omisión en el ejercicio de sus funciones.

2. La potestad disciplinaria respecto de los jueces corresponderá a la Asamblea General de la OEA solamente a solicitud motivada de la Corte, integrada al efecto por los jueces restantes.

3. La potestad disciplinaria respecto del Secretario corresponde a la Corte, y respecto al resto del personal, al Secretario, con la aprobación del Presidente.

4. El régimen disciplinario será reglamentado por la Corte, sin perjuicio de las normas administrativas de la Secretaría General de la OEA, en lo que fueren aplicables conforme al artículo 59 de la Convención.

Artículo 21. Renuncias e Incapacidad.

1. La renuncia de un juez deberá ser presentada por escrito al Presidente de la Corte. La renuncia no será efectiva sino cuando haya sido aceptada por la Corte.

2. La incapacidad de un juez para el ejercicio de sus funciones será determinada por la Corte.

3. El Presidente de la Corte notificará la aceptación de la renuncia o la declaratoria de incapacidad al Secretario General de la OEA, para los efectos consiguientes.

CAPÍTULO V
Funcionamiento de la Corte

Artículo 22. Sesiones.

1. La Corte celebrará sesiones ordinarias y extraordinarias.

2. Los períodos ordinarios de sesiones serán determinados reglamentariamente por la Corte.

3. Los períodos extraordinarios de sesiones serán convocados por el Presidente o a solicitud de la mayoría de los jueces.

Artículo 23. Quórum.

1. El quórum para las deliberaciones de la Corte será de cinco jueces.

2. Las decisiones de la Corte se tomarán por mayoría de los jueces presentes.

3. En caso de empate, el voto del Presidente decidirá.

Artículo 24. Audiencias, Deliberaciones y Decisiones.

1. Las audiencias serán públicas, a menos que la Corte, en casos excepcionales, decida lo contrario.

2. La Corte deliberará en privado. Sus deliberaciones permanecerán secretas, a menos que la Corte decida lo contrario.

3. Las decisiones, juicios y opiniones de la Corte se comunicarán en sesiones públicas y se notificarán por escrito a las partes. Además, se publicarán conjuntamente con los votos y opiniones separados de los jueces y con cualesquiera otros datos o antecedentes que la Corte considere conveniente.

Artículo 25. Reglamento y Normas de Procedimiento.

1. La Corte dictará sus normas procesales.

2. Las normas procesales podrán delegar en el Presidente o en comisiones de la propia Corte, determinadas partes de la tramitación procesal, con excepción de las sentencias definitivas y de las opiniones consultivas. Los autos o resoluciones que no sean de mero trámite, dictadas por el Presidente o las comisiones de la Corte, serán siempre recurribles ante la Corte en pleno.

3. La Corte dictará también su Reglamento.

Artículo 26. Presupuesto y Régimen Financiero.

1. La Corte elaborará su propio proyecto de presupuesto y lo someterá a la aprobación de la Asamblea General de la OEA, por conducto de la Secretaría General. Esta última no podrá introducir modificaciones.

2. La Corte administrará su presupuesto.

CAPÍTULO VI
Relaciones con Estados y Organismos

Artículo 27. Relaciones con el País Sede, con Estados y Organismos.

1. Las relaciones de la Corte con el país sede serán reglamentadas mediante un acuerdo con sede. La sede de la Corte tendrá carácter internacional.

2. Las relaciones de la Corte con los Estados, con la OEA y sus organismos y con otros organismos internacionales gubernamentales relacionados con la promoción y defensa de los derechos humanos, serán reguladas mediante acuerdos especiales.

Artículo 28. Relaciones con la Comisión Interamericana de Derechos Humanos.

La Comisión Interamericana de Derechos Humanos comparecerá y será tenida como parte ante la Corte, en todos los casos relativos a la función jurisdiccional de ésta, conforme al artículo 2.1 del presente Estatuto.

Artículo 29. Acuerdos de Cooperación.

1. La Corte podrá celebrar acuerdos de cooperación con instituciones no lucrativas, tales como facultades de derecho, asociaciones o corporaciones de abogados, tribunales, academias e instituciones educativas o de investigación en disciplinas conexas, con el fin de obtener su colaboración y de fortalecer y promover los principios jurídicos e institucionales de la Convención en general y de la Corte en particular.

2. La Corte incluirá en su Informe Anual a la Asamblea General de la OEA una relación de esos acuerdos, así como de sus resultados.

Artículo 30. Informe a la Asamblea General de la OEA.

La Corte someterá a la Asamblea General de la OEA, en cada período ordinario de sesiones, un informe de su labor en el año anterior. Señalará los casos en que un Estado no haya dado cumplimiento a sus fallos. Podrá también someter a la Asamblea General de la OEA proposiciones o recomendaciones para el mejoramiento del sistema interamericano de derechos humanos, en lo relacionado con el trabajo de la Corte.

CAPÍTULO VII
Disposiciones Finales

Artículo 31. Reformas al Estatuto.

El presente Estatuto podrá ser modificado por la Asamblea General de la OEA, a iniciativa de cualquier Estado miembro o de la propia Corte.

Artículo 32. Vigencia.

El presente Estatuto entrará en vigor el primero de enero de 1980.

2. Reglamento de la Corte Interamericana de Derechos Humanos, 24 de noviembre de 2009[142]

DISPOSICIONES PRELIMINARES

Artículo 1. Objeto.

1. El presente Reglamento tiene por objeto regular la organización y procedimiento de la Corte Interamericana de Derechos Humanos.

2. La Corte podrá dictar otros reglamentos que sean necesarios para el cumplimiento de sus funciones.

3. A falta de disposición en este Reglamento o en caso de duda sobre su interpretación, la Corte decidirá.

Artículo 2. Definiciones.

Para los efectos de este Reglamento:

1. el término «Agente» significa la persona designada por un Estado para representarlo ante la Corte Interamericana de Derechos Humanos;

2. la expresión «Agente alterno» significa la persona designada por un Estado para asistir al Agente en el ejercicio de sus funciones y suplirlo en sus ausencias temporales;

3. la expresión «*amicus curiae*» significa la persona o institución ajena al litigio y al proceso que presenta a la Corte razonamientos en torno a los hechos contenidos en el sometimiento del caso o formula consideraciones jurídicas sobre la materia del proceso, a través de un documento o de un alegato en audiencia;

4. la expresión «Asamblea General» significa la Asamblea General de la Organización de los Estados Americanos;

---

142 El Juez Leonardo A. Franco estuvo presente en todas las sesiones de la Corte en las que se deliberó sobre el presente Reglamento. En la última sesión, en la que éste fue adoptado, el Juez Leonardo A. Franco por razones de fuerza mayor no pudo estar presente.
El primer Reglamento de la Corte fue aprobado por el Tribunal en su III Período Ordinario de Sesiones, celebrado del 30 de junio al 9 de agosto de 1980; el segundo Reglamento fue aprobado en su XXIII Período Ordinario de Sesiones, celebrado del 9 al 18 de enero de 1991; el tercer Reglamento fue aprobado en su XXXIV Período Ordinario de Sesiones, celebrado del 9 al 20 de septiembre de 1996; el cuarto Reglamento fue aprobado en su XLIX Período Ordinario de Sesiones, celebrado del 16 al 25 de noviembre de 2000, el cual fue reformado en su LXI Período Ordinario de Sesiones, celebrado del 20 de noviembre al 4 de diciembre de 2003, y en su LXXXII Período Ordinario de Sesiones, celebrado del 19 al 31 de enero de 2009.

5. el término «Comisión» significa la Comisión Interamericana de Derechos Humanos;

6. la expresión «Comisión Permanente» significa la Comisión Permanente de la Corte Interamericana de Derechos Humanos;

7. la expresión «Consejo Permanente» significa el Consejo Permanente de la Organización de los Estados Americanos;

8. el término «Convención» significa la Convención Americana sobre Derechos Humanos (Pacto de San José de Costa Rica);

9. el término «Corte» significa la Corte Interamericana de Derechos Humanos;

10. el término «declarantes» significa las presuntas víctimas, los testigos y los peritos que declaran en el procedimiento ante la Corte;

11. la expresión «Defensor Interamericano» significa la persona que designe la Corte para que asuma la representación legal de una presunta víctima que no ha designado un defensor por sí misma;

12. el término «Delegados» significa las personas designadas por la Comisión para representarla ante la Corte;

13. el término «día» se entenderá como día natural;

14. la expresión «Estados parte» significa aquellos Estados que han ratificado o adherido a la Convención;

15. la expresión «Estados miembros» significa aquellos Estados que son miembros de la Organización de los Estados Americanos;

16. el término «Estatuto» significa el Estatuto de la Corte aprobado por la Asamblea General de la Organización de los Estados Americanos el 31 de octubre de 1979 (AG/RES 448 [IX-0/79]), con sus enmiendas;

17. el término «Juez» significa los Jueces que integran la Corte en cada caso;

18. la expresión «Juez titular» significa cualquier Juez elegido de acuerdo con los artículos 53 y 54 de la Convención;

19. la expresión «Juez interino» significa cualquier Juez nombrado de acuerdo con los artículos 6.3 y 19.4 del Estatuto;

20. la expresión «Juez *ad hoc*» significa cualquier Juez nombrado de acuerdo con el artículo 55 de la Convención;

21. el término «mes» se entenderá como mes calendario;

22. la sigla «OEA» significa la Organización de los Estados Americanos;

23. el término «perito» significa la persona que, poseyendo determinados conocimientos o experiencia científicos, artísticos, técnicos o prácticos, informa al juzgador sobre puntos litigiosos en cuanto se relacionan con su especial saber o experiencia;

24. el término «Presidencia» significa el Presidente o la Presidenta de la Corte;

25. la expresión «presunta víctima» significa la persona de la cual se alega han sido violados los derechos protegidos en la Convención o en otro tratado del Sistema Interamericano;

26. el término «representantes» significa el o los representantes legales debidamente acreditados de la o las presuntas víctimas;

27. el término «Secretaría» significa la Secretaría de la Corte;

28. el término «Secretario» significa el Secretario o la Secretaria de la Corte;

29. la expresión «Secretario Adjunto» significa el Secretario Adjunto o la Secretaria Adjunta de la Corte;

30. la expresión «Secretario General» significa el Secretario o la Secretaria General de la OEA;

31. el término «Tribunal» significa la Corte Interamericana de Derechos Humanos;

32. el término «Vicepresidencia» significa el Vicepresidente o la Vicepresidenta de la Corte;

33. el término «víctima» significa la persona cuyos derechos han sido violados de acuerdo con sentencia proferida por la Corte.

TÍTULO I
De la organización y del funcionamiento de la Corte

CAPÍTULO I
De la presidencia y de la vicepresidencia

Artículo 3. Elección de la Presidencia y de la Vicepresidencia.

1. La Presidencia y la Vicepresidencia son elegidas por la Corte, duran dos años en el ejercicio de sus cargos y podrán ser reelectas. Su período comienza el primer día del año correspondiente. La elección tendrá lugar en el último período ordinario de sesiones que celebre la Corte el año anterior.

2. Las elecciones a que se refiere el presente artículo se efectuarán por votación secreta de los Jueces titulares presentes y se proclamará electos a quienes obtengan cuatro o más votos. Si no se alcanzaren esos votos, se procederá a una nueva votación para decidir por mayoría entre los dos Jueces que hayan obtenido más votos. En caso de empate, éste se resolverá en favor del Juez que tenga precedencia al tenor del artículo 13 del Estatuto.

Artículo 4. Atribuciones de la Presidencia.

1. Son atribuciones de la Presidencia:

a. representar a la Corte;

b. presidir las sesiones de la Corte y someter a su consideración las materias que figuren en el orden del día;

c. dirigir y promover los trabajos de la Corte;

d. decidir las cuestiones de orden que se susciten en las sesiones de la Corte. Si algún Juez lo solicitare, la cuestión de orden se someterá a la decisión de la mayoría;

e. rendir un informe semestral a la Corte, sobre las actuaciones que haya cumplido en ejercicio de la Presidencia durante ese período;

f. las demás que le correspondan conforme al Estatuto o al presente Reglamento, así como las que le fueren encomendadas por la Corte.

2. La Presidencia puede delegar, para casos específicos, la representación a que se refiere el párrafo 1.a. de este artículo, en la Vicepresidencia o en cualquiera de los Jueces o, si fuera necesario, en el Secretario o en el Secretario Adjunto.

Artículo 5. Atribuciones de la Vicepresidencia.

1. La Vicepresidencia suple las faltas temporales de la Presidencia y la sustituye en caso de falta absoluta. En este último caso, la Corte elegirá Vicepresidencia para el resto del período. El mismo procedimiento se aplicará en todo otro caso de falta absoluta de Vicepresidencia.

2. En caso de falta de Presidencia y Vicepresidencia, sus funciones serán desempeñadas por los otros Jueces en el orden de precedencia establecido en el artículo 13 del Estatuto.

Artículo 6. Comisiones.

1. La Comisión Permanente estará integrada por la Presidencia, la Vicepresidencia y los otros Jueces que la Presidencia considere conveniente de acuerdo con las necesidades de la Corte. La Comisión Permanente asiste a la Presidencia en el ejercicio de sus funciones.

2. La Corte podrá designar otras Comisiones para asuntos específicos. En caso de urgencia, si la Corte no estuviere reunida, podrá hacerlo la Presidencia.

3. Las Comisiones se regirán por las disposiciones del presente Reglamento, en cuanto fueren aplicables.

CAPÍTULO II
De la Secretaría

Artículo 7. Elección del Secretario.

1. La Corte elegirá su Secretario. El Secretario deberá poseer los conocimientos jurídicos requeridos para el cargo, conocer los idiomas de tra-

bajo de la Corte y tener la experiencia necesaria para el desempeño de sus funciones.

2. El Secretario será elegido por un período de cinco años y podrá ser reelecto. Podrá ser removido en cualquier momento si así lo decidiese la Corte. Para elegir y remover al Secretario se requiere una mayoría, no menor de cuatro Jueces, en votación secreta, observando el quórum de la Corte.

Artículo 8. Secretario Adjunto.

1. El Secretario Adjunto será designado de conformidad con lo previsto por el Estatuto, a propuesta del Secretario de la Corte. Asistirá al Secretario en el ejercicio de sus funciones y suplirá sus faltas temporales.

2. En caso de que el Secretario y el Secretario Adjunto se encuentren imposibilitados de ejercer sus funciones, la Presidencia podrá designar un Secretario interino.

3. En caso de ausencia temporal del Secretario y del Secretario Adjunto de la sede de la Corte, el Secretario podrá designar a un abogado de la Secretaría como encargado de ésta.

Artículo 9. Juramento.

1. El Secretario y el Secretario Adjunto prestarán, ante la Presidencia, juramento o declaración solemne sobre el fiel cumplimiento de sus funciones y sobre la reserva que están obligados a guardar a propósito de los hechos de los que tengan conocimiento en ejercicio de sus funciones.

2. El personal de la Secretaría, aun si está llamado a desempeñar funciones interinas o transitorias, deberá prestar juramento o declaración solemne ante la Presidencia al tomar posesión del cargo sobre el fiel cumplimiento de sus funciones y sobre la reserva que está obligado a guardar a propósito de los hechos de los que tenga conocimiento en ejercicio de sus funciones. Si la Presidencia no estuviere presente en la sede de la Corte, el Secretario o el Secretario Adjunto tomará el juramento.

3. De toda juramentación se levantará un acta que firmarán el juramentado y quien haya tomado el juramento.

Artículo 10. Atribuciones del Secretario.

Son atribuciones del Secretario:

a. notificar las sentencias, opiniones consultivas, resoluciones y demás decisiones de la Corte;

b. llevar las actas de las sesiones de la Corte;

c. asistir a las reuniones que celebre la Corte dentro o fuera de su sede;

d. tramitar la correspondencia de la Corte;

e. certificar la autenticidad de documentos;

f. dirigir la administración de la Corte, de acuerdo con las instrucciones de la Presidencia;

g. preparar los proyectos de programas de trabajo, reglamentos y presupuestos de la Corte;

h. planificar, dirigir y coordinar el trabajo del personal de la Corte;

i. ejecutar las tareas que le sean encomendadas por la Corte o por la Presidencia;

j. las demás establecidas en el Estatuto o en este Reglamento.

CAPÍTULO III
Del funcionamiento de la Corte

Artículo 11. Sesiones ordinarias.

La Corte celebrará los períodos ordinarios de sesiones que sean necesarios para el cabal ejercicio de sus funciones, en las fechas que la Corte decida en su sesión ordinaria inmediatamente anterior. La Presidencia, en consulta con los demás Jueces de la Corte, podrá modificar las fechas de esos períodos cuando así lo impongan circunstancias excepcionales.

Artículo 12. Sesiones extraordinarias.

Las sesiones extraordinarias serán convocadas por la Presidencia por propia iniciativa o a solicitud de la mayoría de los Jueces.

Artículo 13. Sesiones fuera de la sede.

La Corte podrá reunirse en cualquier Estado miembro en que lo considere conveniente por mayoría de sus miembros y previa aquiescencia del Estado respectivo.

Artículo 14. Quórum.

El quórum para las deliberaciones de la Corte es de cinco Jueces.

Artículo 15. Audiencias, deliberaciones y decisiones.

1. La Corte celebrará audiencias cuando lo estime pertinente. Éstas serán públicas, salvo cuando el Tribunal considere oportuno que sean privadas.

2. La Corte deliberará en privado y sus deliberaciones permanecerán secretas. En ellas sólo participarán los Jueces, aunque podrán estar también presentes el Secretario y el Secretario Adjunto o quienes hagan sus veces, así como el personal de Secretaría requerido. Nadie más podrá ser admitido a no ser por decisión especial de la Corte y previo juramento o declaración solemne.

3. Toda cuestión que deba ser puesta a votación se formulará en términos precisos en uno de los idiomas de trabajo. El texto será traducido por la Secretaría a los otros idiomas de trabajo y se distribuirá antes de la votación, a petición de cualquiera de los Jueces.

4. El desarrollo de las audiencias y deliberaciones de la Corte constará en grabaciones de audio.

Artículo 16. Decisiones y votaciones.

1. La Presidencia someterá los asuntos a votación punto por punto. El voto de cada Juez será afirmativo o negativo, sin que puedan admitirse abstenciones.

2. Los votos se emitirán en el orden inverso al sistema de precedencia establecido en el artículo 13 del Estatuto.

3. Las decisiones de la Corte se tomarán por mayoría de los Jueces presentes en el momento de la votación.

4. En caso de empate decidirá el voto de la Presidencia.

Artículo 17. Continuación de los Jueces en sus funciones.

1. Los Jueces cuyo mandato se haya vencido continuarán conociendo de los casos de los que ya hubieren tomado conocimiento y se encuentren en estado de sentencia. Sin embargo, en caso de fallecimiento, renuncia, impedimento, excusa o inhabilitación, se proveerá a la sustitución del Juez de que se trate por el Juez que haya sido elegido en su lugar si fuere éste el caso, o por el Juez que tenga precedencia entre los nuevos Jueces elegidos en la oportunidad en que se venció el mandato del que debe ser sustituido.

2. Todo lo relativo a las reparaciones y costas, así como a la supervisión del cumplimiento de las sentencias de la Corte, compete a los Jueces que la integren en este estado del proceso, salvo que ya hubiere tenido lugar una audiencia pública y en tal caso conocerán los Jueces que hubieren estado presentes en esa audiencia.

3. Todo lo relativo a las medidas provisionales compete a la Corte en funciones, integrada por Jueces titulares.

Artículo 18. Jueces interinos.

Los Jueces interinos tendrán los mismos derechos y atribuciones que los Jueces titulares.

Artículo 19. Jueces nacionales.

1. En los casos a que hace referencia el artículo 44 de la Convención, los Jueces no podrán participar en su conocimiento y deliberación, cuando sean nacionales del Estado demandado.

2. En los casos a los que hace referencia el artículo 45 de la Convención, los Jueces nacionales podrán participar en su conocimiento y deliberación. Si quien ejerce la Presidencia es nacional de una de las partes en el caso, cederá el ejercicio de la misma.

Artículo 20. Jueces *ad hoc* en casos interestatales.

1. Cuando se presente un caso previsto en el artículo 45 de la Convención, la Presidencia, por medio de la Secretaría, advertirá a los Estados mencionados en dicho artículo la posibilidad de designar un Juez *ad hoc* dentro de los 30 días siguientes a la notificación de la demanda.

2. Cuando apareciere que dos o más Estados tienen un interés común, la Presidencia les advertirá la posibilidad de designar en conjunto un Juez *ad hoc* en la forma prevista en el artículo 10 del Estatuto. Si dentro de los 30 días siguientes a la última notificación de la demanda, dichos Estados no hubieren comunicado su acuerdo a la Corte, cada uno de ellos podrá proponer su candidato dentro de los 15 días siguientes. Pasado ese plazo, y si se hubieren presentado varios, la Presidencia escogerá por sorteo un Juez *ad hoc* común y lo comunicará a los interesados.

3. Si los Estados interesados no hacen uso de su derecho dentro de los plazos señalados en los párrafos precedentes, se considerará que han renunciado a su ejercicio.

4. El Secretario comunicará a la Comisión Interamericana, a los representantes de la presunta víctima y, según el caso, al Estado demandante o al Estado demandado la designación de Jueces *ad hoc*.

5. El Juez *ad hoc* prestará juramento en la primera sesión dedicada al examen del caso para el cual hubiese sido designado.

6. Los Jueces *ad hoc* percibirán emolumentos en las mismas condiciones previstas para los Jueces titulares.

Artículo 21. Impedimentos, excusas e inhabilitación.

1. Los impedimentos, las excusas y la inhabilitación de los Jueces se regirán por lo dispuesto en el artículo 19 del Estatuto y el artículo 19 de este Reglamento.

2. Los impedimentos y excusas deberán alegarse antes de la celebración de la primera audiencia del caso. Sin embargo, si la causal de impedimento o excusa ocurriere o fuere conocida posteriormente, dicha causal podrá hacerse valer ante la Corte en la primera oportunidad, para que ésta decida de inmediato.

3. Cuando por cualquier causa un Juez no esté presente en alguna de las audiencias o en otros actos del proceso, la Corte podrá decidir su inhabilitación para continuar conociendo del caso habida cuenta de todas las circunstancias que, a su juicio, sean relevantes.

TÍTULO II
Del proceso

CAPÍTULO I
Reglas generales

Artículo 22. Idiomas oficiales.

1. Los idiomas oficiales de la Corte son los de la OEA, es decir, el español, el inglés, el portugués y el francés.

2. Los idiomas de trabajo serán los que acuerde la Corte cada año. Sin embargo, para un caso determinado, podrá adoptarse también como idioma de trabajo el del Estado demandado, o en su caso, del Estado demandante, siempre que sea oficial.

3. Al iniciarse el examen de cada caso, se determinarán los idiomas de trabajo.

4. La Corte podrá autorizar a cualquier persona que comparezca ante ella a expresarse en su propia lengua, si no conoce suficientemente los idiomas de trabajo, pero en tal supuesto adoptará las medidas necesarias para asegurar la presencia de un intérprete que traduzca esa declaración a los idiomas de trabajo. Dicho intérprete deberá prestar juramento o declaración solemne sobre el fiel cumplimiento de los deberes del cargo y reserva acerca de los hechos que tenga conocimiento en el ejercicio de sus funciones.

5. Cuando lo considere indispensable, la Corte dispondrá cuál es el texto auténtico de una resolución.

Artículo 23. Representación de los Estados.

1. Los Estados que sean partes en un caso estarán representados por Agentes, quienes a su vez podrán ser asistidos por cualesquiera personas de su elección.

2. Podrán acreditarse Agentes Alternos, quienes asistirán a los Agentes en el ejercicio de sus funciones y los suplirán en sus ausencias temporales.

3. Cuando el Estado sustituya al o a los Agentes tendrá que comunicarlo a la Corte y la sustitución tendrá efecto a partir de ese momento.

Artículo 24. Representación de la Comisión.

La Comisión será representada por los Delegados que al efecto designe. Estos Delegados podrán hacerse asistir por cualesquiera personas de su elección.

Artículo 25. Participación de las presuntas víctimas o sus representantes.

1. Después de notificado el escrito de sometimiento del caso, conforme al artículo 39 de este Reglamento, las presuntas víctimas o sus representantes

podrán presentar de forma autónoma su escrito de solicitudes, argumentos y pruebas y continuarán actuando de esa forma durante todo el proceso.

2. De existir pluralidad de presuntas víctimas o representantes, deberán designar un interviniente común, quien será el único autorizado para la presentación de solicitudes, argumentos y pruebas en el curso del proceso, incluidas las audiencias públicas. De no haber acuerdo en la designación de un interviniente común en un caso, la Corte o su Presidencia podrá, de considerarlo pertinente, otorgar plazo a las partes para la designación de un máximo de tres representantes que actúen como intervinientes comunes. En esta última circunstancia, los plazos para la contestación del Estado demandado, así como los plazos de participación del Estado demandado, de las presuntas víctimas o sus representantes y, en su caso, del Estado demandante en las audiencias públicas, serán determinados por la Presidencia.

3. En caso de eventual desacuerdo entre las presuntas víctimas en lo que atañe a lo señalado en el numeral anterior, la Corte resolverá lo conducente.

Artículo 26. Cooperación de los Estados.

1. Los Estados parte en un caso tienen el deber de cooperar para que sean debidamente cumplidas todas aquellas notificaciones, comunicaciones o citaciones dirigidas a personas que se encuentren bajo su jurisdicción, así como el de facilitar la ejecución de órdenes de comparecencia de personas residentes en su territorio o que se encuentren en el mismo.

2. La misma regla es aplicable respecto de toda diligencia que la Corte decida practicar u ordenar en el territorio del Estado parte en el caso.

3. Cuando la ejecución de cualquiera de las diligencias a que se refieren los numerales precedentes requiera de la cooperación de cualquier otro Estado, la Presidencia se dirigirá al Estado respectivo para solicitar las facilidades necesarias.

Artículo 27. Medidas provisionales.

1. En cualquier estado del procedimiento, siempre que se trate de casos de extrema gravedad y urgencia y cuando sea necesario para evitar daños irreparables a las personas, la Corte, de oficio, podrá ordenar las medidas provisionales que considere pertinentes, en los términos del artículo 63.2 de la Convención.

2. Si se tratare de asuntos aún no sometidos a su conocimiento, la Corte podrá actuar a solicitud de la Comisión.

3. En los casos contenciosos que se encuentren en conocimiento de la Corte, las víctimas o las presuntas víctimas, o sus representantes, podrán presentar directamente a ésta una solicitud de medidas provisionales, las que deberán tener relación con el objeto del caso.

4. La solicitud puede ser presentada a la Presidencia, a cualquiera de los Jueces o a la Secretaría, por cualquier medio de comunicación. En todo caso, quien reciba la solicitud la pondrá de inmediato en conocimiento de la Presidencia.

5. La Corte o, si ésta no estuviere reunida, la Presidencia, podrá requerir al Estado, a la Comisión o a los representantes de los beneficiarios, cuando lo considere posible e indispensable, la presentación de información sobre una solicitud de medidas provisionales, antes de resolver sobre la medida solicitada.

6. Si la Corte no estuviere reunida, la Presidencia, en consulta con la Comisión Permanente y, de ser posible, con los demás Jueces, requerirá del Estado respectivo que dicte las providencias urgentes necesarias a fin de asegurar la eficacia de las medidas provisionales que después pueda tomar la Corte en su próximo período de sesiones.

7. La supervisión de las medidas urgentes o provisionales ordenadas se realizará mediante la presentación de informes estatales y de las correspondientes observaciones a dichos informes por parte de los beneficiarios de dichas medidas o sus representantes. La Comisión deberá presentar observaciones al informe del Estado y a las observaciones de los beneficiarios de las medidas o sus representantes.

8. En las circunstancias que estime pertinente, la Corte podrá requerir de otras fuentes de información datos relevantes sobre el asunto, que permitan apreciar la gravedad y urgencia de la situación y la eficacia de las medidas. Para los mismos efectos, podrá también requerir los peritajes e informes que considere oportunos.

9. La Corte, o su Presidencia si ésta no estuviere reunida, podrá convocar a la Comisión, a los beneficiarios de las medidas, o sus representantes, y al Estado a una audiencia pública o privada sobre las medidas provisionales.

10. La Corte incluirá en su informe anual a la Asamblea General una relación de las medidas provisionales que haya ordenado en el período del informe y, cuando dichas medidas no hayan sido debidamente ejecutadas, formulará las recomendaciones que estime pertinentes.

Artículo 28. Presentación de escritos.

1. Todos los escritos dirigidos a la Corte podrán presentarse personalmente, vía courier, facsímile, o correo postal o electrónico. Para garantizar la autenticidad de los documentos, éstos deben estar firmados. En el caso de la presentación de escritos por medios electrónicos que no contengan la firma de quien los suscribe, o en caso de escritos cuyos anexos no fueron acompañados, los originales o la totalidad de los anexos deberán ser recibidos en el Tribunal a más tardar en el plazo improrrogable de 21 días, contado a partir del día en que venció el plazo para la remisión del escrito.

2. Todos los escritos y sus anexos que se presenten a la Corte en forma no electrónica deberán ser acompañados con dos copias, en papel o digitalizadas, idénticas a la original, y recibidos dentro del plazo de 21 días señalado en el numeral anterior.

3. Los anexos y sus copias deberán presentarse debidamente individualizados e identificados.

4. La Presidencia puede, en consulta con la Comisión Permanente, rechazar cualquier escrito que considere manifiestamente improcedente, el cual ordenará devolver sin trámite alguno al interesado.

Artículo 29. Procedimiento por incomparecencia o falta de actuación.

1. Cuando la Comisión, las víctimas o presuntas víctimas, o sus representantes, el Estado demandado o, en su caso, el Estado demandante, no comparecieren o se abstuvieren de actuar, la Corte, de oficio, impulsará el proceso hasta su finalización.

2. Cuando las víctimas o presuntas víctimas, o sus representantes, el Estado demandado o, en su caso, el Estado demandante, se apersonen tardíamente tomarán el procedimiento en el estado en que se encuentre.

Artículo 30. Acumulación de casos y de autos.

1. La Corte podrá, en cualquier estado de la causa, ordenar la acumulación de casos conexos entre sí cuando haya identidad de partes, objeto y base normativa.

2. La Corte también podrá ordenar que las diligencias escritas u orales de varios casos, comprendida la presentación de declarantes, se cumplan conjuntamente.

3. Previa consulta con los Agentes, los Delegados, y las presuntas víctimas o sus representantes, la Presidencia podrá ordenar que dos o más casos sean instruidos conjuntamente.

4. La Corte podrá, cuando lo estime conveniente, ordenar la acumulación de medidas provisionales cuando entre ellas haya identidad de objeto o de sujetos. En este caso serán aplicables las demás normas de este artículo.

5. La Corte podrá acumular la supervisión del cumplimiento de dos o más sentencias dictadas respecto de un mismo Estado, si considera que las órdenes proferidas en cada sentencia guardan estrecha relación entre sí. En tales circunstancias, las víctimas de dichos casos o sus representantes deberán designar un interviniente común, conforme a lo expuesto en el artículo 25 de este Reglamento.

Artículo 31. Resoluciones.

1. Las sentencias y las resoluciones que pongan término al proceso son de la competencia exclusiva de la Corte.

2. Las demás resoluciones serán dictadas por la Corte, si estuviere reunida; si no lo estuviere, por la Presidencia, salvo disposición en contrario. Toda decisión de la Presidencia, que no sea de mero trámite, es recurrible ante la Corte.

3. Contra las sentencias y resoluciones de la Corte no procede ningún medio de impugnación.

Artículo 32. Publicación de las sentencias y de otras decisiones.

1. La Corte hará público:

a. sus sentencias, resoluciones, opiniones y otras decisiones, incluyendo los votos concurrentes o disidentes, cuando cumplan los requisitos señalados en el artículo 65.2 del presente Reglamento;

b. las piezas del expediente, excepto las que sean consideradas irrelevantes o inconvenientes para este fin;

c. el desarrollo de las audiencias, salvo las de carácter privado, a través de los medios que se considere adecuados;

d. todo documento que se considere conveniente.

2. Las sentencias se publicarán en los idiomas de trabajo del caso; los demás documentos se publicarán en su lengua original.

3. Los documentos depositados en la Secretaría de la Corte, concernientes a casos ya sentenciados, serán accesibles al público, salvo que la Corte haya resuelto otra cosa.

Artículo 33. Transmisión de escritos.

La Corte podrá transmitir por medios electrónicos, con las garantías adecuadas de seguridad, los escritos, anexos, resoluciones, sentencias, opiniones consultivas y demás comunicaciones que le hayan sido presentadas.

CAPÍTULO II
Procedimiento escrito

Artículo 34. Inicio del proceso.

La introducción de una causa de conformidad con el artículo 61.1 de la Convención se hará ante la Secretaría mediante el sometimiento del caso en alguno de los idiomas de trabajo del Tribunal. Presentado el caso en uno sólo de esos idiomas no suspenderá el trámite reglamentario, pero deberá presentarse, dentro de los 21 días siguientes, la traducción al idioma del Estado demandado, siempre que sea uno de los idiomas oficiales de trabajo de la Corte.

Artículo 35. Sometimiento del caso por parte de la Comisión.

1. El caso será sometido a la Corte mediante la presentación del informe al que se refiere el artículo 50 de la Convención, que contenga todos los

hechos supuestamente violatorios, inclusive la identificación de las presuntas víctimas. Para que el caso pueda ser examinado, la Corte deberá recibir la siguiente información:

a. los nombres de los Delegados;

b. los nombres, dirección, teléfono, correo electrónico y facsímile de los representantes de las presuntas víctimas debidamente acreditados, de ser el caso;

c. los motivos que llevaron a la Comisión a presentar el caso ante la Corte y sus observaciones a la respuesta del Estado demandado a las recomendaciones del informe al que se refiere el artículo 50 de la Convención;

d. copia de la totalidad del expediente ante la Comisión, incluyendo toda comunicación posterior al informe al que se refiere el artículo 50 de la Convención;

e. las pruebas que recibió, incluyendo el audio o la transcripción, con indicación de los hechos y argumentos sobre los cuales versan. Se hará indicación de las pruebas que se recibieron en procedimiento contradictorio;

f. cuando se afecte de manera relevante el orden público interamericano de los derechos humanos, la eventual designación de peritos, indicando el objeto de sus declaraciones y acompañando su hoja de vida;

g. las pretensiones, incluidas las referidas a reparaciones.

2. Cuando se justificare que no fue posible identificar a alguna o algunas presuntas víctimas de los hechos del caso por tratarse de casos de violaciones masivas o colectivas, el Tribunal decidirá en su oportunidad si las considera víctimas.

3. La Comisión deberá indicar cuáles de los hechos contenidos en el informe al que se refiere el artículo 50 de la Convención somete a la consideración de la Corte.

Artículo 36. Sometimiento del caso por parte de un Estado.

1. Un Estado parte podrá someter un caso a la Corte conforme al artículo 61 de la Convención, a través de un escrito motivado que deberá contener la siguiente información:

a. los nombres de los Agentes y Agentes alternos y la dirección en la que se tendrá por recibidas oficialmente las comunicaciones pertinentes;

b. los nombres, dirección, teléfono, correo electrónico y facsímile de los representantes de las presuntas víctimas debidamente acreditados, de ser el caso;

c. los motivos que llevaron al Estado a presentar el caso ante la Corte;

d. copia de la totalidad del expediente ante la Comisión, incluyendo el informe al que se refiere el artículo 50 de la Convención y toda comunicación posterior a dicho informe;

e. las pruebas que ofrece, con indicación de los hechos y argumentos sobre las cuales versan;

f. la individualización de los declarantes y el objeto de sus declaraciones. En el caso de los peritos, deberán además remitir su hoja de vida y sus datos de contacto.

2. En los sometimientos estatales de casos a la Corte son aplicables los numerales 2 y 3 del artículo anterior.

Artículo 37. Defensor Interamericano.

En casos de presuntas víctimas sin representación legal debidamente acreditada, el Tribunal podrá designar un Defensor Interamericano de oficio que las represente durante la tramitación de caso.

Artículo 38. Examen preliminar del sometimiento del caso.

Si en el examen preliminar del sometimiento del caso la Presidencia observare que algún requisito fundamental no ha sido cumplido, solicitará que se subsane dentro de un plazo de 20 días.

Artículo 39. Notificación del caso.

1. El Secretario comunicará la presentación del caso a:

a. la Presidencia y los Jueces;

b. el Estado demandado;

c. la Comisión, si no es ella quien presenta el caso;

d. la presunta víctima, sus representantes, o el Defensor Interamericano, si fuere el caso.

2. El Secretario informará sobre la presentación del caso a los otros Estados parte, al Consejo Permanente a través de su Presidencia, y al Secretario General.

3. Junto con la notificación, el Secretario solicitará que en el plazo de 30 días el Estado demandado designe al o a los Agentes respectivos. Al acreditar a los Agentes el Estado interesado deberá informar la dirección en la cual se tendrán por oficialmente recibidas las comunicaciones pertinentes.

4. Mientras los Delegados no hayan sido nombrados, la Comisión se tendrá por suficientemente representada por su Presidencia para todos los efectos del caso.

5. Junto con la notificación, el Secretario solicitará a los representantes de las presuntas víctimas que en el plazo de 30 días confirmen la dirección en la cual tendrán por oficialmente recibidas las comunicaciones pertinentes.

Artículo 40. Escrito de solicitudes, argumentos y pruebas.

1. Notificada la presentación del caso a la presunta víctima o sus representantes, éstos dispondrán de un plazo improrrogable de dos meses, contado a

partir de la recepción de este escrito y sus anexos, para presentar autónomamente a la Corte su escrito de solicitudes, argumentos y pruebas.

2. El escrito de solicitudes, argumentos y pruebas deberá contener:

a. descripción de los hechos dentro del marco fáctico fijado en la presentación del caso por la Comisión;

b. la pruebas ofrecidas debidamente ordenadas, con indicación de los hechos y argumentos sobre los cuales versan;

c. la individualización de declarantes y el objeto de su declaración. En el caso de los peritos, deberán además remitir su hoja de vida y sus datos de contacto;

d. las pretensiones, incluidas las referidas a reparaciones y costas.

Artículo 41. Contestación del Estado.

1. El demandado expondrá por escrito su posición sobre el caso sometido a la Corte y, cuando corresponda, al escrito de solicitudes, argumentos y pruebas, dentro del plazo improrrogable de dos meses contado a partir de la recepción de este último escrito y sus anexos, sin perjuicio del plazo que pueda establecer la Presidencia en la hipótesis señalada en el artículo 25.2 de este Reglamento. En la contestación el Estado indicará:

a. si acepta los hechos y las pretensiones o si los contradice;

b. las pruebas ofrecidas debidamente ordenadas, con indicación de los hechos y argumentos sobre los cuales versan;

c. la propuesta e identificación de los declarantes y el objeto de su declaración. En el caso de los peritos, deberán además remitir su hoja de vida y sus datos de contacto;

d. los fundamentos de derecho, las observaciones a las reparaciones y costas solicitadas, así como las conclusiones pertinentes.

2. Dicha contestación será comunicada por el Secretario a las personas mencionadas en el artículo 39.1 a), c) y d) de este Reglamento, y al Estado demandante en los casos a los que hace referencia el artículo 45 de la Convención.

3. La Corte podrá considerar aceptados aquellos hechos que no hayan sido expresamente negados y las pretensiones que no hayan sido expresamente controvertidas.

Artículo 42. Excepciones preliminares.

1. Las excepciones preliminares sólo podrán ser opuestas en el escrito indicado en el artículo anterior.

2. Al oponer excepciones preliminares, se deberán exponer los hechos referentes a las mismas, los fundamentos de derecho, las conclusiones y los documentos que las apoyen, así como el ofrecimiento de pruebas.

3. La presentación de excepciones preliminares no suspende el procedimiento en cuanto al fondo ni los plazos ni los términos respectivos.

4. La Comisión, las presuntas víctimas o sus representantes y, en su caso, el Estado demandante podrán presentar sus observaciones a las excepciones preliminares dentro de un plazo de 30 días contados a partir de la recepción de las mismas.

5. Cuando lo considere indispensable, la Corte podrá fijar una audiencia especial para las excepciones preliminares, después de la cual decidirá sobre las mismas.

6. La Corte podrá resolver en una sola sentencia las excepciones preliminares, el fondo, las reparaciones y las costas del caso.

Artículo 43. Otros actos del procedimiento escrito.

Con posterioridad a la recepción del escrito de sometimiento del caso, el escrito de solicitudes, argumentos y pruebas y el escrito de contestación, y antes de la apertura del procedimiento oral, la Comisión, las presuntas víctimas o sus representantes, el Estado demandado y, en su caso, el Estado demandante podrán solicitar a la Presidencia la celebración de otros actos del procedimiento escrito. Si la Presidencia lo estima pertinente, fijará los plazos para la presentación de los documentos respectivos.

Artículo 44. Planteamientos de *amicus curiae*

1. El escrito de quien desee actuar como *amicus curiae* podrá ser presentado al Tribunal, junto con sus anexos, a través de cualquiera de los medios establecidos en el artículo 28.1 del presente Reglamento, en el idioma de trabajo del caso, y con el nombre del autor o autores y la firma de todos ellos.

2. En caso de presentación del escrito del *amicus curiae* por medios electrónicos que no contengan la firma de quien los suscribe, o en caso de escritos cuyos anexos no fueron acompañados, los originales y la documentación respectiva deberán ser recibidos en el Tribunal en un plazo de 7 días contados a partir de dicha presentación. Si el escrito es presentado fuera de ese plazo o sin la documentación indicada, será archivado sin más tramitación.

3. En los casos contenciosos se podrá presentar un escrito en calidad de *amicus curiae* en cualquier momento del proceso, pero no más allá de los 15 días posteriores a la celebración de la audiencia pública. En los casos en que no se celebra audiencia pública, deberán ser remitidos dentro de los 15 días posteriores a la resolución correspondiente en la que se otorga plazo para la remisión de alegatos finales. El escrito del *amicus curiae*, junto con sus anexos, se pondrá de inmediato en conocimiento de las partes para su información, previa consulta con la Presidencia.

4. En los procedimientos de supervisión de cumplimiento de sentencias y de medidas provisionales, podrán presentarse escritos del *amicus curiae*.

CAPÍTULO III
Procedimiento oral

Artículo 45. Apertura.

La Presidencia señalará la fecha de apertura del procedimiento oral y fijará las audiencias que fueren necesarias.

Artículo 46. Lista definitiva de declarantes.

1. La Corte solicitará a la Comisión, a las presuntas víctimas o sus representantes, al Estado demandado y, en su caso, al Estado demandante su lista definitiva de declarantes, en la que deberán confirmar o desistir del ofrecimiento de las declaraciones de las presuntas víctimas, testigos y peritos que oportunamente realizaron conforme a los artículos 35.1.f, 36.1.f, 40.2.c y 41.1.c de este Reglamento. Asimismo, deberán indicar quienes de los declarantes ofrecidos consideran deben ser llamados a audiencia, en los casos en que la hubiere, y quienes pueden rendir declaración ante fedatario público *(affidávit)*.

2. El Tribunal transmitirá la lista definitiva de declarantes a la contraparte y concederá un plazo para que, si lo estima conveniente, presente observaciones, objeciones o recusaciones.

Artículo 47. Objeciones a testigos.

1. El testigo podrá ser objetado dentro de los diez días siguientes a la recepción de la lista definitiva en la cual se confirma el ofrecimiento de dicha declaración.

2. El valor de las declaraciones y el de las objeciones a éstas será apreciado por la Corte o la Presidencia, según sea el caso.

Artículo 48. Recusación de peritos.

1. Los peritos podrán ser recusados cuando incurran en alguna de las siguientes causales:

a. ser pariente por consanguinidad, afinidad o adopción, dentro del cuarto grado, de una de las presuntas víctimas;

b. ser o haber sido representante de alguna presunta víctima en el procedimiento a nivel interno o ante el sistema interamericano de promoción y protección de los derechos humanos por los hechos del caso en conocimiento de la Corte;

c. tener o haber tenido vínculos estrechos o relación de subordinación funcional con la parte que lo propone y que a juicio de la Corte pudiera afectar su imparcialidad;

d. ser o haber sido funcionario de la Comisión con conocimiento del caso en litigio en que se solicita su peritaje;

e. ser o haber sido Agente del Estado demandado en el caso en litigio en que se solicita su peritaje;

f. haber intervenido con anterioridad, a cualquier título, y en cualquier instancia, nacional o internacional, en relación con la misma causa.

2. La recusación deberá proponerse dentro de los diez días siguientes a la recepción de la lista definitiva en la cual se confirma el ofrecimiento de dicho dictamen.

3. La Presidencia trasladará al perito en cuestión la recusación que se ha realizado en su contra y le otorgará un plazo determinado para que presente sus observaciones. Todo esto se pondrá en consideración de los intervinientes en el caso. Posteriormente, la Corte o quien la presida resolverá lo conducente.

Artículo 49. Sustitución de declarantes ofrecidos.

Excepcionalmente, frente a solicitud fundada y oído el parecer de la contraparte, la Corte podrá aceptar la sustitución de un declarante siempre que se individualice al sustituto y se respete el objeto de la declaración, testimonio o peritaje originalmente ofrecido.

Artículo 50. Ofrecimiento, citación y comparecencia de declarantes.

1. La Corte o su Presidencia emitirá una resolución en la que, según el caso, decidirá sobre las observaciones, objeciones o recusaciones que se hayan presentado; definirá el objeto de la declaración de cada uno de los declarantes; requerirá la remisión de las declaraciones ante fedatario público (affidávit) que considere pertinentes, y convocará a audiencia, si lo estima necesario, a quienes deban participar en ella.

2. Quien propuso la declaración notificará al declarante la resolución mencionada en el numeral anterior.

3. Las declaraciones versarán únicamente sobre el objeto que la Corte definió en la resolución a la que hace referencia el numeral 1 del presente artículo. Excepcionalmente, ante solicitud fundada y oído el parecer de la contraparte, la Corte podrá modificar el objeto de la declaración o aceptar una declaración que haya excedido el objeto fijado.

4. Quien ofreció a un declarante se encargará, según el caso, de su comparecencia ante el Tribunal o de la remisión a éste de su *affidávit*.

5. Las presuntas víctimas o sus representantes, el Estado demandado y, en su caso, el Estado demandante podrán formular preguntas por escrito a los declarantes ofrecidos por la contraparte y, en su caso, por la Comisión, que hayan sido llamados a prestar declaración ante fedatario público *(affidávit)*. La Presidencia estará facultada para resolver sobre la pertinencia de las preguntas formuladas y para dispensar de responderlas a la persona a quien vayan dirigidas, a menos que la Corte resuelva otra cosa. No serán admiti-

das las preguntas que induzcan las respuestas y que no se refieran al objeto determinado oportunamente.

6. Una vez recibida la declaración rendida ante fedatario público *(affidávit)*, ésta se trasladará a la contraparte y, en su caso, a la Comisión, para que presenten sus observaciones dentro del plazo que fije la Corte o su Presidencia.

Artículo 51. Audiencia.

1. En primer término la Comisión expondrá los fundamentos del informe al que se refiere el artículo 50 de la Convención y de la presentación del caso ante la Corte, así como cualquier asunto que considere relevante para su resolución.

2. Una vez que la Comisión haya concluido la exposición indicada en el numeral anterior, la Presidencia llamará a los declarantes convocados conforme al artículo 50.1 del presente Reglamento, a efectos de que sean interrogados conforme al artículo siguiente. Iniciará el interrogatorio del declarante quien lo haya propuesto.

3. Después de verificada su identidad y antes de declarar, el testigo prestará juramento o hará una declaración en que afirmará que dirá la verdad, toda la verdad y nada más que la verdad.

4. Después de verificada su identidad y antes de desempeñar su oficio, el perito prestará juramento o hará una declaración en que afirmará que ejercerá sus funciones con todo honor y con toda conciencia.

5. En el caso de las presuntas víctimas únicamente se verificará su identidad y no prestarán juramento.

6. Las presuntas víctimas y los testigos que todavía no hayan declarado no podrán estar presentes mientras se realiza la declaración de otra presunta víctima, testigo o perito en audiencia ante la Corte.

7. Una vez que la Corte haya escuchado a los declarantes, y los Jueces hayan formulado a éstos las preguntas que consideren pertinentes, la Presidencia concederá la palabra a las presuntas víctimas o a sus representantes y al Estado demandado para que expongan sus alegatos. La Presidencia otorgará posteriormente a las presuntas víctimas o a sus representantes y al Estado, respectivamente, la posibilidad de una réplica y una dúplica.

8. Concluidos los alegatos, la Comisión presentará sus observaciones finales.

9. Por último, la Presidencia dará la palabra a los Jueces, en orden inverso al sistema de precedencia establecido en el artículo 13 del Estatuto, a efectos de que, si lo desean, formulen preguntas a la Comisión, a las presuntas víctimas o a sus representantes y al Estado.

10. En los casos no presentados por la Comisión, la Presidencia dirigirá las audiencias, determinará el orden en que tomarán la palabra las personas que

en ellas puedan intervenir y dispondrá las medidas que sean pertinentes para su mejor realización.

11. La Corte podrá recibir declaraciones testimoniales, periciales o de presuntas víctimas haciendo uso de medios electrónicos audiovisuales.

Artículo 52. Preguntas durante los debates.

1. Los Jueces podrán formular las preguntas que estimen pertinentes a toda persona que comparezca ante la Corte.

2. Las presuntas víctimas, los testigos, los peritos y toda otra persona que la Corte decida oír podrán ser interrogados, bajo la moderación de la Presidencia, por las presuntas víctimas o sus representantes, el Estado demandado y, en su caso, el Estado demandante.

3. La Comisión podrá interrogar a los peritos que propuso conforme al artículo 35.1.f del presente Reglamento, y a los de las presuntas víctimas, del Estado demandado y, en su caso, del Estado demandante, si la Corte lo autoriza a solicitud fundada de la Comisión, cuando se afecte de manera relevante el orden público interamericano de los derechos humanos y su declaración verse sobre alguna materia contenida en un peritaje ofrecido por la Comisión.

4. La Presidencia estará facultada para resolver sobre la pertinencia de las preguntas formuladas y para dispensar de responderlas a la persona a quien vayan dirigidas, a menos que la Corte resuelva otra cosa. No serán admitidas las preguntas que induzcan las respuestas.

Artículo 53. Protección de presuntas víctimas, testigos, peritos, representantes y asesores legales.

Los Estados no podrán enjuiciar a las presuntas víctimas, a los testigos y a los peritos, a sus representantes o asesores legales ni ejercer represalias contra ellos o sus familiares, a causa de sus declaraciones, dictámenes rendidos o su defensa legal ante la Corte.

Artículo 54. Incomparecencia o falsa deposición.

La Corte pondrá en conocimiento del Estado que ejerce jurisdicción sobre el testigo los casos en que las personas requeridas para comparecer o declarar no comparecieren o rehusaren deponer sin motivo legítimo o que, en el parecer de la misma Corte, hayan violado el juramento o la declaración solemne, para los fines previstos en la legislación nacional correspondiente.

Artículo 55. Actas de las audiencias.

1. De cada audiencia la Secretaría dejará constancia de:

a. el nombre de los Jueces presentes;

b. el nombre de los intervinientes en la audiencia;

c. los nombres y datos personales de los declarantes que hayan comparecido.

2. La Secretaría grabará las audiencias y anexará una copia de la grabación al expediente.

3. Los Agentes, Delegados, las víctimas o las presuntas víctimas o sus representantes, recibirán a la brevedad posible copia de la grabación de la audiencia pública.

CAPÍTULO IV
Del procedimiento final escrito

Artículo 56. Alegatos finales escritos.

1. Las presuntas víctimas o sus representantes, el Estado demandado y, en su caso, el Estado demandante tendrán la oportunidad de presentar alegatos finales escritos en el plazo que determine la Presidencia.

2. La Comisión podrá, si lo estima conveniente, presentar observaciones finales escritas, en el plazo determinado en el numeral anterior.

CAPÍTULO V
De la prueba

Artículo 57. Admisión.

1. Las pruebas rendidas ante la Comisión serán incorporadas al expediente, siempre que hayan sido recibidas en procedimientos contradictorios, salvo que la Corte considere indispensable repetirlas.

2. Excepcionalmente y oído el parecer de todos los intervinientes en el proceso, la Corte podrá admitir una prueba si el que la ofrece justificare adecuadamente que por fuerza mayor o impedimento grave no presentó u ofreció dicha prueba en los momentos procesales establecidos en los artículos 35.1, 36.1, 40.2 y 41.1 de este Reglamento. La Corte podrá, además, admitir una prueba que se refiera a un hecho ocurrido con posterioridad a los citados momentos procesales.

Artículo 58. Diligencias probatorias de oficio.

En cualquier estado de la causa la Corte podrá:

a. Procurar de oficio toda prueba que considere útil y necesaria. En particular, podrá oír en calidad de presunta víctima, testigo, perito o por otro título, a cualquier persona cuya declaración, testimonio, u opinión estime pertinente.

b. Requerir de la Comisión, de las víctimas o presuntas víctimas o sus representantes, del Estado demandado y, en su caso, del Estado demandante el suministro de alguna prueba que estén en condiciones de aportar o de cualquier explicación o declaración que, a su juicio, pueda ser útil.

c. Solicitar a cualquier entidad, oficina, órgano o autoridad de su elección, que obtenga información, que exprese una opinión o que haga un informe o dictamen sobre un punto determinado. Mientras la Corte no lo autorice, los documentos respectivos no serán publicados.

d. Comisionar a uno o varios de sus miembros para que realicen cualquier medida de instrucción, incluyendo audiencias, ya sea en la sede de la Corte o fuera de ésta.

e. En el caso de que sea imposible proceder en los términos del inciso anterior, los Jueces podrán comisionar a la Secretaría para que lleve a cabo las medidas de instrucción que se requieran.

Artículo 59. Prueba incompleta o ilegible.

Todo instrumento probatorio presentado ante la Corte deberá ser remitido de forma completa y plenamente inteligible. En caso contrario, se dará a la parte que la presentó un plazo para que corrija los defectos o remita las aclaraciones pertinentes. De no ser así, esa prueba se tendrá por no presentada.

Artículo 60. Gastos de la prueba.

Quien proponga una prueba cubrirá los gastos que ella ocasione.

CAPÍTULO VI
Desistimiento, reconocimiento y solución amistosa

Artículo 61. Desistimiento del caso.

Cuando quien hizo la presentación del caso notificare a la Corte su desistimiento, ésta resolverá, oída la opinión de todos los intervinientes en el proceso, sobre su procedencia y sus efectos jurídicos.

Artículo 62. Reconocimiento.

Si el demandado comunicare a la Corte su aceptación de los hechos o su allanamiento total o parcial a las pretensiones que constan en el sometimiento del caso o en el escrito de las presuntas víctimas o sus representantes, la Corte, oído el parecer de los demás intervinientes en el proceso, resolverá, en el momento procesal oportuno, sobre su procedencia y sus efectos jurídicos.

Artículo 63. Solución amistosa.

Cuando la Comisión, las víctimas o presuntas víctimas o sus representantes, el Estado demandando y, en su caso, el Estado demandante, en un caso ante la Corte comunicaren a ésta la existencia de una solución amistosa, de un avenimiento o de otro hecho idóneo para la solución del litigio, la Corte resolverá en el momento procesal oportuno sobre su procedencia y sus efectos jurídicos.

Artículo 64. Prosecución del examen del caso.

La Corte, teniendo en cuenta las responsabilidades que le incumben de proteger los derechos humanos, podrá decidir que prosiga el examen del caso, aun en presencia de los supuestos señalados en los artículos precedentes.

CAPÍTULO VII
De las sentencias

Artículo 65. Contenido de las sentencias.

1. La sentencia contendrá:

a. el nombre de quien preside la Corte y de los demás Jueces que la hubieren dictado, del Secretario y del Secretario Adjunto;

b. la identificación de los intervinientes en el proceso y sus representantes;

c. una relación de los actos del procedimiento;

d. la determinación de los hechos;

e. las conclusiones de la Comisión, las víctimas o sus representantes, el Estado demandado y, en su caso, el Estado demandante;

f. los fundamentos de derecho;

g. la decisión sobre el caso;

h. el pronunciamiento sobre las reparaciones y costas, si procede;

i. el resultado de la votación;

j. la indicación sobre cuál es la versión auténtica de la sentencia.

2. Todo Juez que haya participado en el examen de un caso tiene derecho a unir a la sentencia su voto concurrente o disidente que deberá ser razonado. Estos votos deberán ser presentados dentro del plazo fijado por la Presidencia, de modo que puedan ser conocidos por los Jueces antes de la notificación de la sentencia. Dichos votos sólo podrán referirse a lo tratado en las sentencias.

Artículo 66. Sentencia de reparaciones y costas.

1. Cuando en la sentencia de fondo no se hubiere decidido específicamente sobre reparaciones y costas, la Corte fijará la oportunidad para su posterior decisión y determinará el procedimiento.

2. Si la Corte fuere informada de que las víctimas o sus representantes y el Estado demandado y, en su caso, el Estado demandante, han llegado a un

acuerdo respecto al cumplimiento de la sentencia sobre el fondo, verificará que el acuerdo sea conforme con la Convención y dispondrá lo conducente.

Artículo 67. Pronunciamiento y comunicación de la sentencia.

1. Llegado el estado de sentencia, la Corte deliberará en privado y aprobará la sentencia, la cual será notificada por la Secretaría a la Comisión, a las víctimas o presuntas víctimas o sus representantes, al Estado demandado y, en su caso, al Estado demandante.

2. Mientras no se haya notificado la sentencia, los textos, los razonamientos y las votaciones permanecerán en secreto.

3. Las sentencias serán firmadas por todos los Jueces que participaron en la votación y por el Secretario. Sin embargo, será válida la sentencia firmada por la mayoría de los Jueces y por el Secretario.

4. Los votos concurrentes o disidentes serán suscritos por los respectivos Jueces que los sustenten y por el Secretario.

5. Las sentencias concluirán con una orden de comunicación y ejecución firmada por la Presidencia y por el Secretario y sellada por éste.

6. Los originales de las sentencias quedarán depositados en los archivos de la Corte. El Secretario expedirá copias certificadas a los Estados parte, a la Comisión, a las víctimas o presuntas víctimas, o sus representantes, al Estado demandado y, en su caso, al Estado demandante, al Consejo Permanente a través de su Presidencia, al Secretario General de la OEA, y a toda otra persona interesada que lo solicite.

Artículo 68. Solicitud de interpretación.

1. La solicitud de interpretación a que se refiere el artículo 67 de la Convención podrá promoverse en relación con las sentencias de excepciones preliminares, fondo o reparaciones y costas y se presentará en la Secretaría de la Corte indicándose en ella, con precisión, las cuestiones relativas al sentido o alcance de la sentencia cuya interpretación se pida.

2. El Secretario comunicará la solicitud de interpretación a los demás intervinientes en el caso, y les invitará a presentar las alegaciones escritas que estimen pertinentes dentro del plazo fijado por la Presidencia.

3. Para el examen de la solicitud de interpretación la Corte se reunirá, si es posible, con la composición que tenía al dictar la sentencia respectiva. Sin embargo, en caso de fallecimiento, renuncia, impedimento, excusa o inhabilitación, se sustituirá al Juez de que se trate según el artículo 17 de este Reglamento.

4. La solicitud de interpretación no suspenderá la ejecución de la sentencia.

5. La Corte determinará el procedimiento que se seguirá y resolverá mediante una sentencia.

Artículo 69. Supervisión de cumplimiento de sentencias y otras decisiones del Tribunal.

1. La supervisión de las sentencias y demás decisiones de la Corte se realizará mediante la presentación de informes estatales y de las correspondientes observaciones a dichos informes por parte de las víctimas o sus representantes. La Comisión deberá presentar observaciones al informe del Estado y a las observaciones de las víctimas o sus representantes.

2. La Corte podrá requerir a otras fuentes de información datos relevantes sobre el caso, que permitan apreciar el cumplimiento. Para los mismos efectos podrá también requerir los peritajes e informes que considere oportunos.

3. Cuando lo considere pertinente, el Tribunal podrá convocar al Estado y a los representantes de las víctimas a una audiencia para supervisar el cumplimiento de sus decisiones, y en ésta escuchará el parecer de la Comisión.

4. Una vez que el Tribunal cuente con la información pertinente, determinará el estado del cumplimiento de lo resuelto y emitirá las resoluciones que estime pertinentes.

5. Estas disposiciones se aplican también para casos no sometidos por la Comisión.

TÍTULO III
De las opiniones consultivas

Artículo 70. Interpretación de la Convención.

1. Las solicitudes de opinión consultiva previstas en el artículo 64.1 de la Convención deberán formular con precisión las preguntas específicas sobre las cuales se pretende obtener la opinión de la Corte.

2. Las solicitudes de opinión consultiva formuladas por un Estado miembro o por la Comisión, deberán indicar, además, las disposiciones cuya interpretación se pide, las consideraciones que originan la consulta y el nombre y dirección del Agente o de los Delegados.

3. Si la iniciativa de la opinión consultiva es de otro órgano de la OEA distinto de la Comisión, la solicitud deberá precisar, además de lo mencionado en el numeral anterior, la manera en que la consulta se refiere a su esfera de competencia.

Artículo 71. Interpretación de otros tratados.

1. Si la solicitud se refiere a la interpretación de otros tratados concernientes a la protección de los derechos humanos en los Estados americanos prevista en el artículo 64.1 de la Convención, deberá ser identificado el tratado y las partes en él, las preguntas específicas sobre las cuales se pretende obtener la opinión de la Corte y las consideraciones que originan la consulta.

2. Si la solicitud emana de uno de los órganos de la OEA, se señalará la razón por la cual la consulta se refiere a su esfera de competencia.

Artículo 72. Interpretación de leyes internas.

1. La solicitud de una opinión consultiva presentada de conformidad con el artículo 64.2 de la Convención deberá señalar:

a. las disposiciones de derecho interno, así como las de la Convención o de otros tratados concernientes a la protección a los derechos humanos, que son objeto de la consulta;

b. las preguntas específicas sobre las cuales se pretende obtener la opinión de la Corte;

c. el nombre y la dirección del Agente del solicitante.

2. A la solicitud se acompañará copia de las disposiciones internas a que se refiera la consulta.

Artículo 73. Procedimiento.

1. Una vez recibida una solicitud de opinión consultiva, el Secretario transmitirá copia a todos los Estados miembros, a la Comisión, al Consejo Permanente a través de su Presidencia, al Secretario General y a los órganos de la OEA a cuya esfera de competencia se refiera el tema de la consulta, si fuere del caso.

2. La Presidencia fijará un plazo para que los interesados remitan sus observaciones escritas.

3. La Presidencia podrá invitar o autorizar a cualquier persona interesada para que presente su opinión escrita sobre los puntos sometidos a consulta. Si la solicitud es de aquéllas a que se refiere el artículo 64.2 de la Convención, lo podrá hacer previa consulta con el agente.

4. Una vez concluido el procedimiento escrito, la Corte decidirá si considera conveniente la realización del procedimiento oral y fijará la audiencia, a menos que delegue este último cometido en la Presidencia. En el caso de lo previsto en el artículo 64.2 de la Convención se hará previa consulta con el Agente.

Artículo 74. Aplicación analógica.

La Corte aplicará al trámite de las opiniones consultivas las disposiciones del título II de este Reglamento en la medida en que las juzgue compatibles.

Artículo 75. Emisión y contenido de las opiniones consultivas.

1. La emisión de las opiniones consultivas se regirá por lo dispuesto en el artículo 67 de este Reglamento.

2. La opinión consultiva contendrá:

a. el nombre de quien preside la Corte y de los demás Jueces que la hubieren emitido, del Secretario y del Secretario Adjunto;

b. las cuestiones sometidas a la Corte;

c. una relación de los actos del procedimiento;

d. los fundamentos de derecho;

e. la opinión de la Corte;

f. la indicación de cuál es la versión auténtica de la opinión.

3. Todo Juez que haya participado en la emisión de una opinión consultiva tiene derecho a unir a la de la Corte, su voto concurrente o disidente, el cual deberá ser razonado. Estos votos deberán ser presentados dentro del plazo fijado por la Presidencia, de modo que puedan ser conocidos por los Jueces antes de la comunicación de la opinión consultiva. Para su publicación se aplicará lo dispuesto en el artículo 32.1.a de este Reglamento.

4. Las opiniones consultivas podrán ser leídas en público.

TÍTULO IV
Rectificaciones de errores

Artículo 76. Rectificación de errores en sentencias y otras decisiones.

La Corte podrá, a iniciativa propia o a solicitud de parte, presentada dentro del mes siguiente a la notificación de la sentencia o resolución de que se trate, rectificar errores notorios, de edición o de cálculo. De efectuarse alguna rectificación la Corte la notificará a la Comisión, a las víctimas o sus representantes, al Estado demandado y, en su caso, al Estado demandante.

TÍTULO V
Disposiciones finales y transitorias

Artículo 77. Reformas al Reglamento.

El presente Reglamento podrá ser reformado por decisión de la mayoría absoluta de los Jueces titulares de la Corte y deroga, a partir de su entrada en vigor, las normas reglamentarias anteriores.

Artículo 78. Entrada en vigor.

El presente Reglamento entrará en vigor el 1 de enero de 2010.

Artículo 79. Aplicación.

1. Los casos contenciosos que ya se hubiesen sometido a la consideración de la Corte antes del 1 de enero de 2010 se continuarán tramitando, hasta que se emita sentencia, conforme al Reglamento anterior.

2. Cuando la Comisión hubiese adoptado el informe al que se refiere el artículo 50 de la Convención con anterioridad a la entrada en vigor del presente Reglamento, la presentación del caso ante la Corte se regirá por los artículos 33 y 34 del Reglamento anteriormente vigente[143]. En lo que respecta a la recepción de declaraciones se aplicarán las disposiciones del presente Reglamento, contando para ese efecto con el auxilio del Fondo de Asistencia Legal a Víctimas.

Dado en la sede de la Corte Interamericana de Derechos Humanos en San José de Costa Rica el día 24 de noviembre de 2009.

3. Reglamento de la Corte Interamericana de Derechos Humanos sobre el funcionamiento del Fondo de Asistencia Legal de Víctimas, 4 de febrero de 2010

Considerando que:

1) Mediante la Resolución de la Asamblea General de la Organización de Estados Americanos (OEA) AG/RES/ 2426 de 3 de junio de 2008 se dispuso la «Creación del Fondo de Asistencia Legal del Sistema Interamericano de Derechos Humanos»; y

2) La Resolución del Consejo Permanente de la OEA CP/RES. 963 de 11 de noviembre de 2009 aprobó el «Reglamento para el funcionamiento del fondo de asistencia legal del sistema interamericano de derechos humanos».

---

143 Artículo 33. Inicio del Proceso.
La introducción de una causa de conformidad con el artículo 61.1 de la Convención, se hará ante la Secretaría de la Corte mediante la interposición de la demanda en los idiomas de trabajo. Presentada la demanda en uno sólo de esos idiomas no se suspenderá el trámite reglamentario, pero la traducción al o a los otros deberá presentarse dentro de los 30 días siguientes.
Artículo 34. Escrito de demanda
El escrito de la demanda expresará:
1. las pretensiones (incluidas las referidas a las reparaciones y costas); las partes en el caso; la exposición de los hechos; las resoluciones de apertura del procedimiento y de admisibilidad de la denuncia por la Comisión; las pruebas ofrecidas con indicación de los hechos sobre los cuales versarán; la individualización de los testigos y peritos y el objeto de sus declaraciones; los fundamentos de derecho y las conclusiones pertinentes. Además, la Comisión deberá consignar el nombre y la dirección de las presuntas víctimas o sus representantes debidamente acreditados en caso de ser posible.
2. los nombres de los Agentes o de los Delegados.
3. En caso de que esta información no sea señalada en la demanda, la Comisión será la representante procesal de las presuntas víctimas como garante del interés público bajo la Convención Americana, de modo a evitar la indefensión de las mismas.
Junto con la demanda se acompañará el informe a que se refiere el artículo 50 de la Convención si es la Comisión la que la introduce.

Acuerda, adoptar el presente Reglamento:

Artículo 1. Objeto.

El presente Reglamento tiene por objeto regular el acceso y funcionamiento del Fondo de Asistencia Legal de Víctimas de la Corte Interamericana de Derechos Humanos, para litigar un caso ante ésta.

Artículo 2. Solicitud para acogerse al Fondo de Asistencia Legal.

La presunta víctima que desee acogerse al Fondo de Asistencia Legal de Víctimas deberá hacerlo saber a la Corte en su escrito de solicitudes, argumentos y pruebas. Deberá demostrar, mediante declaración jurada y otros medios probatorios idóneos que satisfagan al Tribunal, que carece de recursos económicos suficientes para solventar los costos del litigio ante la Corte Interamericana e indicar con precisión qué aspectos de su defensa en el proceso requieren el uso de recursos del Fondo de Asistencia Legal de Víctimas.

Artículo 3. Determinación de la procedencia de la solicitud.

La Secretaría de la Corte hará un examen preliminar de la petición de asistencia, y requerirá al solicitante la remisión de la información que sea necesaria para completar los antecedentes para someterlos a la consideración de la Presidencia. La Presidencia de la Corte evaluará cada una de las solicitudes que se presenten, determinará su procedencia e indicará que aspectos de la defensa se podrán solventar con el Fondo de Asistencia Legal de Víctimas. Dicha decisión se resolverá 2 en el plazo de tres meses contados a partir de la recepción de todos los antecedentes requeridos. La Secretaría de la Corte notificará la decisión de la Presidencia a la presunta víctima o su representante, al Estado demandado y a la Comisión Interamericana de Derechos Humanos.

Artículo 4. Administración y Asignación de Recursos.

La Secretaría de la Corte administrará el Fondo de Asistencia Legal de Víctimas.

Una vez que la Presidencia determine la procedencia de la solicitud y ésta haya sido notificada, la Secretaría de la Corte abrirá un expediente de gastos para ese caso en particular, donde se documentará cada una de las erogaciones que se realicen conforme a los parámetros autorizados por la Presidencia.

Artículo 5. Reintegro de los gastos al Fondo de Asistencia Legal de Víctimas.

La Secretaría de la Corte informará al Estado demandado las erogaciones realizadas en aplicación del Fondo de Asistencia Legal de Víctimas, para que presente sus observaciones, si así lo desea, dentro del plazo que se establezca al efecto.

Al momento de emitir sentencia el Tribunal evaluará la procedencia de ordenar al Estado demandado el reintegro, al Fondo de Asistencia Legal correspondiente a la Corte Interamericana de Derechos Humanos, las erogaciones en que se hubiese incurrido.

Artículo 6. Interpretación.

A falta de disposición en este Reglamento, o en caso de duda sobre su interpretación, la Corte decidirá.

Artículo 7. Reformas al Reglamento.

El presente Reglamento podrá ser reformado por decisión de la mayoría absoluta de los jueces de la Corte.

Artículo 8. Entrada en vigor.

El presente Reglamento entrará en vigor el 1 de junio de 2010. Dado en la sede de la Corte Interamericana de Derechos Humanos en San José de Costa Rica el día 4 de febrero de 2010.

G

ESTADO DE FIRMAS, RATIFICACIONES Y RESERVAS

1. Carta de la Organización de los Estados[144]

PAÍSES SIGNATARIOS	FIRMA	Ra/Ac/Ad	DEPÓSITO
Antigua y Barbuda	12/03/81	12/03/81	12/03/81 RA
Argentina	04/30/48	01/19/56	04/10/56 RA
Bahamas	03/03/82	03/01/82	03/03/82 RA
Barbados	10/09/67	11/14/67	11/15/67 RA
Belice	01/08/91	01/08/91	01/08/91 RA
Bolivia	04/30/48	09/25/50	10/18/50 RA
Brasil	04/30/48	02/11/50	03/13/50 RA
Canadá	11/13/89	12/20/89	01/08/90 RA
Chile	04/30/48	05/05/53	06/05/53 RA
Colombia	04/30/48	12/07/51	12/13/51 RA
Costa Rica	04/30/48	10/30/48	11/16/48 RA
Cuba	04/30/48	07/08/52	07/16/52 RA
Dominica	05/22/79	05/22/79	05/22/79 RA
Ecuador	04/30/48	12/21/50	12/28/50 RA
El Salvador	04/30/48	08/15/50	09/11/50 RA
Estados Unidos	04/30/48	06/15/51	06/19/51 RA
Granada	05/13/75	05/13/75	05/13/75 RA
Guatemala	04/30/48	03/18/51	04/06/55 RA

144 Información obtenida de la OEA. Se adoptó en Bogotá (Colombia), el 30 de abril de 1948 y entró en vigor el 13 de diciembre de 1951 (artículo 45 de la Carta). https://www.oas.org/es/sla/ddi/tratados_multilaterales_interamericanos_A-41_carta_OEA_firmas.asp.

PAÍSES SIGNATARIOS	FIRMA	Ra/Ac/Ad	DEPÓSITO
Guyana	01/08/91	01/08/91	01/08/91 RA
Haití	04/30/48	08/21/50	03/28/51 RA
Honduras	04/30/48	01/13/50	02/07/50 RA
Jamaica	06/27/69	08/07/69	08/20/69 RA
Méjico	04/30/48	11/23/48	11/23/48 RA
Nicaragua	04/30/48	06/21/50	07/26/50 RA
Panamá	04/30/48	03/16/51	03/22/51 RA
Paraguay	04/30/48	03/30/50	05/03/50 RA
Perú	04/30/48	05/15/52	02/12/54 RA
República Dominicana	04/30/48	04/11/49	04/22/49 RA
San Cristóbal y Nieves	03/12/84	03/12/84	03/12/84 RA
San Vicente y las Granadinas	12/03/81	12/03/81	12/03/81 RA
Santa Lucía	05/22/79	05/22/79	05/22/79 RA
Surinam	02/22/77	06/01/77	06/08/77 RA
Trinidad y Tobago	03/13/67	03/14/67	03/17/67 RA
Uruguay	04/30/48	08/17/55	09/01/55 RA
Venezuela	04/30/48	12/21/51	12/29/51 RA

Bolivia

Declaración hecha al ratificar la Carta.

«El Honorable Congreso Nacional,

Resuelve:

Que el Poder Ejecutivo, a tiempo de depositar en la Unión Panamericana, la ratificación de la Carta de la Organización de los Estados Americanos, suscrita en Bogotá el 30 de abril de 1948, formule la siguiente declaración».

El Gobierno de Bolivia sostiene, de acuerdo con el contexto de la Carta de Bogotá, que «el respeto y la fiel observancia de los tratados» que se consagra por los artículos 5 y 14, como norma de las relaciones internacionales, no excluye la revisión de los mismos por los procedimientos pacíficos a que se refieren los artículos 21, 22 y 23 de dicha Carta, cuando afectan derechos fundamentales de los Estados.

Estados Unidos

Reserva hecha al ratificar la Carta.

El Senado de los Estados Unidos aprueba la ratificación de la Carta con la reserva de que ninguna de sus disposiciones se considerará en el sentido de ampliar los poderes del Gobierno Federal de los Estados Unidos o de limitar los poderes de los distintos Estados de la Unión Federal con respecto a cualquier materia que la Constitución de la Unión Federal con respecto a cualquier materia que la Constitución reconozca como comprendida dentro de los poderes reservados a los distintos Estados.

Guatemala

Reserva hecha al ratificar la Carta.

Ninguna de las estipulaciones de la presente Carta de la Organización de los Estados Americanos podrá considerarse como un impedimento para que Guatemala pueda hacer valer sus derechos al territorio de Belice por los medios que en cualquier momento estime conveniente.

En relación con esta reserva, al consultar la Secretaría General a los Estados Signatarios si la encontraban aceptable o no, en cumplimiento del procedimiento establecido en el Párrafo 2 de la Resolución XXIX de la Octava Conferencia Internacional Americana, celebrada en Lima en 1938, les comunicó, a solicitud del Gobierno de Guatemala, la declaración formal de este Gobierno de que tal reserva no pretende constituir alteración alguna a la Carta de la Organización de los Estados Americanos y de que Guatemala está dispuesta a actuar siempre dentro de los límites de los acuerdos internacionales que haya aceptado. A la luz de esta declaración, los Estados que al principio no encontraron aceptable la reserva, expresaron su aceptación.

Perú

Reserva hecha al ratificar la Carta.

Con la reserva de que los principios de solidaridad y cooperación interamericana y fundamentalmente los enunciados en los considerandos y declaraciones del Acta de Chapultepec constituyen normas de las relaciones mutuas entre los Estados Americanos y base jurídica del sistema interamericano.

Canadá

Declaración hecha al ratificar la Carta.

Los artículos 27 y 28 de la Carta de la OEA no crean ninguna obligación militar para Canadá. Canadá no tiene la intención de adherirse al Tratado Interamericano de Asistencia Recíproca, adoptado en Rio de Janeiro el 2 de septiembre de 1947.

Canadá no va a gestionar la correspondencia de la OEA de forma gratuita en las oficinas de correos de Canadá.

Venezuela

El 28 de abril de 2017, el Secretario General de la Organización recibió de la República Bolivariana de Venezuela una nota de fecha 27 de abril de 2017, mediante la cual dicho país manifiesta su decisión de denunciar la Carta de la Organización de los Estados Americanos en los términos que se establecen en dicha nota.

Adicionalmente, el 7 de marzo de 2019, el Secretario General de la Organización recibió la nota adjunta de fecha 8 de febrero de 2019.

Nicaragua

El 19 de noviembre de 2021, el Secretario General de la Organización recibió de la República de Nicaragua una carta de fecha 18 de noviembre de 2021, mediante la cual dicho país manifiesta su decisión de denunciar la Carta de la Organización de los Estados Americanos en los términos que se establecen en dicha carta, adjunta a la presente.

2. Convención Americana sobre Derechos Humanos[145], Pacto de San José

PAÍSES SIGNATARIOS	FIRMA	RATIFICACIÓN/ ADHESIÓN	DEPÓSITO
Antigua y Barbuda	-	-	-
Argentina	02/02/84	08/14/84	09/05/84 RA
Bahamas	-	-	-
Barbados	06/20/78	11/05/81	11/27/82 RA
Belice	-	-	-
Bolivia	-	06/20/79	07/19/79 AD
Brasil	-	07/09/92	09/25/92 AD
Canadá	-	-	-
Chile	11/22/69	08/10/90	08/21/90 RA
Colombia	11/22/69	05/28/73	07/31/73 RA
Costa Rica	11/22/69	03/02/70	04/08/70 RA
Dominica	-	06/03/93	06/11/93 RA
Ecuador	11/22/69	12/08/77	12/28/77 RA
El Salvador	11/22/69	06/20/78	06/23/78 RA
Estados Unidos	06/01/77	-	-

145 Información obtenida de la OEA. Se adoptó en San José (Costa Rica), el 22 de noviembre de 1969 y entró en vigor el 18 de julio de 1978 (artículo 74.2 de la Convención). https://www.oas.org/dil/esp/tratados_B32_Convencion_Americana_sobre_Derechos_Humanos_firmas.htm.

PAÍSES SIGNATARIOS	FIRMA	RATIFICACIÓN/ ADHESIÓN	DEPÓSITO
Granada	07/14/78	07/14/78	07/18/78 RA
Guatemala	11/22/69	04/27/78	05/25/78 RA
Guyana	-	-	-
Haití	-	09/14/77	09/27/77 AD
Honduras	11/22/69	09/05/77	09/08/77 RA
Jamaica	09/16/77	07/19/78	08/07/78 RA
Méjico	-	03/02/81	03/24/81 AD
Nicaragua	11/22/69	09/25/79	09/25/79 RA
Panamá	11/22/69	05/08/78	06/22/78 RA
Paraguay	11/22/69	08/18/89	08/24/89 RA
Perú	07/27/77	07/12/78	07/28/78 RA
República Dominicana	09/07/77	01/21/78	04/19/78 RA
San Cristóbal y Nieves	-	-	-
Santa Lucia	-	-	-
San Vicente y las Granadinas	-	-	-
Surinam	-	11/12/87	11/12/87 AD
Trinidad y Tobago	-	04/03/91	05/28/91 AD
Uruguay	11/22/69	03/26/85	04/19/85 RA
Venezuela	11/22/69	07/01/19	07/31/19 RA

Chile

Declaración hecha al firmar la Convención.

La Delegación de Chile pone su firma en esta Convención, sujeta a su posterior aprobación parlamentaria y ratificación, conforme a las normas constitucionales vigentes.

Declaraciones hechas al ratificar la Convención.

Reconocimiento de Competencia:

a) El Gobierno de Chile declara que reconoce la competencia de la Comisión Interamericana de Derechos Humanos, por tiempo indefinido y bajo condiciones de reciprocidad, para recibir y examinar las comunicaciones en que un Estado parte alegue que otro Estado parte ha incurrido en violaciones de derechos humanos establecidos en la Convención Americana sobre Derechos Humanos, en los términos previstos en el artículo 45 de la mencionada Convención.

b) El Gobierno de Chile declara que reconoce como obligatoria de pleno derecho la competencia de la Corte Interamericana de Derechos Humanos respecto de los casos relativos a la interpretación y aplicación de esta Convención de conformidad con lo que dispone su artículo 62.

Al formular las mencionadas declaraciones, el Gobierno de Chile deja constancia que los reconocimientos de competencia que ha conferido se refieren a hechos posteriores a la fecha del depósito de este instrumento de ratificación o, en todo caso, a hechos cuyo principio de ejecución sea posterior al 11 de marzo de 1990. Igualmente, el Gobierno de Chile, al conferir la competencia a la Comisión y a la Corte Interamericana de Derechos Humanos, declara que estos órganos, al aplicar lo preceptuado en el párrafo segundo del artículo 21 de la Convención no podrán pronunciarse acerca de las razones de utilidad pública o de interés social que se hayan tenido en consideración al privar de sus bienes a una persona.

Ecuador

Declaración hecha al firmar la Convención.

La Delegación del Ecuador tiene el honor de suscribir la Convención Americana sobre Derechos Humanos. No cree necesario puntualizar reserva alguna, dejando a salvo, tan sólo, la facultad general contenida en la misma Convención, que deja a los Gobiernos la libertad de ratificarla.

Reconocimiento de Competencia.

El 13 de agosto de 1984, la Secretaría General de la OEA recibió la nota que informa sobre el reconocimiento de competencia establecido en los artículos 45 y 62 de la Convención, respectivamente Ecuador reconoció la vigencia de los artículos 45 y 62 de la Convención Americana sobre Derechos Humanos, mediante Decreto núm. 2768, de 24 de julio de 1984, publicado en el Registro Oficial núm. 795 del 27 de julio de 1984.

Además, el Ministro de Relaciones Exteriores del Ecuador formuló una declaración con fecha 30 de julio de 1984, de conformidad con lo estatuido en el párrafo 4 del artículo 45 y en el párrafo 2 del artículo 62 de la citada Convención, cuyo texto es el siguiente:

De acuerdo con lo estipulado en el parágrafo 1 del Artículo 45 de la Convención sobre Derechos Humanos —«Pacto de San José de Costa Rica»— (ratificada por el Ecuador el 21 de octubre de 1977 y vigente desde el 27 de octubre de 1977), el Gobierno del Ecuador reconoce la competencia de la Comisión Interamericana de Derechos Humanos para recibir y examinar las comunicaciones en que un Estado parte alegue que otro Estado parte ha incurrido en violaciones de los derechos humanos establecidos en la citada Convención, en los términos previstos en el parágrafo 2 de dicho Artículo.

Este reconocimiento de competencia se hace por tiempo indefinido y bajo condición de reciprocidad.

De acuerdo con lo prescrito en el parágrafo 1 del Artículo 62 de la Convención antes mencionada el Gobierno del Ecuador declara que reconoce como obligatoria de pleno derecho y sin convención especial, la competencia de la Corte Interamericana de Derechos Humanos sobre todos los casos relativos a la interpretación o aplicación de la Convención.

Este reconocimiento de competencia se hace por plazo indeterminado y bajo condición de reciprocidad. El Estado ecuatoriano se reserva la facultad de retirar el reconocimiento de estas competencias cuando lo estime conveniente.

República Dominicana

Declaración hecha al firmar la Convención.

La República Dominicana, al suscribir la Convención Americana sobre Derechos Humanos, aspira que el Principio sobre la Proscripción de la Pena de Muerte llegue a ser puro y simple, de aplicación general para los Estados de la regionalidad americana, y mantiene, asimismo, las observaciones y comentarios realizados al Proyecto de Convención citado y que hiciera circular ante las delegaciones al Consejo de la Organización de los Estados Americanos el 20 de junio de 1969.

Reconocimiento de Competencia.

«El Gobierno de la República Dominicana por medio del presente Instrumento, declara que reconoce como obligatoria de pleno derecho y sin convención especial, la competencia de la Corte Interamericana de Derechos Humanos sobre todos los casos relativos a la interpretación o aplicación de la Convención Interamericana de Derechos Humanos, del 22 de Noviembre de 1969» (19 de febrero de 1999).

Uruguay

Reserva hecha al firmar la Convención.

El Artículo 80, numeral 2 de la Constitución de la República Oriental del Uruguay establece que la ciudadanía se suspende «por la condición de legalmente procesado en causa criminal de que pueda resultar pena de penitenciaría». Esta limitación al ejercicio de los derechos reconocidos en el Artículo 23 de la Convención no está contemplada entre las circunstancias que al respecto prevé el parágrafo 2 de dicho Artículo 23 por lo que la Delegación del Uruguay formula la reserva pertinente.

Reserva hecha al ratificar la Convención.

Con la reserva formulada al firmarla. Tal reserva se notificó conforme a las disposiciones de la Convención de Viena sobre el Derecho de los Tratados, suscrita el 23 de mayo de 1969.

Reconocimiento de Competencia.

En el instrumento de ratificación de fecha 26 de marzo de 1985, depositado el 19 de abril de 1985 en la Secretaría General de la OEA, el Gobierno de la República Oriental del Uruguay declara que reconoce la competencia de la Comisión Interamericana de Derechos Humanos por tiempo indefinido y de la Corte Interamericana de Derechos Humanos sobre todos los casos relativos a la interpretación o aplicación de esta Convención, bajo condición de reciprocidad, de acuerdo a lo establecido en sus artículos cuarenta y cinco párrafo tres, y sesenta y dos, párrafo dos.

Argentina

Reserva y declaraciones interpretativas hechas al ratificar la Convención.

El instrumento de ratificación se recibió en la Secretaría General de la OEA el 5 de setiembre de 1984, con una reserva y declaraciones interpretativas. Se procedió al trámite de notificación de la reserva de conformidad con la Convención de Viena sobre el Derecho de los Tratados suscrita el 23 de mayo de 1969.

Los textos de la reserva y declaraciones interpretativas antes mencionadas son los siguientes:

I. Reserva:

El artículo 21 queda sometido a la siguiente reserva: «El Gobierno argentino establece que no quedarán sujetas a revisión de un Tribunal Internacional cuestiones inherentes a la política económica del Gobierno. Tampoco considerará revisable lo que los Tribunales nacionales determinen como causas de utilidad pública e interés social, ni lo que éstos entiendan por indemnización justa».

II. Declaraciones Interpretativas:

El artículo 5, inciso 3, debe interpretarse en el sentido que la pena no puede trascender directamente de la persona del delincuente, esto es, no cabrán sanciones penales vicariantes.

El artículo 7, inciso 7, debe interpretarse en el sentido que la prohibición de la «detención por deudas» no comporta vedar al Estado la posibilidad de supeditar la imposición de penas a la condición de que ciertas deudas no sean satisfechas, cuando la pena no se imponga por el incumplimiento mismo de la deuda sino por un hecho penalmente ilícito anterior independiente.

El artículo 10 debe interpretarse en el sentido de que el «error judicial» sea establecido por un Tribunal Nacional.

Reconocimiento de Competencia:

En el instrumento de ratificación de fecha 14 de agosto de 1984, depositado el 5 de septiembre de 1984 en la Secretaría General de la OEA, el Gobierno de la República Argentina reconoce la competencia de la Comisión

Interamericana de Derechos Humanos y de la Corte Interamericana de Derechos Humanos por tiempo indefinido y bajo condición de estricta reciprocidad, sobre los casos relativos a la interpretación o aplicación de la citada Convención, con la reserva parcial y teniendo en cuenta las declaraciones interpretativas que se consignan en el instrumento de ratificación.

Se deja constancia, asimismo, que las obligaciones contraídas en virtud de la Convención sólo tendrán efectos con relación a hechos acaecidos con posterioridad a la ratificación del mencionado instrumento.

Barbados

Reservas hechas al ratificar la Convención.

El instrumento de ratificación se recibió en la Secretaría General de la OEA el 5 de noviembre de 1981, con reservas. Tales reservas se notificaron conforme a las disposiciones de la Convención de Viena sobre el Derecho de los Tratados, suscrita el 23 de mayo de 1969. El plazo de 12 meses desde la notificación de las mismas se cumplió el 26 de noviembre de 1982 sin objeciones.

El texto de las reservas con respecto a los Artículos 4(4), 4(5), y 8(2)(e), es el siguiente:

En cuanto al párrafo 4 del Artículo 4, el Código Penal de Barbados establece la pena de muerte en la horca por los delitos de asesinato y traición. El Gobierno está examinando actualmente en su integridad la cuestión de la pena de muerte que sólo se impone en raras ocasiones, pero desea hacer una reserva sobre este punto, ya que en ciertas circunstancias podría considerarse que la traición es delito político y cae dentro de los términos del párrafo 4 del Artículo 4.

Con respecto al párrafo 5 del Artículo 4, aunque la juventud o mayor edad del delincuente pueden ser factores que el Consejo Privado, Corte de Apelaciones de más alta jerarquía, podría tomar en cuenta al considerar si se debe cumplir la sentencia de muerte, las personas de 16 años y más o mayores de 70 pueden ser ejecutadas de conformidad con la ley de Barbados.

Con respecto al inciso (e) del párrafo 2 del Artículo 8, la ley de Barbados no establece como garantía mínima en el procedimiento penal, ningún derecho irrenunciable a contar con la asistencia de un defensor asignado por el Estado. Se proporcionan servicios de asistencia jurídica en los casos de determinados delitos, tales como el homicidio y la violación.

Declaración de reconocimiento de la jurisdicción obligatoria de la Corte Interamericana de Derechos Humanos en los términos del artículo 62, 1 de la Convención (4 de junio de 2000).

Colombia

Reconocimiento de competencia:

El 21 de junio de 1985 presentó un instrumento de aceptación por el cual reconoce la competencia de la Comisión Interamericana de Derechos

Humanos por tiempo indefinido bajo condición de estricta reciprocidad y para hechos posteriores a esta aceptación, sobre casos relativos a la interpretación o aplicación de la Convención, reservándose el derecho de hacer cesar la competencia en el momento que lo considere oportuno. El mismo instrumento reconoce la competencia de la Corte Interamericana de Derechos Humanos por tiempo indefinido, bajo condición de reciprocidad y para hechos posteriores a esta aceptación, sobre casos relativos a la interpretación o aplicación de la Convención, reservándose el derecho de hacer cesar la competencia en el momento que lo considere oportuno.

Costa Rica

Reconocimiento de Competencia:

El 2 de julio de 1980, presentó en la Secretaría General de la OEA el instrumento de reconocimiento de la competencia de la Comisión Interamericana de Derechos Humanos y de la Corte Interamericana de Derechos Humanos, de acuerdo con los Artículos 45 y 62 de la Convención.

Declaración y reserva hechas al ratificar la Convención.

1) Que la República de Costa Rica declaró reconocer, sin condiciones y durante el lapso de la vigencia de la Convención Americana sobre Derechos Humanos, la competencia de la Comisión para recibir y examinar las comunicaciones en que un Estado parte alegue que otro Estado parte ha incurrido en violación de los derechos humanos establecidos en la citada Convención.

2) Que la República de Costa Rica declaró reconocer, sin condiciones y durante todo el lapso de vigencia de la Convención Americana sobre Derechos Humanos, la competencia obligatoria de pleno derecho y sin convención especial de la Corte Interamericana de Derechos Humanos, sobre todos los casos relativos a la interpretación o aplicación del referido Tratado multilateral.

El Salvador

Declaración y reserva hechas al ratificar la Convención.

Ratificase la presente Convención, interpretándose las disposiciones de la misma en el sentido de que la Corte Interamericana de Derechos Humanos solamente tendrá competencia para conocer de cualquier caso que le pueda ser sometido, tanto por la Comisión Interamericana de Derechos Humanos como por cualquier Estado parte, siempre y cuando el Estado de El Salvador, como parte en el caso, haya reconocido o reconozca dicha competencia, por cualquiera de los medios y bajo las modalidades que en la misma Convención se señalan.

Ratificase la Convención Americana sobre Derechos Humanos, llamada «Pacto de San José de Costa Rica», suscrita en San José, Costa Rica, el 22 de noviembre de 1969, compuesta de un preámbulo y ochenta y dos artículos, aprobada por el Poder Ejecutivo en el Ramo de Relaciones Exteriores mediante Acuerdo número 405, de fecha 14 de junio del corriente año, haciendo la salvedad que tal ratificación se entiende sin perjuicio de aquellas disposiciones de la Convención que puedan entrar en conflicto con preceptos expresos de la Constitución Política de la República.

El instrumento de ratificación se recibió en la Secretaría General de la OEA el 23 de junio de 1978, con una reserva y una declaración. Se procedió al trámite de notificación de la reserva de conformidad con la Convención de Viena sobre el Derecho de los Tratados suscrita el 23 de mayo de 1969.

Reconocimiento de Competencia, hecha el 6 de junio de 1995:

En el instrumento de reconocimiento el Gobierno de El Salvador declara: «La Honorable Asamblea Legislativa de la República de El Salvador, ratificó mediante Decreto Legislativo núm. 319 de fecha 30 de marzo de 1995, la Declaración de la República de El Salvador sobre el Reconocimiento de la Jurisdicción de la Corte Interamericana de Derechos Humanos, de conformidad al Artículo 62 de la Convención Interamericana de Derechos Humanos "Pacto de San José de Costa Rica", la cual aparecerá publicada en el Diario Oficial núm. 82, Tomo 327 correspondiente al 5 de mayo de 1995.

I. El Gobierno de El Salvador reconoce como obligatoria de pleno derecho y sin Convención especial, la competencia de la Corte Interamericana de Derechos Humanos, de conformidad con lo dispuesto en el Artículo 62 de la Convención Americana de Derechos Humanos o "Pacto de San José".

II. El Gobierno de El Salvador, al reconocer tal competencia, deja constancia que su aceptación se hace por plazo indefinido, bajo condición de reciprocidad y con la reserva de que los casos en que se reconoce la competencia, comprende sola y exclusivamente hechos o actos jurídicos posteriores o hechos o actos jurídicos cuyo principio de ejecución sean posteriores a la fecha del depósito de esta Declaración de Aceptación, reservándose el derecho de hacer cesar la competencia en el momento que lo considere oportuno.

III. El Gobierno de El Salvador, reconoce tal competencia de la Corte, en la medida en que este reconocimiento es compatible con las disposiciones de la Constitución de la República de El Salvador».

Guatemala

Reserva hecha al ratificar la Convención.

El Gobierno de la República de Guatemala, ratifica la Convención Americana sobre Derechos Humanos, suscrita en San José de Costa Rica, el 22 de noviembre de 1969, haciendo reserva sobre el artículo 4, inciso 4, de la misma, ya que la Constitución de la República de Guatemala, en su artículo 54, solamente excluye de la aplicación de la pena de muerte, a los delitos políticos, pero no a los delitos comunes conexos con los políticos.

El instrumento de ratificación se recibió en la Secretaría General de la OEA el 25 de mayo de 1978, con una reserva. Se procedió al trámite de notificación de la reserva de conformidad con la Convención de Viena sobre el Derecho de los Tratados suscrita el 23 de mayo de 1969.

Retiro de la reserva de Guatemala.

El Gobierno de Guatemala, por Acuerdo Gubernativo núm. 281-86, de fecha 20 de mayo de 1986, retiró la reserva antes mencionada, que introdujera en su instrumento de ratificación de fecha 27 de abril de 1978, por carecer de sustentación constitucional a la luz del nuevo orden jurídico vigente. El retiro de la reserva será efectivo a partir del 12 de agosto de 1986, de conformidad con el Artículo 22 de la Convención de Viena sobre el Derecho de los Tratados de 1969, en aplicación del Artículo 75 de la propia Convención Americana sobre Derechos Humanos.

Reconocimiento de Competencia.

El 9 de marzo de 1987, presentó en la Secretaría General de la OEA el Acuerdo Gubernativo núm. 123-87, de 20 de febrero de 1987, de la República de Guatemala, por el cual reconoce la competencia de la Corte Interamericana de Derechos Humanos, en los siguientes términos:

(Artículo 1) Declarar que reconoce como obligatoria de pleno derecho y sin convención especial, la competencia de la Corte Interamericana de Derechos Humanos, sobre todos los casos relativos a la interpretación o aplicación de la Convención Americana sobre Derechos Humanos.

(Artículo 2) La aceptación de la competencia de la Corte Interamericana de Derechos Humanos se hace por plazo indefinido, con carácter general, bajo condiciones de reciprocidad y con la reserva de que los casos en que se reconoce la competencia son exclusivamente los acaecidos con posterioridad a la fecha en que esta declaración sea presentada al Secretario de la Organización de los Estados Americanos.

Honduras

Reconocimiento de Competencia.

El 9 de septiembre de 1981, presentó en la Secretaría General de la OEA el instrumento de reconocimiento de la competencia de la Corte Interamericana de Derechos Humanos, de acuerdo con el Artículo 62 de la Convención.

Jamaica

Reconocimiento de Competencia.

Al momento de realizar el depósito del instrumento de ratificación, el 7 de agosto de 1978, Jamaica reconoce la competencia respecto de la Comisión Americana de Derechos Humanos. En el instrumento de ratificación, fechado el 19 de julio de 1978, se declara, de conformidad con el Artículo 45, numeral 1, de la propia Convención, que el Gobierno de Jamaica reconoce la competencia de la Comisión.

Méjico

Declaración para el reconocimiento de la competencia contenciosa de la Corte Interamericana de Derechos Humanos.

1. Los Estados Unidos Mexicanos reconocen como obligatoria de pleno derecho, la competencia contenciosa de la Corte Interamericana de Derechos Humanos, sobre los casos relativos a la interpretación o aplicación de la Convención Americana sobre Derechos Humanos, de conformidad con el artículo 62,1 de la misma, a excepción de los casos derivados de la aplicación del artículo 33 de la Constitución Política de los Estados Unidos Mexicanos.

2. La aceptación de la competencia contenciosa de la Corte Interamericana de Derechos Humanos solamente será aplicable a los hechos o a los actos jurídicos posteriores a la fecha del depósito de esta declaración, por lo que no tendrá efectos retroactivos.

3. La aceptación de la competencia contenciosa de la Corte Interamericana de Derechos Humanos se hace con carácter general y continuará en vigor hasta un año después de la fecha en que los Estados Unidos Mexicanos notifiquen que la han denunciado.

Firmado el 16 de diciembre de 1998.

Declaraciones interpretativas y reserva hechas al ratificar la Convención.

El instrumento de adhesión se recibió en la Secretaría General de la OEA el 24 de marzo de 1981, con dos declaraciones interpretativas y una reserva. Tal reserva se notificó conforme a las disposiciones de la Convención de Viena sobre el Derecho de los Tratados, suscrita el 23 de mayo de 1969. El plazo de 12 meses desde la notificación de la misma se cumplió el 2 de abril de 1982, sin objeciones.

El texto de las declaraciones y reserva es el siguiente:

Declaraciones Interpretativas.

Con respecto al párrafo 1 del Artículo 4, considera que la expresión «en general», usada en el citado párrafo, no constituye obligación de adoptar o mantener en vigor legislación que proteja la vida «a partir del momento de la concepción» ya que esta materia pertenece al dominio reservado de los Estados.

Por otra parte, es el concepto del Gobierno de Méjico que la limitación que establece la Constitución Política de los Estados Unidos Mexicanos, en el sentido de que todo acto público de culto religioso deberá celebrarse precisamente dentro de los templos, es de las comprendidas en el párrafo 3 del Artículo 12.

Reserva.

El Gobierno de Méjico hace Reserva expresa en cuanto al párrafo 2 del Artículo 23 ya que la Constitución Política de los Estados Unidos Mexicanos, en su Artículo 130, dispone que los Ministros de los cultos no tendrán voto activo, ni pasivo, ni derecho para asociarse con fines políticos.

Con fecha 9 de abril de 2002, el Gobierno de Méjico notificó a la Secretaría General su intención de retirar parcialmente las declaraciones interpretativas y reserva, subsistiendo en los siguientes términos:

Declaración interpretativa.

Con respecto al párrafo 1 del Articulo 4 considera que la expresión «en general» usada en el citado párrafo no constituye obligación de adoptar o mantener en vigor legislación que proteja la vida «a partir del momento de la concepción», ya que esta materia pertenece al dominio reservado de los Estados.

Reserva.

El Gobierno de Méjico hace Reserva expresa en cuanto al párrafo 2 del Artículo 23, ya que la Constitución Política de los Estados Unidos Mexicanos, en su Artículo 130, dispone que los Ministros de los cultos no tendrán voto pasivo, ni derecho para asociarse con fines políticos.

El 11 de julio de 2014, la Secretaría General acusó recibo de la nota del Gobierno de los Estados Unidos Mexicanos notificando al depositario el retiro de la reserva respecto del enunciado final del primero de los tres párrafos presentados en ocasión del depósito de la «Declaración para el reconocimiento de la competencia contenciosa de la Corte Interamericana de Derechos Humanos».

Nicaragua

Reconocimiento de Competencia:

El 12 de febrero de 1991 presentó, en la Secretaría General de la OEA, un instrumento de fecha 15 de enero de 1991, mediante el cual el Gobierno de Nicaragua declara:

I. El Gobierno de Nicaragua reconoce como obligatoria de pleno y sin convención especial, la competencia de la Corte Interamericana de Derechos Humanos, sobre todo los casos relativos a la interpretación o aplicación a la Convención Interamericana sobre Derechos Humanos, «Pacto de San José de Costa Rica», de conformidad con lo dispuesto en el artículo 62, inciso 1 de la misma.

II. El Gobierno de Nicaragua, al consignar lo referido en el punto I de esta Declaración, deja constancia que la aceptación de la competencia de la Corte Interamericana de Derechos Humanos se hace por plazo indefinido, con carácter general, bajo condiciones de reciprocidad y con la reserva de que los casos en que se reconoce la competencia, comprenden solamente hechos posteriores o hechos cuyo principio de ejecución sean posteriores a la fecha de depósito de esta declaración ante el Secretario General de la Organización de Estados Americanos.

El 6 de febrero de 2006, Nicaragua entregó en la Secretaría General nota mediante la cual comunica que el Gobierno de la República de Nicaragua adicionó un tercer párrafo a la Declaración núm. 49 de fecha 15 de enero de 1991 relativa a la Convención Americana sobre Derechos Humanos mediante el cual declara que reconoce la competencia de la Comisión Interamericana de Derechos Humanos para recibir y examinar las comunicaciones en que un Estado parte alegue que otro Estado parte ha incurrido en violaciones de los derechos humanos establecidos en la Convención, en los términos previstos en su artículo 45.

Panamá

Reconocimiento de Competencia.

El 9 de mayo de 1990, presentó en la Secretaría General de la OEA, un instrumento fechado 29 de febrero de 1990, mediante el cual declara que el Gobierno de la República de Panamá reconoce como obligatoria de pleno derecho la competencia de la Corte Interamericana de Derechos Humanos sobre todos los casos relativos a la interpretación o aplicación de la Convención Americana sobre Derechos Humanos.

Perú

Reconocimiento de Competencia.

El 21 de enero de 1981, presentó en la Secretaría General de la OEA el instrumento de reconocimiento de la competencia de la Comisión Interamericana de Derechos Humanos y de la Corte Interamericana de Derechos Humanos, de acuerdo con los Artículos 45 y 62 de la Convención.

Retiro de la competencia contenciosa de la Corte Interamericana de Derechos Humanos.

Fernando de Trazegnies Granda.

Ministro de Relaciones Exteriores de la República del Perú.

Por cuanto:

El Gobierno del Perú, con fecha 21 de enero de 1981, depositó ante la Secretaría General de la Organización de los Estados Americanos (OEA), la declaración unilateral a través de la cual reconoció la competencia de la Corte Interamericana de Derechos Humanos.

El Consejo de Ministros, con fecha 5 de julio de 1999, acordó proceder al retiro, por parte del Perú, de la competencia contenciosa de la Corte Interamericana de Derechos Humanos, y puso en consideración del Congreso un proyecto de Resolución Legislativa en tal sentido.

Mediante Resolución Legislativa núm. 27152, de fecha 8 de julio de 1999, el Congreso de la República aprobó el retiro del reconocimiento de la competencia contenciosa de la Corte Interamericana de Derechos Humanos.

Por tanto:

Declara que, de acuerdo con la Convención Americana sobre Derechos Humanos, la República del Perú retira la Declaración de reconocimiento de la cláusula facultativa de sometimiento a la competencia contenciosa de la Corte Interamericana de Derechos Humanos, hecha en su oportunidad por el Gobierno peruano.

Este retiro del reconocimiento de la competencia contenciosa de la Corte Interamericana producirá efecto inmediato y se aplicará a todos los caso en que el Perú no hubiese contestado la demanda incoad ante la Corte.

Lima, 08 de julio de 1999.

Fernando de Trazegnies Granda. Ministro de Relaciones Exteriores.

Javier Pérez de Cuéllar. Presidente del Consejo de Ministros y Ministro de Relaciones Exteriores de la República de Perú.

Por cuanto:

El Gobierno de la Republica del Perú, con fecha 21 de enero de 1981, deposito ante la Secretaria General de la Organización de los Estados Americanos (OEA), la declaración unilateral a través de la cual reconoció «como obligatoria de pleno derecho y sin convención especial, la competencia de la Corte Interamericana de Derechos Humanos sobre todos los casos relativos a la interpretación o aplicación de la Convención».

Mediante Resolución Legislativa núm. 27152, de fecha 8 de julio de 1999, el Congreso de la República aprobó el retiro del reconocimiento de la competencia contenciosa de la Corte Interamericana de Derechos Humanos.

Con fecha 09 de julio de 1999, el Gobierno de la Republica del Perú deposito ante la Secretaria General de la Organización de los Estados Americanos (OEA), la declaración unilateral a través de la cual retiro la declaración de reconocimiento de la cláusula facultativa de sometimiento a la competencia contenciosa de la Corte Interamericana de Derechos Humanos.

La Corte Interamericana de Derechos Humanos, en sus sentencias de competencia número 54 y 55, del 24 de septiembre de 1999, señalo que dicho retiro no era procedente, conforme a las disposiciones de la Convención Americana sobre Derechos Humanos.

El Congreso de la República, con fecha 12 de enero de 2000 acordó, mediante Resolución Legislativa núm. 27401, derogar la Resolución Legislativa núm. 27152, encargando al Poder Ejecutivo realizar las acciones necesarias para dejar sin efecto los resultados que hubiera generado dicho dispositivo.

Por tanto, declara que:

El reconocimiento de la competencia contenciosa de la Corte Interamericana de Derechos Humanos, efectuada por el Perú el 20 de octubre de 1980, posee plena vigencia y compromete en todos sus efectos jurídicos al Estado peruano, debiendo entenderse la vigencia ininterrumpida de dicha Declaración desde su depósito ante la Secretaria General de la Organización de los Estados Americanos (OEA), el 21 de enero de 1981.

El Gobierno de la República del Perú procede a retirar la Declaración depositada con fecha 09 de julio de 1999, en virtud de la cual se pretendió el retiro de la Declaración de reconocimiento de la cláusula facultativa de sometimiento a la competencia contenciosa de la Corte Interamericana de Derechos Humanos.

Lima, 29 de enero de 2001.

Surinam

Adhesión.

Reconocimiento de Competencia.

El 12 de noviembre de 1987, presentó en la Secretaría General de la OEA, el instrumento de reconocimiento de la competencia de la Corte Interamericana de Derechos Humanos, de acuerdo con el artículo 62 de la Convención.

Venezuela

Reserva y declaración hechas al ratificar la Convención.

El Artículo 60, ordinal 5 de la Constitución de la República de Venezuela establece: Nadie podrá ser condenado en causa penal sin haber sido notificado personalmente de los cargos y oído en la forma que indique la ley. Los reos de delito contra la cosa pública podrán ser juzgados en ausencia con las garantías y en la forma que determine la ley. Esta posibilidad no está vista en el Artículo 8, ordinal 1 de la Convención, por lo cual Venezuela formula la reserva correspondiente, y,

Declara: de acuerdo con lo estipulado en el parágrafo 1 del Artículo 45 de la Convención, que el Gobierno de la República de Venezuela reconoce la competencia de la Comisión Interamericana de Derechos Humanos para recibir y examinar las comunicaciones en que un Estado parte alegue que otro Estado parte ha incurrido en violaciones de los derechos humanos establecidos en esta Convención, en los términos previstos en el párrafo 2 de dicho Artículo. Este reconocimiento de competencia se hace por tiempo indefinido.

El instrumento de ratificación se recibió en la Secretaría General de la OEA el 9 de agosto de 1977, con una reserva y una declaración. Se procedió al trámite de notificación de la reserva de conformidad con la Convención de Viena sobre el Derecho de los Tratados suscrita el 23 de mayo de 1969.

Reconocimiento de Competencia.

El 9 de agosto de 1977 reconoció la competencia de la Comisión Interamericana de Derechos Humanos y el 24 de junio de 1981 reconoció la competencia de la Corte Interamericana de Derechos Humanos, de acuerdo con los Artículos 45 y 62 de la Convención, respectivamente.

Denuncia.

De conformidad con el artículo 78 de la Convención Americana sobre Derechos Humanos, «los Estados parte podrán denunciar esa Convención después de la expiración de un plazo de cinco años a partir de la fecha de entrada en vigor de la misma y mediante un preaviso de un año notificando al Secretario General de la Organización, quien debe informar a las otras Partes». Asimismo, dicho artículo señala que «dicha denuncia no tendrá por efecto desligar al Estado parte interesado de las obligaciones contenidas en esta Convención en lo que concierne a todo hecho que, pudiendo constituir una violación de esas obligaciones, haya sido cumplido por él anteriormente a la fecha en la cual la denuncia produce efecto».

La República Bolivariana de Venezuela manifestó su decisión de denunciar la Convención Americana sobre Derechos Humanos el 10 de septiembre de 2012.

Texto de la comunicación.

http://www.oas.org:8101/DIL/esp/Nota_Republica_Bolivariana_de_Venezuela_al_SG_OEA.PDF

El 31 de julio de 2019, la República Bolivariana de Venezuela depositó el instrumento de ratificación de la Convención Americana sobre Derechos Humanos, en la sede de la OEA, en Washington D. C., Estados Unidos.

Trinidad y Tobago

Reservas hechas al adherir a la Convención.

1. Con respecto al Artículo 4(5) de la Convención, el Gobierno de la República de Trinidad y Tobago formula una reserva por cuanto en las leyes de Trinidad y Tobago no existe prohibición de aplicar la pena de muerte a una persona de más de setenta (70) años de edad.

Reconocimiento de Competencia.

2. Con respecto al Artículo 62 de la Convención, el Gobierno de la República de Trinidad y Tobago reconoce la jurisdicción obligatoria de la Corte Interamericana de Derechos Humanos que se estipula en dicho artículo sólo en la medida en que tal reconocimiento sea compatible con las secciones pertinentes de la Constitución de la República de Trinidad y Tobago, y siempre que una sentencia de la Corte no contravenga, establezca o anule derechos o deberes existentes de ciudadanos particulares.

Denuncias.

De conformidad con el artículo de la Convención Americana sobre Derechos Humanos, «los Estados parte podrán denunciar esa Convención después de la expiración de un plazo de cinco años a partir de la fecha de entrada en vigor de la misma y mediante un preaviso de un año notificando al Secretario General de la Organización, quien debe informar a las otras Partes».

Asimismo, dicho artículo señala que «dicha denuncia no tendrá por efecto desligar al Estado parte interesado de las obligaciones contenidas en esta Convención en lo que concierne a todo hecho que, pudiendo constituir una violación de esas obligaciones, haya sido cumplido por él anteriormente a la fecha en la cual la denuncia produce efecto».

1. Trinidad y Tobago Notificó denuncia el 26 de mayo de 1998.

Texto de la denuncia:

Ministerio de Relaciones Exteriores.

República de Trinidad y Tobago.

Su Excelencia César Gaviria Trujillo.

Secretario General.

Organización de los Estados Americanos.

Washington D.C., 26 de mayo de 1998.

Excelencia.

Notificación de la denuncia de la Convención Americana de Derechos Humanos.

En virtud de su sentencia en el caso Pratt y Morgan vs. Fiscal General de Jamaica (2 A.C.1, 1994), el Comité Judicial del Consejo Privado decidió que los estados debían atenerse a pautas estrictas en cuanto a la audiencia y determinación de apelaciones de asesinos convictos que hubieran sido condenados a muerte. En cualquier caso, en que la ejecución fuese a tener lugar más de cinco años después de impuesta la condena a la pena capital, habría fundamento firme para considerar que una demora de tal magnitud constituiría un «castigo u otro trato inhumano o degradante». Un estado que desee mantener la pena capital debe asumir la responsabilidad de asegurar que la ejecución tenga lugar con la mayor rapidez posible una vez dictada la sentencia, otorgando un plazo razonable para la apelación y la consideración del aplazamiento. Debe acelerarse el trámite de las apelaciones interpuestas contra las condenas a muerte y debe procurarse que la audiencia de tales apelaciones tenga lugar dentro de los doce meses siguientes a la condena. Debería ser posible completar todo el proceso de apelación en la órbita de la jurisdicción interna (incluida la apelación ante el Consejo Privado) dentro de un plazo de dos años, aproximadamente. Debería ser posible que los órganos internacionales dedicados a la protección de los derechos humanos, como la Comisión de Derechos Humanos de las Naciones Unidas y la Comisión Interamericana de Derechos Humanos, despacharan en un plazo de dieciocho meses, como máximo, los reclamos que se les presentara respecto de casos que conllevaran la pena de muerte.

El efecto de esta decisión del Comité Jurídico del Consejo Privado en relación con el caso Pratt y Morgan es que, sin perjuicio de que en Trinidad y Tobago la pena de muerte sea el castigo correspondiente al delito de homicidio, la demora excesiva en ejecutarla constituye un castigo cruel e inusitado y es, por ende, una contravención del Capítulo 5(2)(b) de la Constitución de Trinidad y Tobago. Por cuanto el dictamen del Tribunal representa la norma constitucional para Trinidad y Tobago, el Gobierno está obligado a asegurar que el proceso de apelación sea expedito, eliminando las demoras en el sistema a fin de que pueda aplicarse las penas capitales impuestas de acuerdo con las leyes de Trinidad y Tobago.

En estas circunstancias, y con el deseo de acatar la legislación interna que prohíbe imponer a cualquier persona penas o tratos inhumanos o degradantes y de cumplir, por consiguiente, las obligaciones que le estipula el artículo 5 de la Convención Americana sobre Derechos Humanos, en Fiscal General y el Ministro de Relaciones Exteriores, en representación del Gobierno de Trinidad y Tobago, se reunieron con el Secretario General Adjunto de la Organización de los Estados Americanos y con la Comisión Interamericana de Derechos Humanos. El Fiscal General y el Ministro de Relaciones Exteriores expusieron su posición ante la Comisión, detallando los problemas que se le plantean a Trinidad y Tobago para cumplir con los plazos fijados por el Comité Judicial del Consejo Privado para considerar las peticiones presentadas por órganos internacionales de protección de los derechos humanos en casos de imposición de la pena capital. El Fiscal General gestionó la cooperación de la Comisión en cuanto a la aplicación de los plazos pertinentes para la consideración de las peticiones planteadas a la Comisión en esos casos, a fin de que pudiera ejecutarse la sentencia de muerte, obligatoria para los homicidas convictos. La Comisión, si bien manifestó su comprensión del problema que tenía ante sí Trinidad y Tobago, señaló que tenía sus propios procedimientos establecidos para la consideración de peticiones. Por ende, en virtud de razones que el Gobierno de Trinidad y Tobago respeta, la Comisión no pudo brindar garantía alguna de que la consideración de los casos que conllevaran la aplicación de la pena capital se completaría dentro del plazo gestionado.

El Gobierno de Trinidad y Tobago no está en condiciones de conceder que la incapacidad de la Comisión para tratar en forma expedita las peticiones relacionadas con casos de imposición de la pena capital, frustre la ejecución de esta pena legal con que se castiga en Trinidad y Tobago el delito de homicidio. La constitucionalidad de las sentencias dictadas contra las personas convictas y condenadas a muerte al cabo del debido proceso judicial se determina ante los tribunales de Trinidad y Tobago. Por ende, existen salvaguardias suficientes para la protección de los derechos humanos y fundamentales de los prisioneros condenados.

Por consiguiente, de conformidad con lo dispuesto en el Artículo 78 de la Convención Americana sobre Derechos Humanos, por este medio el Gobierno de Trinidad y Tobago notifica al Secretario General de la Organización de los Estados Americanos el retiro de su ratificación de la citada Convención Americana sobre Derechos Humanos.

Le ruego, Excelencia, que se sirva aceptar las seguridades de mi mayor consideración.

Ralph Maraj. Ministro de Relaciones Exteriores.

Brasil

Declaración hecha al adherirse a la Convención.

El Gobierno de Brasil entiende que los Artículos 43 y 48, letra D, no incluyen el derecho automático de visitas e inspecciones *in loco* de la Comisión Interamericana de Derechos Humanos, las cuales dependerán de la anuencia expresa del Estado.

Reconocimiento de Competencia.

«El Gobierno de la República Federativa de Brasil declara que reconoce, por tiempo indeterminado, como obligatoria y de pleno derecho, la competencia de la Corte Interamericana de Derechos Humanos, en todos los casos relacionados con la interpretación o aplicación de la Convención Americana de Derechos Humanos, de conformidad con el artículo 62 de la misma, bajo reserva de reciprocidad y para hechos posteriores a esta Declaración».

Fecha: 10 de diciembre de 1998.

Paraguay

Reconocimiento de Competencia.

En el instrumento mencionado el Gobierno del Paraguay declara:

I. Que habiendo sido promulgado el Decreto núm. 16.078 de fecha 8 de enero de 1993, por el cual se reconoce la competencia de la Corte Interamericana de Derechos Humanos para la interpretación y aplicación de la Convención Americana sobre Derechos Humanos o Pacto de San José de Costa Rica.

II. El presente reconocimiento es por tiempo indefinido, y debe interpretarse de conformidad a los principios que guíen el Derecho Internacional, en el sentido de que, este reconocimiento se refiere expresamente a los hechos ocurridos con posterioridad a este acto y sólo para aquellos casos en que exista reciprocidad.

Dominica

Reserva hecha al ratificar la Convención.

En el instrumento de ratificación el Gobierno del Commonwealth de Dominica presentó las siguientes reservas a la Convención Americana sobre Derechos Humanos.

Considerando que la Convención Americana sobre Derechos Humanos se abrió a la firma y ratificación o a la adhesión de los Estados miembros de la Organización de los Estados Americanos.

Considerando que la ratificación o adhesión a la Convención se ha de hacer efectiva mediante el depósito de un instrumento de ratificación o adhesión en la Secretaría General de la Organización de los Estados Americanos.

Considerando que el Artículo 75 de dicha Convención dispone que la misma estará sujeta a reservas únicamente en conformidad con las disposiciones de la Convención de Viena sobre el Derecho de los Tratados, suscrita el 23 de mayo de 1969.

Por tanto, el *Commonwealth* de Dominica por este medio ratifica la Convención Americana sobre Derechos Humanos con sujeción a las siguientes reservas:

1) Artículo 5. No debe interpretarse que prohíbe el castigo corporal administrado en conformidad con la Ley de Castigo Corporal de Dominica ni la Ley de Castigo de Delincuentes Juveniles.

2) Artículo 4.4. Se formula una reserva respecto de las palabras «...ni comunes conexos con los políticos».

3) Artículo 8.2.(e) Este Artículo no se aplicará en relación con Dominica.

4) Artículo 21.2. Debe interpretarse a la luz de las disposiciones de la Constitución de Dominica y no debe interpretarse que amplía o limita los derechos declarados en la Constitución.

5) Artículo 27.1. Debe interpretarse a la luz de nuestra Constitución y no debe interpretarse que amplía o limita los derechos declarados en la Constitución.

6) Artículo 62. El *Commonwealth* de Dominica no reconoce la jurisdicción de la Corte.

Bolivia

Reconocimiento de Competencia.

El 27 de julio de 1993, presentó en la Secretaría General de la OEA el instrumento de reconocimiento de la competencia de la Comisión Interamericana de Derechos Humanos y de la Corte Interamericana de Derechos Humanos, de acuerdo con los Artículos 45 y 62 de la Convención.

En el instrumento mencionado el Gobierno de Bolivia declara:

I. El Gobierno Constitucional de la República, de conformidad con el artículo 59, inciso 12, de la Constitución Política del Estado, mediante Ley 1430 de 11 de febrero, dispuso la aprobación y ratificación de la Convención Americana sobre Derechos Humanos «Pacto de San José», suscrita en San José, Costa Rica, el 22 de noviembre de 1969 y el reconocimiento de la competencia de la Comisión y de la Corte Interamericana sobre Derechos Humanos, de conformidad con los artículos 45 y 62 de la Convención.

II. En uso de la facultad que me confiere el inciso 2, del artículo 96 de la Constitución Política del Estado, expido el presente instrumento de ratificación de la Convención Americana sobre Derechos Humanos «Pacto de San José de Costa Rica», así como el reconocimiento de la competencia de la Comisión Interamericana de Derechos Humanos y el reconocimiento como obligatoria de pleno derecho, incondicionalmente y por plazo indefinido de la jurisdicción y competencia de la Corte Interamericana de Derechos Humanos, conforme al artículo 62 de la Convención.

Adicionalmente, el Gobierno de Bolivia presentó una declaración interpretativa al momento de depositar el instrumento de reconocimiento a la competencia de la Corte Interamericana de Derechos Humanos, que establece:

«Los preceptos de incondicionalidad y plazo indefinido se aplicarán en estricta observancia de la Constitución Política del Estado boliviano, especialmente de los principios de reciprocidad, irretroactividad y autonomía judicial». (OEA/MI/262/93 del 22 de julio de 1993).

Haití

Reconocimiento de Competencia

Declaración de reconocimiento de la competencia de la Corte Interamericana de Derechos Humanos por la República de Haití.

René Préval. Presidente de la República de Haití.

Vista la Constitución de la República de Haití de 1987,

Vista la ley del 18 de agosto de 1979 mediante la cual la República de Haití ratifica la Convención Americana sobre Derechos Humanos,

Declaramos, por la presente, reconocer como obligatoria, de pleno derecho y sin convención especial, la competencia de la Corte Interamericana de Derechos Humanos sobre todos los casos relativos a la interpretación o aplicación de la Convención. Esta declaración se emite para presentación a la Secretaría General de la Organización de los Estados Americanos, la cual transmitirá copias de la misma a los otros Estados miembros de la Organización y al Secretario de la Corte, de conformidad con el artículo 62 de la Convención.

La presente declaración está acompañada de la ley del 18 de agosto de 1979 mediante la cual la República de Haití ratifica la Convención Americana sobre Derechos Humanos promulgada en el Diario Oficial de la República.

Hecha en el Palacio Nacional, en Portau-Prince, el 3 de marzo de 1998, año 195 de la independencia.

René Préval. Presidente de la República de Haití.

Ministro de Relaciones Exteriores.

H.

BIBLIOGRAFÍA

1. Documentos oficiales

Carnegie Para la Paz Internacional (1938). *Conferencias internacionales americanas, 1889-1936: Recopilación de los tratados, convenciones, recomendaciones, resoluciones y mociones adoptadas por las siete primeras conferencias internacionales americanas, la Conferencia internacional americana de conciliación y arbitraje y la Conferencia interamericana de consolidación de la paz; con varios documentos relativos a la organización de las deferidas conferencias*. Washington D.C.: Carnegie para la Paz Internacional.

Conferencia Internacional Americana (1890). *Reports of Committees and Discussions Thereon: Revised under the direction of the Executive Committee by order of the Conference, adopted March 7th, 1890*. Washington D.C.

— (1890). *Rapport adressé au Gouvernement d'Haiti par Mr. Hannibal Price Délégué à la Conférence Internationale Américaine tenue à Washington, du 2 octobre 1888 au 9 avril 1890*. Nueva York.

Conferencia Interamericana para el Mantenimiento de la Paz (Buenos Aires, 1936) (1938). *Informe de la Delegación de Méjico*. Méjico D.F.: DAAP.

— (1937). *Proceedings (Stenographic Reports)*. Buenos Aires: Imprenta del Congreso Nacional.

— (1937). *Report of the Delegation of the United States of America*. Washington D.C.

Comisión Interamericana de Paz (1960). *Informe de la Comisión Interamericana de Paz a la Séptima Reunión de Consulta de Ministros de Relaciones Exteriores. San José, Costa Rica, Agosto de 1960*. Washington D.C.: Pan American Union.

— (1962). *Informe de la Comisión Interamericana de Paz a la Séptima Reunión de Consulta de Ministros de Relaciones Exteriores, 1962.* Washington D.C.: Pan American Union.

Comisión Internacional de Juristas (1927). *Sessions held at Rio de Janeiro, Brazil, April 18th to May 20th 1927. Public international Law: Projects to be submitted for the Consideration of the Sixth International Conference of American States*. Washington D.C.

Comité Especial para el Estudio de la Formulación de Nuevas Medidas de Cooperación (1959). *Segunda Reunión (Buenos Aires, abril de 1959)*. Washington D.C.

Comité Especial para preparar una proposición preliminar de proyecto sobre las Enmiendas a la Carta de la Organización de los Estados Americanos (1959). *Address by major Dr. Fidel Castro Ruz, Head of the Cuban Delegation, at the Sixth Plenary Session, held on May 2nd1959*. Washington D.C.

— (1960). *Tercera Reunión. Acta de Bogotá. Measures for Social Improvement and Economic Development within the Framework of Operation Pan American*. Washington D.C.

— (1966). *Final Act. OEA/Ser. K/XIII.1.1, Doc. 90, Rev. April 1st 1966*. Washington D.C.

Comité Interamericano pro Paz (1954). *Report of the Inter-American Peace Committee on the Controversy between Guatemala, Honduras, and Nicaragua. Doc. CIP-131-54*. Washington D.C.

— (1960). *Report to the Seventh Meeting of Consultation of Ministers of Foreign Affairs. OEA/Ser. F/II.7, Doc. 6*. Washington D.C.

— (1960). *Special Report on the Relationship between Violations of Human Rights or the Non-Exercise of Representative Democracy and the Political Tensions that affect the Peace of the Hemisphere. Doc. CIP-2-60*. Washington D.C.

— (1962). *Report to the Eighth meeting of Consultation of Ministers of Foreign Affairs. OEA/Ser. L/III, CIP-1-62*. Washington D.C.

Comité Jurídico Interamericano (1959). *Instrument Relating to Violations of the Principle of Nonintervention. Doc. CIJ-51*. Washington D.C.

— (1961). *Opinion on the Legal Aspects of the Draft Declaration on Nonintervention presented by the Mexican delegation. OEA/Ser. I/VI.2, CIJ-58*. Washington D.C.

— (1961). *Informe Final de las Cuartas reuniones, celebradas en Buenos Aires, Argentina, del 15 de marzo al 1 de abril de 1966. OEA/Ser. H/XII.11*. 2 vols. Washington D.C.

— (1962). *Contribution of the American Continent to the Principles of International Law that Govern the Responsibility of the State. OEA/Ser. I/VI.2, CIJ-61*. Washington D.C.

— (1967). *Final Report of the Fifth Annual meetings, held in Viña del Mar, Chile, from June 15th to 24th 1967. OEA/Ser. H/XII.14*. Washington D.C.

Conferencia Interamericana para el mantenimiento de la Paz y de la Seguridad Continentales (1948). *Report of the Delegation of the United States of America*. Washington D.F.

Consejo Cultural Interamericano (1959). *Third Meeting of the Inter-American Cultural Council, San Juan, Puerto Rico, November 22th, 1959. Final Act. OEA/Ser. C/V.3*. Washington D.C.

Consejo Interamericano Económico y Social (1961). *Alliance for Progress. Official Documents Emanating from the Special Meeting of the Inter-American Economic and Social Council at the Ministerial Level, held in Punta del Este, Uruguay, from August 5th to 17th 1961. OEA/Ser. H/XII.1*. Washington D.C.

— (1963). *The Alliance for Progress: Its First Year, 1961-1962. First report on the progress of economic and social development in Latin America and prospects for the future*. Washington D.C.

— (1964). *The Alliance for Progress: Its Second Year, 1962-1963. Second report on the progress of economic and social development in Latin America and prospects for the future*. Washington D.C.

— (1962). *First Annual Meeting at the Ministerial Level, held in Méjico D.F., from October 22 to 27, 1962. Final Report. OEA/Ser. H/XII.4*. Washington D.C.

— (1963). *Final Report of the Second Annual Meeting at the Ministerial Level, held in Sao Paulo, Brazil, November 11 to 16, 1963 (provisional version). OEA/Ser. H/X.4. CIES/580, November 16th 1963*. Washington D.C.

— (1964). *Third Annual Meeting at the Ministerial Level, held in Lima, Perú, from December 5th to 11th 1964. Final Report. OEA/Ser. H/XII.9*. Washington D.C.

Cuarta Reunión de Consulta (1951). *Proceedings*. Washington D.C.

Décima Conferencia Interamericana (1954). *Diario de la Décima Conferencia Interamericana*. Caracas.

— (1954). *Documents of the Plenary Sessions. Sp-1 to Sp-56*. Caracas.

— (1955). *Report of the Delegation of the United States of America with Related Documents*. Washington D.C.

Décima Reunión de Consulta (1965). *Documents of the Meeting. OEA/Ser. F/II.10*. Washington D.C.

Duodécima Reunión de Consulta (1967). *Documentos de la Reunión. OEA/ Ser. F/II.12*. Washington D.C.

— (1968). *Final Act. OEA/Ser. C/II.12*. Washington D.C.

Emergency Advisory Committee for Political Defense. (1943). *Annual Report submitted to the Governments of the American Republics, July 1943, with an Appendix containing the Recommendations approved from 15th 1942 to July 15th 1943*. Montevideo.

— (1944). *Second Annual Report Submitted to the Governments of the American Republics, July 15th 1944-October 15th 1944, with an Appendix containing the Recommendations approved during this period and other Documents*. Montevideo.

Inter-American Commission on Human Rights (IACHR). (1963). *Report on the Situation of Political Prisoners and their Relatives in Cuba. OEA/ Ser. L/V/II.7, Doc. 4, May 17th 1963*. Washington D.C.

— (1962). *Report on the Situation regarding Human Rights in the Dominican Republic. OEA/Ser. L/V/II.4, Doc. 32*. Washington D.C.

— (1976). «Resolution XXII. Expanded Functions of the Inter-American Commission on Human Rights», adopted by the Second Special Inter-American Conference, Rio de Janeiro. OEA/Ser.L/VII.40, Doc. 5 corr. 1, March 10. Final Act of the Second Conference, OEA/Ser.C)I.13, pp. 33-35. En: *Annual Report 1976*.

Inter-American Conference on Problems of War and Peace (1945). *Diario de la Conferencia Interamericana sobre Problemas de la Guerra y la Paz*. Méjico D.F.

— (1946). *Report of the Delegation of the United States of America*. Washington D.C.

Inter-American Council of Jurist (1950). *Handbook of the first Meeting of the Inter-American Council of Jurist, Rio de Janeiro, May 22-June 15, 1950*. Washington D.C.: Dept. of International Law and Organization-Pan American Union.

— (1953). *Inter-American Court to Protect the rights of Man*. Washington, D.C.: Dept. of International Law- Pan American Union.

— (1962). *Basic documents (of the) Inter-American Council of Jurist and Inter-American Judicial Committee*. Washington D.C.: Pan American Union.

Inter-American Yearbook of Human Rights (1968). «Draft Convention on Human rights, Inter-American Council of Jurist», September 1959. En: *Inter-American Yearbook of Human Rights*, pp. 251 y f.

— (1968). «Draft Convention on Human Rights, presented by Chile at the Second Extraordinary Inter-American Conference of Rio de Janeiro», 1965, Doc. 35. En: *Inter-American Yearbook of Human Rights*, pp. 290 y f.

— (1968). «Draft Convention on Human Rights, presented by Uruguay at the Second Extraordinary Inter-American Conference of Rio de Janeiro», 1965, Doc. 49. En: *Inter-American Yearbook of Human Rights*, pp. 306 y f.

— (1968). «Opinion of the Inter-American Commission on Human Rights Regarding the Draft Convention on Human Rights», Prepared by the Inter-American Council of Jurist. En: *Inter-American Yearbook of Human Rights*, pp. 339.

Novena Conferencia Internacional de los Estados Americanos (1953-1954). *Actas y documentos*. 7 vols. Bogotá: Ministerio de Relaciones Exteriores.

— (1948). *Project of Organic Pact of the Inter-American System. Submitted to the ninth International Conference of American States by resolution of the Governing Board of the Pan American Union, February 4th 1948*. Washington D.C.

— (1948). *Méjico en la Novena Conferencia Internacional Americana*. Méjico D.F.: Secretaría de Relaciones Exteriores.

— (1948). *Report of the Delegation of the United States of America with Related Documents*. Washington D.C.

— (1949). *La República Argentina en la Novena Conferencia Internacional Americana*. Buenos Aires: Ministerio de Relaciones Exteriores y Culto.

Novena Reunión de Consulta (1964). *Documentos de la Reunión. OEA/Ser. F/II.9*. Washington D.C.

— (1964). *Final Act. OEA/Ser. C/II.9*. Washington D.C.

— (1964). *Report of the investigating Committee appointed by the Council of the Organization of American States, acting provisionally as Organ of Consultation. OEA/Ser. G/IV, C-i-658, 18 de febrero de 1964*. Washington D.C.

OAS. Council. (1960). *Actas de las sesiones, C-a-1-354 (18 de mayo de 1948-30 de diciembre de 1959); OEA/Ser. G/II, C-a-355 (20 de enero de 1960)*. Washington D.C.

— (1963). *Report on the Alliance for Progress, presented by Senator Juscelino Kubitschek, former President of Brazil. OEA/Ser. G/V, C-d-1102, 15 de junio de 1963*. Washington D.C.

— (1963). *Report on the Alliance for Progress, presented by Dr. Alberto Lleras, former President of Colombia, ibid. C-d-1103, 15 de junio de 1963*. Washington D.C.

— (1964). *Lista de los documentos publicados con relación a la situación entre la República Dominicana y Haití. OEA/Ser. G/VI, C/INF-246, Rev. 2, 15 de octubre de 1964*. Washington D.C.

— (1964). *Report on the cancellation of convocations of the. Organ of Consultation in cases of the application of the Inter-American Treaty of Reciprocal Assistance, submitted by the Committee on Regulations and Procedure. OEA/Ser. G/IV, C-i-672, Rev. 4, 17 de junio de 1964*. Washington D.C.

— (1964). *Report on the results of the Second Inquiry on the Establishment of an Inter-American Court of Justice, submitted by the Committee on Juridical-Political Affairs, ibid. C-i-688*. Washington D.C.

— (1964). *Statement by the Committee of the Council of the Organization of American States acting provisionally as Organ of Consultation (Situation between Haiti and the Dominican Republic). OEA/Ser. G/V, C-d.1281*. Washington D.C.

— (1964). *Strengthening the Inter-American System: Statement by the Secretary General, Dr. José A. Mora, ibid. C-d-1258, Corr. October 15th 1964*. Washington D.C.

Octava Conferencia Internacional de los Estados Americanos (1938). *Minutes of the Plenary Sessions*. Lima.

Octava Reunión de Consulta (1963). *Actas y documentos. OEA/Ser. F/III.8*. Washington D.C.

— (1962). *Background Memorandum on the Convocation of the Meeting. OEA/Ser. F/II.8, Doc. 2. Corr. january 2th, 1962*. Washington D.C.

— (1962). *Final Act. OEA/Ser. C/II.8*. Washington D.C.

Oficina Internacional de las Repúblicas Americanas (1901). *Minutes of the Executive Committee*. 2 vols.

Organización de los Estados Americanos (1960). *Aplicaciones del Tratado Interamericano de Asistencia Recíproca, 1948-1960*. Tercera edición. Washington D.C.: Pan American Union.

— (1961). *Informe Anual del Secretario General, 1961*. Washington D.C.: Pan American Union.

— (1961). *Quinta Reunión de Consulta de Ministros de Relaciones Exteriores. Santiago de Chile, 12-18 de agosto, 1959. Actas y documentos*. Washington D.C.: Pan American Union.

— (1961). *Sexta Reunión de Consulta de Ministros de Relaciones Exteriores para servir de órgano de consulta en aplicación al Tratado Interamericano de Asistencia Recíproca. San José, Costa Rica, 16-21 de agosto, 1960*. Actas y documentos. Washington D.C.: Pan American Union.

— (1961). *Séptima Reunión de Consulta de Ministros de Relaciones Exteriores. San José, Costa rica, 22-28 de agosto, 1960. Actas y documentos*. Washington D.C.: Pan American Union.

— (1962). *Aplicaciones del Tratado Interamericano de Asistencia Recíproca. Suplemento, 1960-1961*. Washington D.C.: Pan American Union.

— (1962). *Informe Anual del Secretario General, 1962*. Washington D.C.: Pan American Union.

— (1963). *Octava Reunión de Consulta de Ministros de Relaciones Exteriores para servir de órgano de consulta en aplicación al Tratado Interamericano de Asistencia Recíproca. Punta del Este, Uruguay, 22-31 de enero, 1962. Actas y documentos*. Washington D.C.: Pan American Union.

— (1961). *Novena Reunión de Consulta de Ministros de Relaciones Exteriores para servir de órgano de consulta en aplicación al Tratado Interamericano de Asistencia Recíproca. Unión Panamericana, Washington D.C., 26-26 de julio, 1964. Actas y documentos*. Washington D.C.: Pan American Union.

Pan American Union. (1938). *Conferencias Internacionales Americanas, 1889-1936*. Washington D.C.: Carnegie Foundation for International Peace.

— (1943). *Conferencias Internacionales Americanas, Primer Suplemento 1938-1942*. Washington D.C.: Carnegie Foundation for International Peace.

— (1949). *Anuario Jurídico Interamericano, 1948*. Washington D.C.: Pan American Union.

— (1950). *Anuario Jurídico Interamericano*, 1949. Washington D.C.: Pan American Union.

— (1956). *Conferencias Internacionales Americanas, Segundo Suplemento 1945-1954*. Washington D.C.: Carnegie Foundation for International Peace.

— (1959). *La Organización de los Estados Americanos: Informe presentado por la Unión Panamericana a la Undécima Conferencia Interamericana*. Washington D.C.: Pan American Union.

Primera Conferencia Especial Interamericana. *Documentos de la Conferencia. OEA/Ser. E/XII.I*. Washington D.C.

— (1964). *Final Act. OEA/Ser. C/I.12*. Washington D.C.

Quinta Conferencia Internacional Americana (1923). *Actas de las sesiones de las comisiones de la Conferencia*. Santiago de Chile: Imprenta Universitaria.

— (1923). *Records of the United States Delegation*. Archivos Nacionales de los Estados Unidos.

— (1924). *Report of the Delegates of United States of America*.

— (1923). *Verbatin record of the Plenary Sessions*. Santiago de Chile: Imprenta Universitaria.

Quinta Reunión de Consulta. (1960). *Resolución Exteriores, Resolución Mil, Acta Final. Doc. OEA/Ser.C//II.5*. Washington D.C.

— (1961). *Actas y documentos. OEA/Ser. F/III.5*. Washington D.C.

— (1961). *Final Act. OEA/ser. C.II.5*. Washington D.C.

Secretaría General (1960). *Preparación del país sede.* Quito: Secretaría General de la Undécima Conferencia Interamericana.

Secretaría General de la Organización de Estados Americanos (1969). *Conferencia especializada. Interamericana sobre Derechos Humanos. San José, Costa Rica. 7-22 de noviembre de 1969. Actas y documentos*. Washington: Secretaría General- Organización de los Estados Americanos[146].

— (1973). *Anuario Interamericano de Derechos Humanos 1968-Inter-American Yearbook on Human Rights 1968*. Washington D.C.

— (1973). *Conferencia especializada interamericana sobre los derechos humanos: Actas y documentos. OEA/Ser. K/XVI/1.2, San José, Costa Rica, 7-22 de noviembre de 1969*. Washington D.C.

146 También conocidos como los *Travaux préparatoires*. Se pueden consultar en: https://www.oas.org/es/cidh/mandato/Basicos/Actas-Conferencia-Interamericana-Derechos-Humanos-1969.pdf

Secretariat of the Inter-American Commission on Human Rights (1969). «Draft Inter-American Convention on Protection of Human Rights and Obervations and Comments of the American Governments». En: *Working Document prepared by the Secretariat of the Inter-American Commission on Human Rights. OEA/Ser.K/XVI/1.1., Doc. 13, September 2nd 1969*, pp. 68.

Segunda Conferencia Especial Interamericana. *Documents of the Conference. OEA/Ser. E/XIII.1*. Washington D.C.

— (1965). *Final Act. OEA/Ser. C.I.13*. Washington D.C.

Séptima Conferencia Internacional de los Estados Americanos (1933). *Minutes and Antecedents with General Index*. Montevideo.

Séptima Reunión de Consulta (1961). *Actas y documentos. OEA/Ser. F.III.7*. Washington D.C.

— (1961). *Final Act. OEA/Ser. C.II.7*. Washington D.C.

Sexta Conferencia Internacional de los Estados Americanos (1928). *Diario de la Sexta Conferencia Internacional Americana*. La Habana.

— (1928). *Minutes and Reports of Committees*. La Habana.

— (1928). *La participación de Méjico en la Sexta Conferencia Internacional Americana: Informe general de la delegación de Méjico*. Méjico D.F.: Secretaría de relaciones Exteriores.

— (1928). *Report of the Delegates of the United States of America*.

Sexta Reunión De Consulta (1961). *Actas y documentos. OEA/Ser. F.III.6*. Washington D.C.

— (1961). *Final Act. OEA/Ser. C/II.6*. Washington D.C.

Special Consultative Committee on Security (1964). *Report on the Work done during its Third Regular Meeting, November 16th to December 11th, 1964. OEA/Ser. L/X/II.7*. Washington D.C.

— (1967). *The First Tricontinental Conference. Another Threat to the Security of the Inter-American System. OEA/Ser. L/X/II.12*. Washington D.C.

— (1967). *La Primera Conferencia de la Organización Latinoamericana de Solidaridad (OLAS). OEA/Ser. L/X/II.18*. Washington D.C.

The International Conferences of American States (1940). *First Supplement, 1933-1940*. Washington D.C.: Carnegie Foundation.

— Second Supplement, 1942-1954. (1958). Washington D.C.: Carnegie Foundation.

— **Third International American Conference** (1907). *Minutes, Resolutions, Documents*. Rio de Janeiro: Imprenta Nacional.

— (1907). *Report of the Delegates of the United States*. Washington D.C.

— **Unión Panamericana** (1961). *Tratados y Convenciones Interamericanas. Serie sobre Tratados núm. 9*. Washington D.C.: Unión Panamericana.

Unión Panamericana. Consejo Directivo (¿?). *Minutes*. 52 vols. Abarcan un período del 25 de enero de 1911 al 17 de marzo de 1948.

— (1960). *Operation Pan America and the Work of the Committee of 21: Basic documents and reports. August 1958-august 1960. OEA/Ser. X/3.1.1*. Washington D.C.

— (1961). *Inter-American Peace Treaties and Conventions. OEA/Ser. X/2*. Washington D.C.

— (1964). *Inter-American Treaty of Reciprocal Assistance: Applications (vol. I, 1948-1959; vol. II, 1960-1964)*. Washington D.C.

— (1964). *Conferencias especializadas interamericanas: Compilación de datos*. Washington D.C.

— (1967). *Meeting of American Chiefs of State. OEA/Ser. C/IX.1*. Washington D.C.

— (1967). *Protocol of Amendment to the Charter of the Organization of American States: Protocol of Buenos Aires. OEA/Ser. A/2, Add. 2*. Washington, D.C.

United States Senate, Committee on Foreign Relations (1960). *United States – Latin American Relations. Compilation of studies under the direction of the Subcommittee on American Republics Affairs of the Committee on Foreign Relations, U.S. Senate, pursuant to S. Res. 330, 85th Congress, S. Res. 31 and S. Res. 250, 86th Congress*. Washington D.C.: U.S. Government Printing Office.

2. Monografías

Abass, A. (2014). *Complete International Law: Text, Cases and Materials*. Oxford: Oxford University Press

Acosta López, J. I. (2005). *La protección de víctimas indeterminadas en el Sistema Interamericano de Derechos Humanos*. Bogotá: Universidad Javieriana.

Acosta Alvarado, P. A. y **Núñez Poblete, M.** (2012). *El margen de apreciación en el Sistema Interamericano de Derechos Humanos: proyecciones regionales y nacionales.* Méjico D.F.: Instituto de Investigaciones Jurídicas de la UNAM.

Agudelo, O. A. *et alii.* (2017). *Análisis de aplicación de los derechos humanos en el contexto de la Corte Interamericana.* Colombia: Universidad Católica de Colombia.

Aguilar Navarro, M. (1952). *Derecho Internacional Público.* Sevilla: Distribuidor EISA.

Alarcón Gambarte, M.ª M. (2022). *La plenitud democrática del orden jurídico boliviano a través de su reforma constitucional: coherencia entre el derecho interno e internacional*. Cizur Menor. Thomson Reuters Aranzadi.

— (2023). *Constitucionalismo en crisis*. Barcelona. J. M. Bosch Editor.

Alcalá de Armas, E. (1953). *El Panamericanismo.* Caracas: Tipografía y Fábrica de Libros.

Alcalá Zamora, N. (1975). *La protección internacional de los derechos humanos*. Madrid: Civitas.

Alfaro, R. J. (1938). *Commentary on Pan American Problems*. Cambridge: Harvard University Press.

Álvarez, A. (1910). *Le Droit international Américain*. París: A. Pedone.

— (1922). *The Monroe Doctrine: its Importance in the International Life of the States of the New World*. Nueva York: Fundación Carnegie.

— (1924). *Le nouveau Droit international public et sa codification en Amérique*. París: A. Rousseau.

Amadeo, M. (1956). *Por una convivencia internacional. Bases para una comunidad hispánica de naciones.* Madrid: Editorial Cultura Hispánica.

Ambos, K. (2010). *Sistema Interamericano de Protección de los Derechos Humanos y del Derecho Penal Internacional*. Berlín: Konrad-Adenauer-Stiftung.

Arciniegas, G. (1952). *The State of Latin America.* Nueva York: Alfred Knopf.

Arias Ospina, F. y **Galindo Villareal, J.** (2013). *Manual Protección Multinivel de Derechos Humanos.* Santiago de Chile: Universidad de los Andes.

Arp, B. (2014). *Las peticiones individuales ante la Comisión Interamericana de Derechos Humanos. Una guía práctica*. Méjico D.F. Editorial Porrúa.

ASTULLIDO, C. y **GARCÍA RAMÍREZ, S** (2012). *Corte Interamericana de Derechos Humanos. Organización, funcionamiento y trascendencia*. Méjico D.F.: Tirant lo Blanch.

AYALA CORAO, C. M. (1998). *Del amparo constitucional al amparo interamericano como institutos para la protección de los derechos humanos*. San José: Instituto Interamericano de Derechos Humanos.

BADÍA MALAGRIDA, C. (1946). *El factor geográfico en la política sudamericana.* Segunda edición. Madrid: Editorial Reus.

BALL, M. M. (1947). *The Problem of Inter-American Organizations*. Stanford: Stanford University Press.

BALLALOUD, J. (1984). *Droits de l´homme et organisations internationals: vers un nouvel ordre humanitaire Mondial*. París: Montchrestien.

BARBERO, N. (2014). *Protección internacional de los Derechos Humanos. Tomo III: Instrumentos regionales de Derechos Humanos*. Buenos Aires: Rubinzal-Culzoni Editores.

BARDONETT, D. y **CANÇADO TRINDADE, A. A.** (1996). *Derecho Internacional y Derechos Humanos / Droit Internationale et Droits de l´Homme*. San José: Instituto Interamericano de Derechos Humanos.

BARRENECHEA Y RAYGADA, O. (1947). *Congresos y Conferencias Internacionales celebrados en Lima 1847-1894.* Buenos Aires: Peuser S.A.

BARRET, J. (1911). *The Pan American Union Peace Friendship Commerce*. Washington D.C.: Munder Thomsen Press.

BARRETTO MAIA, C. *et alii*. (2015). *Desafío del Sistema Interamericano de Derechos Humanos. Nuevos tiempos, nuevos retos.* Colombia: Centro de Estudios de Derecho, Justicia y Sociedad.

BEALE, H. K. (1956). *Theodore Roosevelt and the Rise of America to World Power.* Batimore: Hohns Hopkins Press.

BECERRA RAMÍREZ, M. (2007). *La Corte Interamericana de Derechos Humanos a veinticinco años de su funcionamiento*. Méjico D.F.: Universidad Autónoma de Méjico.

BELAÚNDE, V. (1959). *Bolívar y el pensamiento político de la revolución hispanoamericana.* Madrid: Editorial Cultura Hispánica.

BELOFF, M. (2004). *Los derechos del niño en el sistema interamericano*. Buenos Aires: Editores del Puerto.

BEMIS, S. F. (1949). *John Quincy Adams and the Foundation of American Foreign Policy*. Nueva York: Alfred Knopf.

— (1943). *The Latin American Policy of the United States: An Historical Interpretation.* Nueva York: Harcourt, Brace and Company.

Benavides, M. M. (1957). *Cooperación técnica internacional.* Madrid: M.E.D.

Beristain, C. M. (2010). *Diálogos sobre reparación. Experiencias en el Sistema Interamericano*. Bogotá: Universidad Santo Tomás-PNUD-IIDH.

Berle, A. A. (1962). *Latin American-Diplomacy and Reality.* Nueva York: Consejo de Relaciones Exteriores.

Bernstein Carabantes, E. (1962). *Punta del Este y las erróneas interpretaciones de un tratado. For. Int., II/4*. Washington D.C.

Bogdandy (Von), A., **Fix-Fierro, H**. y **Morales Antoniazzi, M**. (2015). *Ius Constitutionale Commune en América Latina. Rasgos, potencialidades y desafíos*. Méjico: Universidad Nacional Autónoma de Méjico.

Bogdandy (Von), A., **Fix-Fierro, H.**, **Morales Antoniazzi, M**. y **Piovesan Soley, F**. (2017). *Ius Constitutionale Commune en América Latina. A Regional Approach to Transformative Constitutionalism*. Méjico: Universidad Nacional Autónoma de Méjico.

Bolívar, S. (1929). *Cartas del Libertador publicadas por Lecuna.* Caracas: Banco de Venezuela-Fundación Vicente Lecuna.

Brierly, J. L. (1958). «The Draft Code of American International Law». En: *The Basis of Obligation in International Law*. Oxford: Oxford University Press.

Brown Scott (1931). *The International Conferences of American States, 1882-1928*. Nueva York: Carnegie Foundation.

Brownlie, I. (2012). *Principles of Public International Law*. Séptima edición. Oxford: Oxford University Press.

Buergenthal, T. (1980). *Las Convenciones Europea y Americana: Algunas similitudes y diferencias*. Washington D.C.: Organización de los Estados americanos.

Buergenthal, T. y **Shelton, D**. (1995). *Protecting Human rights in the Americas. Cases and Meterials*. Kehl-Strasbourg-Arlington: N.P. Engel Publisher.

— (2009). *International Human rights in a Nutshell*. Cuarta edición. Minnesota: West Publishing Co.

Buergenthal, T., **Grossman, C.** y **Nikken, P.** (1990). *Manual internacional de Derechos Humanos*. Caracas-San José: Instituto Interamericano de Derechos Humanos.

Burgorgue-Larsen, L. (2014). *La Corte Interamericana de los Derechos Humanos como Tribunal Constitucional, Instituto de Derecho Europeo e Integración Regional (IDEIR).* Madrid: Universidad Complutense.

Burgorgue Larsen, L. y **Úbeda de torres, A.** (2011). *The Inter-American Court of human rights. Case Law and Commentary.* Oxford: Oxford University Press.

Burr, R. N. y **Hussey, R. D.** (1955). *Documents on Inter-American Cooperation, vol. 1, 1810-1881 y vol. 2, 1881-1948*. Filadelfia: University of Pennsylvania Press.

Cabot, J. M. (1955). *Toward our common American Destiny*. Cambridge: Fletcher School of Law and Diplomacy-Harvard University.

Caicedo Castilla, J .J. (1961). *El Panamericanismo.* Buenos Aires: Depalma.

— (1970). *El Derecho internacional en el sistema interamericano*. Madrid: Ediciones Cultura Hispánica.

Camarillo Govea, L. A. (2014). *Acceso directo del individuo ante la Corte Interamericana de Derechos Humanos.* Toledo: Tesis doctoral (inédita).

Cançado Trindade, A .A. (1993). *La protección internacional de los Derechos Humanos en América Latina y el Caribe*. San José: Instituto Interamericano de Derechos Humanos.

— (1997). *Tratado de Direito Internacional dos Direitos Humanos*. Vol. I. Brasil: Frabris Editor.

— (1999). *The modern World of Human Rights: Essays in honour of Thomas Buergenthal*. San José: Instituto Interamericano de Derechos Humanos.

— (2001). *El acceso directo del individuo a los tribunales internacionales de Derechos Humanos*. Bilbao: Universidad de Deusto.

— (2003). *Informe: Bases para un Proyecto de Protocolo a la Convención Americana sobre Derechos Humanos, para Fortalecer Su Mecanismo de Protección, Corte Interamericana de Derechos Humanos.* Segunda edición. San José: Instituto Interamericano de Derechos Humanos.

— (2003). *El futuro de la Corte interamericana de Derechos Humanos*. San José: ACNUR.

Cançado Trindade, A. A. *et alii*. (2003). *El sistema interamericano de protección de los Derechos Humanos en el umbral del siglo XXI*. San José: Corte Interamericana de Derechos Humanos.

Canyes, M. (1945). *El Sistema interamericano y la organización de las Naciones Unidas*. Washington D.C.: Pan American Union.

— (1955). *Las Reuniones de Consulta. (Origen, desarrollo y papel que desempeñan en las relaciones interamericanas)*. Washington D.C.: Unión Panamericana.

— (1956). *La Organización de los Estados Americanos y las Naciones Unidas*. Segunda edición. Washington D.C.: Unión Panamericana.

Cárcamo Gutiérrez, M. C. y **Jiménez Palencia, D. C.** (2016). *Limitaciones a derechos políticos y electorales en la Convención Americana de Derechos Humanos y en Colombia.* Cartagena de Indias: Universidad de Cartagena.

Cardón, R. L. (1954). *La solución pacífica de controversias internacionales en el sistema americano.* Buenos Aires: Editorial Perrot.

Cardona, R. L. (1954). *La Solución Pacífica de Controversias Internacionales en el Sistema Interamericano*. Buenos Aires.

Carnegie Endowment for International Peace (1945). *Handbook of international organizations in the Americas.* Washington D.C.: Publications of the Carnegie Endowment for International Peace. División of International Law.

Castañeda, M. (2015). *El Derecho Internacional de los Derechos Humanos y su recepción nacional*. Méjico D.F.: Comisión Nacional de los Derechos Humanos.

Castilla, C. (1957). *Organización de los Estados Americanos. Lecciones y Conferencias. Curso 1955-56.* Escuela de Funcionarios Internacionales. Tomo II. Madrid.

Carrillo Salcedo, J. A. (1984). *El Derecho internacional en un mundo en cambio*. Madrid: Tecnos.

Carrió, G. R. (1987). *El sistema americano de Derechos Humanos*. Buenos Aires: EUDEBA.

Cassese, A. (1991). *Los Derechos Humanos en el mundo contemporáneo*. Barcelona: Ariel.

Cassin, R. (1974). *Veinte años de evolución de los Derechos Humanos*. San José: Instituto Interamericano de Derechos Humanos.

Centro por la Justicia y el Derecho Internacional (CEJIL). (2007). *Guía para defensores y defensoras de derechos humanos: la protección de los derechos humanos en el sistema interamericano.* Buenos Aires: CEJIL.

— (2007). *Implementación de las decisiones del Sistema Interamericano de Derechos Humanos: Jurisprudencia, normativa y experiencias nacionales*. San José: Centro por la Justicia y el Derecho Internacional.

Cereti, C. (1939). *Panamericanesimo e Diritto Internazionale.* Milano: Editore Dott. A. Giuffrè.

Cerón, J. L. (1948). *Bolívar y el Congreso de Panamá. Curso 1947-1948*. Madrid: M.E.D.

Chacón Triana, N. *et alii*. (2015). *Eficacia del Sistema Interamericano de Derechos Humanos*. Colombia: Universidad Católica de Colombia.

Comas, J. (1954). *Los Congresos Internacionales de americanistas. (Síntesis histórica e Índice bibliográfico general, 1875-1952)*. Méjico: Instituto Indigenista Interamericano.

Comisión Interamericana de Derechos Humanos. 81982). *Diez años de actividades 1971-1981*. Washington D.C.: Secretaría General – Organización de Estados Americanos.

— (1984). *Derechos Humanos en las Américas. Homenaje a la memoria de Carlos Dunshee de Abranches*. Washington D.C.: OEA.

Comisión Nacional de los Derechos Humanos (2016). *Méjico y el Sistema Interamericano de los Derechos Humanos*. Ciudad de Méjico: Comisión Nacional de los Derechos Humanos.

Congreso Hispanoamericano de Historia (1953). *Causas y caracteres de la independencia hispanoamericana*. Madrid: Editorial Cultura Hispánica.

Connell-Smith, G. (1962). *El Futuro de la Organización de los Estados Americanos: Significado de la Conferencia de Punta del Este. The World Today, XVIII/3*. Washington D.C.

— (1966). *The Inter-American System*. Oxford: Oxford University Press.

— (1971). *El Sistema Interamericano*. Méjico: Fondo de Cultura Europea.

Cordero Torres, J. M. (1955). *Textos básicos de América*. Madrid: Instituto de Estudios Políticos.

Corte Interamericana de Derechos Humanos (1998). *Liber Amicorum: Héctor Fix-Zamudio*. 2 vols. San José: Secretaría de la Corte Interamericana de Derechos Humanos.

— (2005). *La Corte Interamericana de Derechos Humanos: Un cuarto de siglo: 1979-2004*. San José: Corte Interamericana de Derechos Humanos.

— (2012). *Documentos básicos en materia de derechos humanos en el Sistema interamericano: actualizado a febrero de 2012*. San José: Corte Interamericana de Derechos Humanos.

— (2012). *Sistema de peticiones y casos. Folleto informativo*. San José: Corte Interamericana de Derechos Humanos.

— (2013). *ABC de la corte Interamericana de Derechos Humanos. El qué, cómo, cuándo, dónde y por qué de la Corte Interamericana*. San José: Corte Interamericana de Derechos Humanos.

— (2015). *Cuadernillo de Jurisprudencia de la Corte Interamericana de Derechos Humanos. Núm. 7: Control de Convencionalidad*. San José: Corte Interamericana de Derechos Humanos.

— (2020). *Digesto de decisiones sobre admisibilidad y competencia de la Comisión Interamericana de Derechos Humanos*. San José: Corte Interamericana de Derechos Humanos.

— (2021). *Sistema de peticiones y casos*. San José: Corte Interamericana de Derechos Humanos.

Corzo Sosa, E., **Carmona Tinoco, J.** y **Saavedra Alessandrini, P.** (2013). *Impacto de las sentencias de la Corte Interamericana de Derechos Humanos*. Valencia: Tirant lo Blanch.

Costa, C. E. (1989). *El Pacto de San José de Costa Rica. Protección a los derechos humanos*. Buenos Aires: Manuel Lerner editores.

Costa, H .L. (2019). *Convención americana sobre derechos humanos. Pacto de San José de Costa Rica. Comentada*. Buenos Aires: Tribunales ediciones.

Craham, M. E. (1982). *Human rights and Basic Needs in the Americas*. Washington D.C.: Georgetown University Press.

Crawford, J. (1995). *The rights of peoples*. Oxford: Oxford University Press.

Crawford, W. R. (1944). *A Century of Latin American Thought*. Cambridge: Harvard University Press.

Cuevas Cancino, F. (1951). *El ideal panamericano del Liberador. (Bajo los auspicios de la Sociedad bolivariana de Venezuela).* Méjico: Fondo de Cultura Económica.

— (1955). Del Congreso de Panamá a la Conferencia de Caracas, 1826-1954: El genio de Bolívar a través de la historia de las relaciones interamericanas. 2 vols. Caracas: Gobierno de Venezuela.

De la Reza, G. A. (2010). *Documentos sobre el Congreso Anfictiónico de Panamá*. Caracas: Fundación Biblioteca Ayacucho-Banco Central de Venezuela.

Dembour, M. B. (2015). *When Humans Become Migrants: Study of the European Court of Human Rights with an Inter-American Counterpoint.* Oxford: Oxford University Press.

Díaz-Bastién Vargas-Zúñiga, A. (2014). *El acceso al sistema interamericano de Derechos Humanos.* Madrid: Biblioteca Iberoamericana de Derecho.

Dreier, J. C. (1962). *The Organization of American States and the Hemisphere Crisis*. Nueva York: Harper and Row.

— *The Council of the OAS: Performance and Potential.* FIAS, v/3. Washington D.C.

Duggan, L. (1949). *The Americas: The Search for Hemisphere Security.* Nueva York: Henry Holt and Co.

Dupuy, R-J. (1956). *Le Nouveau Panaméricanisme: L´évolution du système interaméricain vers le fédéralisme*. París: Pedone.

Dykmann (2004). *Philantropic Endeavor or the Exploitation of an Ideal? The Human Rights Policy of the OAS in Latin America (1970-1991)*. Vol. 101. Frankfurt/Main: Bibliotheca Ibero-Americana.

Enríquez, L. (1945). *Un Latino Mira a Chapultepec. The Inter-American, IV/4*. Washington D.C.

Espinosa, M. (1957). *Las grandes etapas de la historia americana. (Bosquejo de una morfología de la historia política norteamericana).* Madrid: Editorial Revista Occidente.

Espinosa de los Monteros Rodríguez, A. (2016). *La doctrina de la Corte Interamericana de Derechos Humanos sobre territorio de los pueblos indígenas.* Murcia: CEBES, Centro de Estudios en Bioderecho, Ética y salud-Universidad de Murcia.

Estupiñan-Silva, R. (2014). *La vulnerabilidad en la jurisprudencia de la Corte Interamericana de Derechos Humanos: esbozo de una tipología.* París: Universidad París, Derechos Humanos y Políticas Públicas.

Etienenne Llano, R. (1987). *La protección de la persona humana en el Derecho Internacional: Los Derechos Humanos*. Méjico. Editorial Trillas.

Fappiano, Ó. L. (1997). *El Derecho de los Derechos Humanos*. Buenos Aires: Editorial Ábaco de Rodolfo Depalma.

Faúndez Ledesma, H. (2004). *El Sistema Interamericano de Protección de los Derechos Humanos. Aspectos Institucionales y procesales*. Tercera edición, revisada y puesta al día. San José: Instituto Interamericano de Derechos Humanos.

Feldman, G. E. (2008). *El Pacto de San José de Costa Rica*. Buenos Aires: Rubinzal-Culzoni editores.

Fenochio, A. (1953). *Índice por materias de los diversos instrumentos suscritos o aprobados en las Conferencias Panamericanas principales (desde 1889 a 1951, inclusive).* Washington D.C.: Unión Panamericana.

Fenwick, C. G. (1963). *The Organization of American States: The Inter-American Regional System.* Segunda edición. Washington D.C.: Kaufman Printing Co.

— (1949). *The Inter-American Regional System*. Nueva York: McMullen Co.

Fernández Almagro, M. (1944). *La emancipación de América y su reflejo en la conciencia española.* Madrid: Instituto de Estudios Políticos.

Fernández-Shaw, F. G. (1963). *La Organización de los estados Americanos (OEA)*. Segunda edición. Madrid: Cultura Hispánica.

Fix-Zamudio, H. (1998). *Liber amicorum.* San José: Secretaría de la Corte Interamericana de Derechos Humanos.

Franco Rodríguez, M. J. (2011). *Los derechos humanos de las mujeres en la jurisprudencia de la Corte Interamericana de Derechos Humanos.* Méjico: Comisión Nacional de Derechos Humanos.

Gantenbein, J. W. (1950). *The Evolution of our Latin-American Policy: a Documentary Record*. Nueva York: Columbia University Press.

García Bauer, C. (1960). *Los derechos humanos preocupación universal*. Guatemala: Editorial universitaria.

— (1987). *Los Derechos Humanos en América*. Guatemala: Tipografía Nacional.

García Calderón, F. (1930). *Latin America. Its Rise and Progress*. Londres: Fisher Unwin.

García Chavarría, A. B. (2011). *Los procedimientos ante la Comisión Interamericana de Derechos Humanos.* Méjico DF: Comisión Nacional de Derechos Humanos.

— (2007). *La Corte Interamericana de Derechos Humanos.* Porrúa, Méjico DF.

García Ramírez, S. (2005). *La jurisprudencia de la Corte Interamericana de Derechos Humanos en materia de reparaciones.* San José, Costa Rica: Corte Interamericana de Derechos Humanos.

— (2015). *La Corte Interamericana de Derechos Humanos*. Méjico D.F.: Porrúa.

García Ramírez, S. y **Gonza, A.** (2007). *La libertad de expresión en la jurisprudencia de la corte Interamericana de Derechos Humanos.* Méjico: Ediciones CIDH.

García Ramírez, S. y **Londoño Lázaro, M. C.** (2012). *La jurisprudencia de la Corte Interamericana de Derechos Humanos.* Vol. IV. Méjico DF: UNAM.

García Roca, J. *et alii*. (2012). *El Diálogo entre los Sistemas Europeo y Americano de Derechos Humanos.* Madrid: Civitas-Thomson.

Gargarella, R. (2013). *Latin American Constitutionalism: The engine room of Constitution*. Oxford: Oxford University Press.

Gil, E. (1933). *Evolución del panamericanismo*. Buenos Aires: Librería y Casa editora de Jesús Menéndez.

Glendon, M. A. (2002). *A World New: Eleanor Roosevelt and the Universal Declaration of Human Rights*. Nueva York: Random House.

Gomes, L. F. y **Piovesan, F.** (coords.). (2000). *O sistema interamericano de proteçao dos direitos humanos e o direito brasileiro.* Sao Paulo: Editora Revista dos Tribunais.

Gómez Robledo, A. (1958). *Idea y experiencia en América*. Méjico: Fondo de Cultura Económica.

— (1962). *La crisis actual del sistema interamericano: primera parte. For. Int., III/1*. Washington, D.C.

— (1962). *La crisis actual del sistema interamericano: segunda parte. For. Int., III/2*. Washington D.C.

— (2000). *Derechos Humanos en el Sistema Interamericano*. Méjico DF: Porrúa.

González Domínguez, P. (2014). *Implementación de la Convención Americana sobre Derechos Humanos en los sistemas jurídicos nacionales: la doctrina del control de convencionalidad.* Santiago de Chile: Centro de Estudios de Justicia de las Américas.

González Morales, F. (2013). *Sistema Interamericano de Derechos Humanos*. Valencia: Tirant lo Blanch.

Gozaíni, O. A. (2014). *Derecho procesal transnacional. Los procedimientos en la Comisión y ante la Corte Interamericana de Derechos Humanos*. Valencia: Tirant lo Blanch.

— (2016). *El sistema procesal interamericano. Procedimientos en la Comisión y ante la Corte Interamericana de Derechos Humanos*. Buenos Aires: Ediar.

— (2017). *El debido proceso. Estándares de la Corte Interamericana de Derechos Humanos*. Santa Fe: Rubinzal-Culzoni.

Gray, C. (1990). *Judicial Remedies in International Law*. Oxford: Clarendon Press.

Gross, L. (1985). *Estudios sobre derechos humanos*. Caracas: Instituto Interamericano de Derechos Humanos-Editorial Jurídica Venezolana.

— (1991). *La Convención Americana y la Convención Europea de Derechos Humanos: Análisis comparativo*. Santiago de Chile: Jurídica de Chile.

Guerra Iñiguez, D. (1955). *El pensamiento internacional de Bolívar.* Caracas: Editorial Ragón, C.A.

Guevara Palacios, A. (2012). *Los Dictámenes Consultivos de la Corte Interamericana de Derechos Humanos. Interpretación constitucional y convencional*. Barcelona: Bosch editor.

Haring, C. H. (1928). *South America Looks at the United States.* Nueva York: The Macmillan Company.

Harris, D. y **Livingstone, S.** (1998). *The Inter-American System of Human Rights*. Oxford: Clarendon Press.

Hennebel, L. y **Tigroudja, H.** (2022). *The American Convention on Human Rights*. Oxford: Oxford University Press.

Hennelly, A. y **Langam, J**. (1982). *Human Rights in the Americas: The Struggle for consensus*. Washington D.C.: Columbia University Press.

Hernández Castaño, D. P. (2014). *Legitimidad democrática de la Corte Interamericana de Derechos Humanos en el control de convencionalidad.* Colombia: Universidad Externado de Colombia.

Hernández Valle, R. (2011). *Las sentencias básicas de la Corte Interamericana de Derechos Humanos*. Madrid: Centro de Estudios Políticos y Constitucionales.

Herrendorf, D. E. y **Bidart Campos, G. J**. (1991). *Principios de Derechos Humanos y Garantías*. Buenos Aires: Ediar.

Herring, H. (1954). *A History of Latin America from the beginning to the present.* Londres: Jonatham Cape.

Hitters, J. C. (1991). *Derecho internacional de los Derechos Humanos*. Buenos Aires: EDIAR.

Hoffmann, S. (1980). *Primacy or World Order: American Foreign Policy since the Cold War*. Nueva York: McGraw-Hill.

Huertas Díaz, O. (2005). *Convención Americana de Derechos Humanos: doctrina y jurisprudencia 1980-2005.* Bogotá: Universidad Autónoma de Colombia-Grupo Editorial Ibáñez.

Humphrey, J. P. (1942). *The Inter-American System, a Canadian View*. Toronto.

— (1946). *The Evolution of Modern Latin America.* Oxford: Clarendon Press.

Inman, S. G. (1925). *Problems in Pan Americanism.* Nueva York: Hutton Webster.

— (1937). *Building an Inter-American Neighborhood.* Nueva York: National Peace Conference.

— (1965). *Inter-American Conferences 1826-1954: History and Problems*. Washington D.C.: Univerity Press of Washington.

Instituto Interamericano de Derechos Humanos (1996). *Guía sobre Aplicación del Derecho Internacional en la Justicia Interna*. San José: Instituto Interamericano de Derechos Humanos.

— (2004). *Proceso de Fortalecimiento del Sistema Interamericano de Derechos Humanos. Elementos procesales*. San José: Instituto Interamericano de Derechos Humanos.

Instituto Interamericano de Estudios Legales Internacionales (1966). *The Inter-American System: Its Development and Strengtheining.* Nueva York: Dobbs Ferry.

Instituto Interamericano de Estudios Jurídicos Constitucionales (1966). *El sistema interamericano. Estudio sobre su desarrollo y fortalecimiento*. Madrid: Instituto de Cultura Hispánica.

Inter-American commission on Human Rights (1982). *Ten Years of activities: 1971-1981*. Washington D.C.: Organization of American States.

Jiménez Ruiz, J. L. (2014). El orden jurídico multinivel entre los paradigmas de libertad y seguridad, Madrid, Congreso de los Diputados.

— (2024). *UNIÓN EUROPEA, o La materia, forma y poder de una organización internacional*, Madrid, Aranzadi-La Ley.

Jiménez Ulloa, A .C. (2010). *La libertad de expresión en la jurisprudencia de la Corte Interamericana de Derechos Humanos.* Colombia: Universidad Externado de Colombia.

Jiménez Vanegas, J. S. (2015). *El principio de convencionalidad de la Corte Interamericana de Derechos Humanos: un estudio sobre el carácter vinculante para la legislación nacional colombiana.* Bogotá: Universidad Católica de Colombia.

JONES, C. L. (1936). *The Caribbean Since 1900*. Nueva York: Prentice-Hall Inc.

KAI AMBOS, C. A. *et alii*. (2010). *Sistema interamericano de protección de los derechos humanos y derecho penal internacional.* Montevideo: Grupo Latinoamericano de Estudios sobre Derecho Penal Internacional.

KAYSEN, C., **PASTOR, R. A.** y **REED, L. W.** (1994). *Collective responses to regional problems: The case of Latin America and the Caribbean*. Cambridge: American Academy of Arts and Sciences.

KELCHNER, W. H. (1927). *Latin American Relations with the League of Nations*. Boston: World Peace Foundation

— (1930). *El Desarrollo de la Unión Panamericana. B. PAU, LXIV/4*. Washington D.C.

KELLOR, F. (1948). *American Arbitration. Its History, Functions and Achievements*. Nueva York: Harper & Brothers.

KOCH, C. O. (2017). *Critérios de Judicialização de Casos Pela Comissão Interamericana de Direitos Humanos*. Belo Horizonte: Arraes Editores.

KUNZ, J. L. (1945). *La Conferencia Interamericana de Méjico sobre los Problemas de la Guerra y la Paz y el problema de la Reorganización del Sistema Interamericano*. Washington D.C.

— (1950). *Latin American Philosophy of Law in the Latin-American Philosophy of Law in the Twentieth Century*. Nueva York: Inter-American Law Institute-New York University School of Law.

LAVIÑA, F. (1987). *Sistemas internacionales de protección de los Derechos Humanos*. Buenos Aires: Depalma.

LEBLANC, L. (1977). *The OAS and the Promotion and Protection of Human Rights*. La Haya: Martinus Nijhoff.

LEGALE, S. (2019). *La Constitución Interamericana: Los 50 años de la Convención Americana sobre Derechos Humanos en la Jurisprudencia de la Corte Interamericana de Derechos Humanos*. Rio de Janeiro: Organización de Estados Americanos.

— (2019). *A Corte Interamericana de Direitos Humanos como Tribunal Constitucional Transnacional*. Rio de Janeiro: Lumen Iuris.

LOBO. H. (1939). *O Panamericanismo e o Brasil*. São. Paulo: Cia. Ed. Nacional.

LOCKEY, J. B. (1926). *Pan-Americanism: Its Beginnings.* Nueva York: Macmillan.

— (1939). *Essays in Pan-Americanism*. Berkeley: University of California Press.

Lockwood, J. E. (1948). *The Economic Agreement of Bogota.* AFIL, XLII/3. Washington D.C.

Mackenzie, M. (1955). *Los ideales de Bolívar en el Derecho Internacional Americano.* Bogotá: Imprenta Nacional.

Manger, W. (1947). *El Panamericanismo y las Conferencias Panamericanas*. Washington D.C.: Pan American Union.

— (1961). *Pan America in Crisis. The Future of the OAS*. Washington D.C.: Public Affairs Press.

Manning, W. R. (1932-1939). *Diplomatic Correspondence of the States: Inter-American Affairs, 1831-1860*. 12 vols. Washington D.C.: Fundación Carnegie para la Paz Internacional.

Marinho, I. P. (1959). *O funcionamento do sistema inter-americano dentro do sistema mundial*. Rio de Janeiro: Livraria Freitas Bastos.

Martín, C., **Rodríguez Pinzón, D**. y **Guevara Bermúdez, J. A**. (2004). *Derecho internacional de los derechos humanos*. Méjico D.F.: Fontamara.

Martínez, R. A. (1957). *El panamericanismo, doctrina y práctica imperialista. Las relaciones interamericanas desde Bolívar hasta Eisenhower.* Buenos Aires: Editorial Aluminé.

Martínez Garza, M. E. y **Elizondo García, F.** (2015). *La protección de los grupos en situación de vulnerabilidad en el Sistema Interamericano de Derechos Humanos.* Méjico D.F.: Universidad Autónoma de Nuevo León.

Masters, R. D. (1945). *Handbook of International Organizations in the Americas*. Washington D.C.: Carnegie Endowment for International Peace

McDougal, M. y **Reisman, W. M.** (1981). *International Law in Contemporary Perspective: The public order of the World community*. Nueva York: The Foundation Press, Inc. Mineola.

McGann, T. F. (1947). *Argentina at the First Pan American Conference. IAEA I/2*. Washington D.C.

— (1957). *Argentina, the United States and the Interamerican System, 1880-1914*. Cambridge: Harvard University Press.

McGoldrick, D. (1991). *The Human Rights Committee: Its role in the development of the International Covenant on Civil and Political Rights*. Oxford: Clarendon Press.

Medina Quiroga, C. (1988). *The Battle of Human Rights: Gross, Systematic Violations and the Inter-American System*. Dordrecht-Boston-Londres: Martinus Nijhoff Publishers.

— (1999). «El sistema interamericano de promoción y protección de los derechos humanos». En: *Los derechos humanos de las mujeres: fortaleciendo su promoción y protección internacional*. San José: Instituto Interamericano de Derechos Humanos.

Medina Quiroga, C. y **Nash Rojas, C.** (2011). *Sistema Interamericano de Derechos Humanos: introducción a sus mecanismos de protección*. Santiago de Chile: Centro de Derechos Humanos-Universidad de Chile.

Méndez, J. E. y **Cox, F.** (1998). *El futuro del sistema interamericano de protección de los derechos humanos*. San José: Instituto Interamericano de Derechos Humanos.

Ministerio de Justicia y Derechos Humanos de la Nación (2015). *La jurisprudencia de la Corte IDH en los casos contra la República Argentina. La mirada de sus protagonistas.* Argentina: Ministerio de Justicia y Derechos humanos de la Nación.

Mondragón Reyes, S. (2007). *Ejecución de las sentencias de la Corte Interamericana de Derechos Humanos.* Méjico DF: Porrúa

Monroy Cabra, M. G. (1980). *Los Derechos Humanos*. Bogotá: Temis.

Monroy García, M. M. y **Sánchez Matus, F.** (2007). *Experiencia de Méjico ante la Comisión Interamericana de Derechos Humanos*. Méjico: Fundación Konrad Adenauer.

Monterisi, R. D. (2009). *Actuación y procedimiento ante la Comisión y Corte Interamericana de Derechos Humanos.* La Plata: Librería Editora Platense.

Morales Antoniazzi, M. (2015). *Protección supranacional de la democracia en Suramérica. Un estudio sobre el acervo del ius constitutionale commune*. Méjico D.F.: Universidad Nacional Autónoma de Méjico.

Morenilla rodríguez, J. M. (1986). *Los sistemas para la protección internacional de los derechos humanos*. Madrid: Centro de Publicaciones del Ministerio de Justicia.

Moreno Quintana, L. M. (1925). *El sistema internacional americano.* Tomo I, parte segunda. Buenos Aires: Facultad de Derecho y Ciencias Sociales.

Moreno Pino, I. (1977). *Orígenes y evolución del Sistema Interamericano.* Méjico: Secretaría de Relaciones Exteriores.

Naciones Unidas (2013). *Los pueblos indígenas y el Sistema de Derechos Humanos de las Naciones Unidas.* Nueva York y Ginebra: Naciones Unidas.

Nash Rojas, C. (2007). *Las reparaciones ante la Corte Interamericana de Derechos Humanos.* Chile: Centro de Derechos Humanos de la Facultad de Derecho.

Nash Rojas, C. y **Medina Quiroga, C.** (2007). *Sistema Interamericano de Derechos Humanos: introducción a su mecanismo de protección.* Chile: Universidad de Chile. Facultad de Derecho. Centro de Derechos Humanos.

Nieto Navia, R. (1993). *Introducción al sistema interamericano de protección a los derechos humanos.* Bogotá: Editorial Temis-Instituto Interamericano de Derechos Humanos.

Nikken, P. (1987). *La protección internacional de los derechos humanos: Su desarrollo progresivo*. Madrid: Civitas-Instituto Interamericano de Derechos Humanos.

— (1991). *Código de Derechos Humanos: Compilación y estudio preliminar*. Caracas: Editorial Jurídica Venezolana-Consejo de Desarrollo Científico y Humanístico.

O´Donell, D. (1989). *Protección internacional de los Derechos Humanos*. Segunda edición. Lima: Comisión Andina de Juristas.

— (2004). *Derecho internacional de los derechos humanos: normativa, jurisprudencia y doctrina de los Sistemas Universal e Interamericano*. Bogotá: Oficina en Colombia del Alto Comisionado de las Naciones Unidas para los Derechos Humanos.

Pan American Union (1943). *The Basic Principles of the Inter-American System*. Washington D.C.

Pasqualucci, J. M. (2012). *The Practice and Procedure of the Inter-American Court of Human Rights.* Segunda edición. Cambridge: Cambridge University Press.

Pépin, E. (1938). *Le Panaméricanisme.* París: Librairie A. Colin.

Pérez, E. J. (2016). *La igualdad y no discriminación en el derecho interamericano de los derechos humanos.* Méjico: Comisión Nacional de los Derechos Humanos.

Pinto, M. (1993). *La denuncia ante la Comisión Interamericana de Derechos Humanos*. Buenos Aires: Editores del Puerto.

Piza, R .R. E. y **Trejos G.** (1989). *Derecho internacional de los Derechos Humanos: La Convención Americana*. San José: Editorial Juricentro.

Pizarro Sotomayor, A. y **Méndez Powell, F**. (2006). *Manual de Derechos Internacional de Derechos Humanos. Aspectos sustantivos*. Panamá: Universal books.

Pizzolo, C. (2007). *Sistema interamericano: la denuncia ante la Comisión Interamericana de Derechos Humanos, el proceso ante la Corte Interamericana de Derechos Humanos, informes y jurisprudencia.* Buenos Aires: Ediar.

Pont, A. y **Castilla, K.** (2021). *Guía para la presentación de denuncias ante el Sistema Interamericano de Derechos Humanos*. Barcelona: Institut de Drets Humans de Catalunya.

Popper, D. H. (1942). *The Río de Janeiro Conference of 1942. Foreign Policy Reports, XVIII/3.* Washington D.C.

Porras Barrenechea, R. (1930). *El Congreso de Panamá*. Lima: Ministerio de Relaciones Exteriores.

Quispe, F. (2010). *El debido proceso en el derecho internacional y en el sistema interamericano.* Valencia: Tirant lo Blanch.

Reinsberg, L. J. (2014). *Prevención y reparación de violaciones a derechos humanos en el marco internacional. Defensa ante el Sistema Interamericano: manual para abogados y defensores.* Segunda edición. Prevención y Reparación de Violaciones a Derechos humanos en el Marco Internacional.

Remiro Brotons, A. (1972). *La Hegemonía Norteamericana. Factor de Crisis en la O.E.A*. Bolonia: Real Colegio de España en Bolonia.

Remotti Carbonell, J. C. (2003). *La Corte Interamericana de Derechos Humanos. Estructura, funcionamiento y jurisprudencia*. Barcelona: Instituto europeo de Derecho.

Revenga Sánchez, M. y **Viana Garcés, A.** (2008). *Tendencias Jurisprudenciales de la Corte Interamericana y el Tribunal Europeo de Derechos Humanos*. Valencia: Tirant Lo Blanch.

Rey Cantor, E. (2008). *Control de convencionalidad de las leyes y Derechos Humanos*. Méjico: Porrúa.

Reynolds, T. H. (1942). *The Progress of Pan-Americanism: A Historical Survey of Latin-American Opinion.* Washington: Public Affairs Press.

Rippy, J. F. y **Tischendorf, A.** (1960). *The San José Conference of American Foreign Ministers*. *IAEA XIV/3*. Washington D.C.

Río Santos, F. (2022). *La Declaración Universal de los Derechos Humanos: Historia, documentos, borradores y proyectos*. Madrid: Aranzadi.

— (2022). *Derechos humanos y Derecho Internacional Humanitario. Textos normativos de las Naciones Unidas, del Consejo de Europa, de la Unión Europea, de la Organización de los Estados Americanos y de la Organización para la Unidad Africana*. La Coruña: Colex.

Roa, J. E. (2015). *La función consultiva de la Corte Interamericana de Derechos Humanos.* Colombia: Universidad Externado de Colombia.

Robertson, A. H. (1968). *Human rights in National & International Law*. Manchester: Manchester University Press-Oceana Publications, Inc.

Robertson, A. H. y **Merrills, J. G.** (1996). *Human Rights in the World: An introduction to the study of the international protection of human rights*. Cuarta edición. Manchester: Manchester University Press.

Rodríguez-Pinzón, D. (2006). *La prohibición de la tortura y los maltratos en el sistema interamericano.* Ginebra: Organización Mundial contra la Tortura.

Rodríguez Rescia, V. (2009). *Las sentencias de la Corte Interamericana de Derechos Humanos. Guía modelo para su lectura y análisis.* San José: Instituto Interamericano de Derechos Humanos.

Rodríguez Reveggino, B. (2022). *El cumplimiento de las sentencias de la Corte Interamericana de Derechos Humanos*. Lima: Palestra.

Ronning, C. N. (1963). *Punta del Este: the Limits of collective Security in a Troubled Hemisphere.* Nueva York: Fundación Carnegie.

Rousset Siri, A. (2018). *Ejecución de sentencias de la Corte Interamericana de Derechos Humanos*. Buenos Aires: Ediar.

Rowe, L. S. (1940). *The Pan American Union and the Pan American Conferences*. Washington D.C.: Pan American Union.

Salmón, E. (2010). *Jurisprudencia de la Corte Interamericana de Derechos Humanos.* 3 vols. Lima: Biblioteca Nacional del Perú.

Salmón, E. y **Blanco, C.** (2012). *El derecho al debido proceso en la jurisprudencia de la Corte Interamericana de Derechos Humanos.* Perú: Instituto de Democracia y Derechos Humanos de la Pontificia Universidad Católica del Perú. Cooperación Alemana al Desarrollo Agencia de la GIZ en el Perú.

Salvioli, F. (2004). *La competencia consultiva de la Corte Interamericana de Derechos Humanos: marco legal y desarrollo jurisprudencial.* Tomo III. Brasilia: Sergio Fabris.

— (2007). *El Sistema Interamericano de Protección de los Derechos Humanos*. Estrasburgo: XXXVIII Sesión de enseñanza, Instituto Internacional de Derechos Humanos.

— (2020). *El Sistema Interamericano de protección de los derechos humanos: Instrumentos, órganos, procedimientos y jurisprudencia*. Querétaro: Instituto de Estudios Constitucionales de Querétaro.

Sánchez, C. A. (1943). *Curso de Derecho Internacional Público Americano.* Ciudad Trujillo: Editorial Montalvo.

Sánchez Triana, E. C. (2013). *Corte Interamericana y protección de derechos laborales de colombianos.* Bogotá DC: Universidad Nacional de Colombia.

Santiago, A. y **Bellocchio, L.** (2018). *Historia de la Corte Interamericana de Derechos Humanos*. La Ley: Ciudad Autónoma de Buenos Aires.

Santoscoy, B. (1995). *La Commission Interaméricaine des droits de l'homme et le développement de sa compétence par le system des pétitions individuelles*. París: Presses Universitaires de France.

Sansón Terán, J. (1949). *El interamericanismo en marcha. De Bolívar y Monroe al rooseveltianismo.* Massachusets: University Press.

— (1960). *Universalismo y regionalismo en la Sociedad interestatal contemporánea.* Barcelona: Editorial Hispano Europea.

Sardinha, D. (2022). *A jurisdição anticíclica da Corte Interamericana*. Rio de Janeiro: NIDH.

Schreiber, A.P. (1970). *The Inter-American Commission on Human Rights*. Leiden: Sijhoff.

Schuler, M. A. y **Thomas, D.** (1999). *Derechos humanos de las mujeres: paso a paso: guía práctica para el uso del derecho internacional de los derechos humanos y de los mecanismos para defender los derechos humanos de las mujeres*. San José: Instituto Interamericano de Derechos Humanos.

Selpúveda, C. (1969). *Las Fuentes del Derecho Internacional Americano*. Méjico: Porrúa.

— (1973). *El Sistema interamericano. Mudanza y transición*. Valladolid: Universidad de Valladolid.

— (1974). *El sistema interamericano: Génesis, integración, decadencia*. Méjico: Porrúa.

Selpúveda, M. Van Banning, T. R. G. (2004). *Universal and Regional Human Rights Protection*. Cases and Commentaries. San José: University for Peace.

Shelton, D. (2005). *Remedies in International Human rights Law*. Tercera edición. Washinton D.C. Washington University Law School.

— (2013). *The Oxford handbook of International Human Rights Law*. Oxford: Oxford University Press.

Silva Abbott, M. (2019). *Una visión crítica del sistema Interamericano de DDHH, y algunas propuestas para su mejor funcionamiento*. Valencia: Tirant lo Blanch.

Sohn, L. B. y **Buergenthal, T.** (1973). *International Protection of Human Rights*. Nueva York: The Bobbs-Merrill Company.

Sieghart, P. (1985). *The Lawful Rights to Mankind: An introduction to the International Legal Code of Human Rights*. Oxford: Oxford University Press.

Soward, F. H. y **Macauley, A. M.** (1948). *Canada and the Pan American System*. Toronto: Ryerson Press.

Steiner, C. (2011). *Sistema interamericano de protección de los derechos humanos y derecho penal internacional*. Montevideo: Konrad-Adenauer-Stiftung.

Steiner, C. y **Uribe, P.** (eds.). (2014). *Convención Americana sobre Derechos Humanos.* Comentario, Konrad-Adenauser-Stiftung.

Stebbings, R. P. (1963). *Documents on American Foreign Relations, 1962*. Nueva York: Council of Foreign Relations.

Steiner, H. J. y **Alston, P.** (1996). *International Human Rights in Context: Law, Politics, Morals*. Oxford: Clarendon Press.

Steiner, C. y **Uribe, P.** (2014). *Convención Americana sobre Derechos Humanos*. Méjico D.F.: SCJN-KAS.

Stoetzer, O. C. (1964). *Geschichte der panamerikanischen Bewegung*. Ibero-Amerika: Ein Handbuch, Quinta edición. Hamburgo: Übersee-Verlag.

— (1965). *The Organization of American States*. Londres: Praeger.

Suprema Corte de Justicia de Méjico (2008). *El Sistema Interamericano de Protección de los Derechos Humanos y su repercusión en los órdenes jurídicos nacionales.* Méjico D.F.: Suprema Corte de Justicia de Méjico.

Thomas, A. V. W. y **Thomas, A. J.** (1960). *The Organization of American States*. Dallas: Southern Methodist University Press.

Tigroudja, H. y **Panoussis, I-K.** (2003). *La Cour intéraméricaine des droits de l'homme: Analyse de la jurisprudence consultative et contentieuse*. Bruselas: Bruylant.

Toro Huerta, M. I. (2008). *Los aportes de la jurisprudencia de la Corte Interamericana de Derechos Humanos en la configuración del derecho de propiedad colectiva de los miembros de comunidades y pueblos indígenas. SELA (Seminario en Latinoamérica de Teoría Constitucional y Política).*

Travieso, J. A. (1990). *Derechos Humanos y Derecho Internacional*. Buenos Aires: Heliasta S. R. L.

— (1996). *La Corte Interamericana de Derechos Humanos: opiniones consultivas y fallos, la jurisprudencia de la Corte Interamericana de Derechos Humanos.* Buenos Aires: Abeledo-Perrot.

Ugarte, M. (1925). *The Destinity of a Continent.* Nueva York: A. Knopf.

Ulloa, A. (1938). *Congresos americanos en Lima*. Lima: Archivo Diplomático del Perú.

Unión Panamericana (1955). *Aplicaciones del Tratado Interamericano de Asistencia Recíproca, 1948-1955.* Washington D.C.: Unión Panamericana.

Universidad de la República (1959). *Simposio sobre el proyecto de la Convención de Derechos Humanos de Santiago de Chile*. Montevideo: Facultad de Derecho de la Universidad de la República.

Uribe Vargas, D. (1958). *Panamericanismo democrático. Bases para una transformación del sistema continental.* Bogotá: Editorial Nuevo Signo.

— (1972). *Los Derechos Humanos y el Sistema Interamericano*. Madrid: Ediciones Cultura Hipánica.

Vadney, T. E. (1987). *The World since 1945*. Nueva York: Penguin Books.

Vallat, F. (1970). *An introduction to the study of human rights*. Londres: Europa Publications.

Varela Feijoo, J. (1972). *La protección de los derechos humanos*. Barcelona: Editorial Hispano Europea.

Vasak, K. (1968). *La Commission interaméricaine des droits de l´homme*. París: Libraire générale de Droit et de jurisprudence.

— (1978). *Les dimensions internationales des droits de l´homme*. París: UNESCO.

Vázquez Carrizosa, Al. (1989). *La filosofía de los derechos humanos y la realidad de América Latina*. Bogotá: Universidad Nacional de Colombia.

Vázquez Ortiz, L. (2010). *Las medidas provisionales de la Corte Interamericana de Derechos Humanos como auténtica garantía jurisdiccional de carácter preventivo*. Méjico D.F.: Porrúa.

Vega, J. C. (2004). *Intervención de la Comisión Interamericana de Derechos Humanos en la deuda externa argentina.* Buenos Aires: Astrea.

Velázquez Gómez, I. y **Velázquez Gil, V. J.** (2017). *Corte Interamericana de Derechos Humanos. Extractos de jurisprudencia.* Medellín: Librería Jurídica Sánchez.

Ventura Robles, M. E. (1989). *La función consultiva de la Corte Interamericana de Derechos Humanos: Naturaleza y principios (1982-1987)*. Madrid: Civitas-Instituto Interamericano de Derechos Humanos.

— (2005). *La Corte Interamericana de Derechos Humanos: La necesidad inmediata de convertirse en un tribunal permanente.* Costa Rica: Corte Interamericana de Derechos Humanos.

— (2011). *Estudios sobre el sistema interamericano de protección de los derechos humanos*. San José: Corte Interamericana de Derechos Humanos e Instituto Interamericano de Derechos Humanos.

Ventura Robles, M. E. y **Zovatto, D.** (1989). *La función consultiva de la Corte Interamericana de Derechos Humanos: Naturaleza y principios, 1982-1987*. Madrid: Civitas-Instituto Interamericano de Derechos Humanos.

Vincent, R. J. (1986). *Human Rights and International Relations*. Cambridge: Cambridge University Press-Royal Institute of International Affairs.

Virally, M. (1972). Droit de l´Homme et theorie Generale du Droit International. *En: René Cassin Amicorum Discipulorumque Liber, vol. IV, Methodologie des Droits de l´Homme*. París: A. Pedone.

Von Bogdandy, A. *et alii*. (2014). *Ius constitutionale Commune en América Latina. Rasgos, potencialidades y desafíos.* Méjico D.F.: Instituto de Investigaciones Jurídicas-Universidad Autónoma de Méjico-Instituto Max Planck de Derecho Público Comparado y Derecho Internacional.

Weston, B. H., Falk, R. A. y **D´Amato, A. A.** (1980). *International Law and World Order: A problem-oriented coursebook*. Minnesota: West Publishing Co.

Whitaker, A.P. (1942). *Latin American and the Enlightenment*. Ithaca: D. Appleton-Century Company.

— (1954). *The Western Hemisphere Idea: Its Rise and Decline*. Ithaca: Cornell University Press.

— (1957). *Rio and Bogotá: Pan American Perspective*. *IAEA I/3*. Washington D.C.

— (1959). *La Organización de los Estados Americanos.* Londres: London Institute of World Affairs.

— (1964). *Cuba's Intervention in Venezuela: A Test of the OAS*. Orbis, *VIII/3*. Washington D.C.

Whitaker, A. P. y **David, C. J.** (1966). *Nationalism in Contemporary Latin America.* Nueva York: Free Press.

Wilgus, A. C. (1941). *Development of Hispanic America*. Nueva York: Farrar & Rinehart Inc.

Williams, M. W., Bartlett Ruhl, J. y **Miller, S. E.** (1955). *The Inter-American System and World Relations Since 1940. The People and Politics of Latin America*. Cuarta edición. Boston: Ginn & Co.

Ycaza Tigerino, J. (1952). *Originalidad de Hispanoamérica.* Madrid: Editorial Cultura Hispánica.

Yepes, J. M. (1930). *El panamericanismo y el derecho internacional*. Bogotá: Imprenta Nacional.

— (1931). *La Contribution de l'Amérique Latine au Développement du Droit International Public et Privé*. París: Librairie du Recueil Sirey.

— (1936). *Le Panaméricanisme au point de vue historique, juridique et politique*. París: Les éditions internationales.

— (1945). *Philosophie du panaméricanisme et organisation de la paix: le droit panaméricain*. Neuchatel: Éditions de la Baconnière.

— (1957). *La concepción americana de la Organización Internacional: la Carta de Bogotá (O.E.A.) y la Carta de San Salvador (O.D.E.C.A.). Lecciones y Conferencias. Curso 1955-56.* Tomo II. Madrid: Escuela de Funcionarios Internacionales.

— (1976). *Del Congreso de Panamá a la Conferencia de Caracas*. Caracas: Gobierno de Venezuela.

Yepes, J. M. y **Pereira Da Silva** (1934). *Commentaire théorique et pratique du Pacte de la Société des Nations et des Statuts de l'Union panaméricaine*. Paris: A. Pedone.

Zea, L. (1949). *Dos etapas del pensamiento Hispanoamericano. (Del romanticismo al positivismo).* Méjico: El Colegio de Méjico.

Zovatto, G. D. (1990). *Los estados de excepción y los derechos humanos en América Latina*. Caracas: Instituto Interamericano de Derechos Humanos-Editorial Jurídica Venezolana.

3. Artículos y capítulos de libro

Acuña, J. M. (2014). «Democracia y derechos en el sistema interamericano de derechos humanos». En: *Revista Cuestiones Constitucionales*, vol. 30, pp. 3-23.

Aguilar, A. (1980). «La protección de los derechos humanos en el ámbito regional». En: *Revista de Derecho Público* (Editorial Jurídica Venezolana), núm. 3, pp. 5-21.

Aguilar Cavallo, G. (2008). «El principio del interés superior del niño y la Corte Interamericana de Derechos Humanos». En: *Estudios Constitucionales,* año 6, núm. 1 (Centro de Estudios Constitucionales de Chile, Universidad de Talca), pp. 223-247.

Aguilar Navarro, M. (1949). «El Panamericanismo y la Carta del Atlántico. Consideraciones en torno a la Carta de la Organización de los Estados Americanos». En: *E.A.*, núm. 4.

— (1951). «La Cuarta Reunión de Consulta Americana». En: *E.A.*, núm. 10.

Alonso Castrillo, A. (1960). «La última fase de las relaciones hipanonorteamericanas». En: *P.I.*, núm. 49.

Andreu-Guzmán, F. (2001). «30 años de la Convención Americana sobre Derechos Humanos: Todavía hay mucho camino por recorrer». En: *El sistema interamericano de protección de los derechos humanos en el umbral del siglo XXI*. Tomo I, pp. 301-307. San José: Corte Interamericana de Derechos Humanos.

Arlettaz, F. (2011). « La libertad religiosa en el Sistema Interamericano de Derechos Humanos». En: *Revista Internacional de Derechos Humanos*, año I, pp. 39.

Arrighi, J. M. (2011). «L'Organisation des États américains et le droit international». En: *Collected Courses of the Hague Academy of International Law*, vol. 355, pp. 235-437.

Ayala Corao, C. (1998). «El derecho de los derechos humanos (la convergencia entre el derecho constitucional y el derecho internacional de los derechos humanos)». En: *V.° Congreso Iberoamericano de Derecho Constitucional*. Méjico D.F.: Instituto de Investigaciones Jurídicas-Instituto Iberoamericano de Derecho Constitucional- Universidad Nacional Autónoma de Méjico.

— (1999). «El sistema interamericano de promoción y protección de los derechos humanos». En: *Méjico y las declaraciones de los derechos humanos*, pp. 99-118. Méjico D.F.: Corte Interamericana de Derechos Humanos-Instituto de Investigaciones Jurídicas de la Universidad Nacional Autónoma de Méjico.

— (2001). «Reflexiones sobre el futuro del sistema interamericano». En: *Revista del Instituto Interamericano de Derechos Humanos*, núm. 30-31, pp. 91-127.

— (2010). «Inconstitucionalidad de la denuncia de la Convención Americana sobre Derechos Humanos por Venezuela». En: *Estudios Constitucionales*, año 10, núm. 2, pp. 643-682.

Ayala Lasso, J. (1996). «Desafío del Alto Comisionado de las Naciones Unidas para los derechos humanos». En: *Estudios básicos de derechos humanos* 7, pp 19-33.

Ball, M. (1961). «Issue for the Americas: Non-Intervention vs. Human Rights and the Preservation of Democratic Institutions». En: *XV.° International Organization*, vol. 15, pp. 21-37.

Barbosa Delgado, F. R. (2011). «Los límites a la doctrina del margen nacional de apreciación en el Tribunal Europeo y la Corte Interamericana de Derechos Humanos: intervención judicial en torno a ciertos derechos de las minorías étnicas y culturales». En: *Revista Derecho del Estado,* núm. 26.

Barona Betancourt, R. (2017). «Protección de la seguridad social en el Sistema Interamericano de Derechos Humanos». En: *Revista Universidad Externado de Colombia,* vol. 1, núm. 1, pp. 31-59.

Beneyto, J. (1957). «Los puntos de partida de la organización política hispanoamericana». En: *Revista de Estudios Políticos*, núm. 91.

Bidart Campos, G. *et alii.* (2015). «El valor de las recomendaciones de la Comisión Interamericana de Derechos Humanos». En: *Revista Pensamiento Penal,* noviembre.

Binder, C. (2010). «¿Hacia una Corte Constitucional de América Latina? La jurisprudencia de la Corte Interamericana de Derechos Humanos con un enfoque especial sobre las amnistías». En: *La justicia constitucional y su internacionalización: Hacia un ius constitutionale commune en América Latina*. Méjico: Universidad Nacional Autónoma de Méjico.

Borea Odría, A. (2001). «Propuesta de modificación a la legislación del sistema interamericano de protección de los derechos humanos». En: *El sistema interamericano de protección de los derechos humanos en el umbral del siglo XXI*, tomo 1, pp. 533-548.

Brenes Vargas, R. (2009). «Crónica de la Corte Interamericana de Derechos Humanos. La regulación de la libertad de expresión en la jurisprudencia de la corte interamericana de derechos humanos». En: *Revista Internacional de Derecho Penal,* 2009/1, vol. 80, ERES, pp. 381-394.

Briceño Donn, M. (2001). «El papel de los actores del sistema interamericano en el proceso de fortalecimiento». En: *Revista Instituto Interamericano de Derechos Humanos*, núm. 30-31, pp. 237-243.

Buergenthal, T. (1975). «The Revised OAS Charter and the Protection of Human rights». En: *The American Journal of International Law*, vol. 69, 1975, pp. 828-839.

— (1985). «The Advisory Practice of the Inter-American Human Rights Court». En: *The American Journal of International Law*, vol. 79.

— (1989). «La relación conceptual y normativa entre la Declaración Americana y la convención Americana sobre Derechos Humanos». En: *Revista Instituto Interamericano de Derechos humanos*, número especial en conmemoración del cuadragésimo aniversario de la Declaración Americana de Derechos y Deberes del Hombre, 1989.

— (2004). «Recordando los inicios de la Corte Interamericana de Derechos Humanos». En: *Revista Instituto Interamericano de Derechos Humanos*, vol. 39.

Buergenthal, T. y **Cassel, D.** (1998). «The future of the inter-American human rights system». En: *El futuro del sistema interamericano de protección de los derechos humanos,* pp. 539-572.

Burgorgue-Larsen, L. (2014). «La Corte Interamericana de los Derechos humanos como Tribunal constitucional». En: *Papeles de Derechos Europeo e Integración Regional / Working Papers on European Law and Regional Integration*. WP IDIER, núm. 22.

Bustamante Rivero, J. J. (1951). «Panamericanismo e Iberoamericanismo». En: *Anuario de Estudios Americanos*, tomo VIII.

Cabezas Martínez, J. (2008). «El daño cultural en la jurisprudencia de la Corte Interamericana de Derechos Humanos: ¿nueva categoría jurídica?». En: *Revista Jurídica,* marzo 26.

Cabranes, J. A. (1967). «Human Rights and Non-Intervention in the Inter-American System». En: *Michigan Law Review*, vol. 65, pp. 1147-1182.

Cançado Trindade, A. A. (1987). «Co-existence and Co-Ordination of Mechanisms of International Protection of Human Rights (at Global and Regional Levels)». En: *Recueil des cours*, vol. 202, pp. 4-435.

— (1998). «Reflexiones sobre el futuro del sistema interamericano de protección de los derechos humanos». En: **Méndez, J.** y **Cox, F**., *El futuro del sistema interamericano de protección de los derechos humanos*. San José: Instituto Interamericano de Derechos Humanos.

— (2003). «Hacia la consolidación de la capacidad jurídica internacional de los peticionarios en el sistema interamericano de protección de los derechos humanos». En: *Revista Instituto Interamericano de Derechos Humanos*, núm. 37, pp. 13-52.

— (2010). «La búsqueda de la realización del ideal de la justicia internacional». En: *Quel López: Cursos de Derecho Internacional y Relaciones Internacionales en Vitoria*. Vitoria-Gasteiz: Universidad del País Vasco.

Cantón, S. (2007). «El sistema interamericano: Antecedentes históricos y estado actual». En: *XXV.° Curso Interdisciplinario en Derechos Humanos. Sistema Interamericano de Protección de Derechos Humanos*.

Carmona Tinoco, J. U. (2005). «La solución amistosa de peticiones de derechos humanos en el ámbito universal y regional, con especial referencia al sistema interamericano». En: *Anuario Mexicano de Derecho Internacional*, vol. 5, pp. 83-122.

Carozza, P. G. (2003). «Subsidiarity a Structural Principle of International Human rights Law». En: *American Journal of International Law*, vol. 97, pp. 38-79.

— (2003). «From Conquest to Constitutions: Retrieving a Latin American Tradition of the Idea of human Rights». En: *Human Rights Quarterly*, vol. 25.

— (2015). «The Anglo-Latin Divide and the Future of the Inter-American System of Human rights». En: *Notre Dame journal of International & Comparative Law*, 5(1), pp. 153-170.

Castañeda, J. (1956). «Pan Americanism and Regionalism: a Mexican view». En: *I.O.*, vol. X, núm. 3.

Cassel, D. (2004). «Extraterritorial Application of the Inter-American Human Rights Instruments». En: *Extraterritorial Application of International Human Rights Treaties*, pp. 175-181. Cambridge: Cambridge University Press.

Castilla Juárez, K. (2014). «Control de convencionalidad interamericano: una mera aplicación del Derecho Internacional». En: *Revista Derecho del Estado*, 33, pp. 149-172.

Cenedesi Bom Costa Rodrigues, R. (2005). «El nuevo concepto del derecho a la vida en la jurisprudencia de la Corte Interamericana de derechos humanos». En: *Revista del Foro Constitucional Iberoamericano,* núm. 9, pp. 74-112.

Centro por la Justicia y el Derecho Internacional (2001). *Los derechos humanos en el Sistema Interamericano*, pp. 218.

Cerna, C. M. (2009). «Reflections on the Normative Status of the American Declaration of the Rights and duties of Man». En: *University of Pennsylvania Journal of International Law*, vol. 30, núm. 4.

Cisneros Sánchez, M. (1999). «Algunos aspectos de la jurisdicción consultiva de la Corte Interamericana de Derechos Humanos». En: *La Corte interamericana de Derechos Humanos*. San José: Corte Interamericana de derechos Humanos, 61-76.

Contesse, J. (2016). «Contestation and Deference in the Inter-American Human Rights System». En: *Law and Contemporary Problems*, 79 (2), 123-145.

— (2017). «The Final Word? Constitutional Dialogue and the Inter-American Court of human Rights». En: *International Journal of Constitucional Law*, 15 (2), 414-435.

Cordero Torres, J. M. (1961). «La América dependiente». En: *R.P.I.*, núm. 56-57.

Córdoba Sosa, A. y **Julio, M. L.** (2016). «El secreto de las fuentes en el Sistema Interamericano de Derechos Humanos. En: *Revista Anales de la Facultad de Ciencias Jurídicas y Sociales,* UNLP, año 13, núm. 46.

Dalla Via, A. R. (2011). «Los derechos políticos en el Sistema Interamericano de Derechos Humanos». En: *Revista Justicia Electoral,* vol. 1, núm. 8, pp. 15-79.

Dávila, C. (1934). «La Conferencia de Montevideo: Antecedentes y Realizaciones». En: *Int. Concil.*, núm. 300, pp. 121-58.

De Aranda, T. (1956). «La reunión presidencial americana en Panamá». En: *C.P.I.*, núm. 27.

De Oliveira Mazzuoli, V. y **De Faria Moreira Teixeira, G.** (2015). «Protección jurídica del medio ambiente en la jurisprudencia de la Corte Interamericana de Derechos Humanos». En: *Revista Actualidad Jurídica Ambiental,* núm. 49.

Defensoría Penal Pública (2013). «Defensa pública y sistema interamericano». En: *Revista de la defensoría penal pública,* núm. 8, revista 93.

Delgado Ávila, D. (2011). «El derecho fundamental al juez independiente en la jurisprudencia de la Corte Interamericana de Derechos Humanos». En: *Anuario Mexicano Derecho Internacional,* vol. 11.

Doedhar, N. S. (1988). «First Contentious Cases Before the Inter-American Court of Human Rights». En: *American University International Law Review,* vol. 3, núm. 1.

Drnas de Clément, Z. (2009). «Corte Interamericana de Derechos Humanos ¿cuarta instancia?». En: *RECORDIP,* vol. 1, núm. 1.

Dulitzky, A. E. (1997). «Los pueblos indígenas: jurisprudencia del sistema interamericano de protección de los derechos humanos». En: *Revista Instituto Interamericano de Derechos Humanos,* núm. 26, pp. 137-188.

— (1997). «La aplicación de los tratados sobre derechos humanos por los tribunales locales: Un estudio comparado». En: **Abregú, M.** y **Courtis, C.**, *La aplicación de los tratados sobre derechos humanos por los tribunales locales*. Buenos Aires: Ediciones del Puerto/CELS.

— (1998). «Una mirada al sistema interamericano de derechos humanos». En: *América Latina Hoy*, núm. 20, pp. 9-19.

— (2007). «La Comisión Interamericana de Derechos Humanos». En: **M. Ávila Paulette** *(ed., Víctimas sin mordaza: El impacto del sistema interamericano en la justicia transnacional en Latinoamérica: Los casos de Argentina, Guatemala, El Salvador y Perú.* Méjico: Due Process of Law Foundation.

— (2010). «Las peticiones individuales ante la Comisión Interamericana de Derechos Humanos o el amparo interamericano en contexto». En: **Pablo Luis Manili**, *Tratado de Derecho Procesal Constitucional*, tomo IIII. Buenos Aires: La Ley.

— (2015). «An Inter-American Constitutional Court? The invention of the Conventionality Control by the Inter-American Court of Human Rights». En: *Texas International Law Journal*, vol. 50.

Dulitzky, A. y **González, F.** (2001). «Derechos humanos y la Organización de los Estados Americanos, 1999-2000». En: *Revista Instituto Interamericano de Derechos Humanos*, núm. 30-31, edición especial, pp. 189-237.

Dunker, H-J. (1957). «Die interamerikanischen Beziehungen und der Gedanke der gleichberechtigten Partnerschaft». En: *Publication Series of the Institut für Auswärtige Politik*, 1.

D'Empaire, E. A. (2013). «Las garantías judiciales: un análisis de estándares fijados por la Corte Interamericana de Derechos Humanos». En: *Diálogos del Sur,* núm. 38, pp. 147-64. Universidad Nacional del Sur, Argentina - Bogotá.

Engstrom, P. (2015). «El sistema interamericano de derechos humanos y las relaciones Estados Unidos-América Latina». En: *Red de Revistas Científicas de América Latina, el Caribe, España y Portugal,* vol. LV, núm. 2, pp. 454-502. El Colegio de Méjico.

— (2001). «Entrevista al doctor Antônio A. Cançado Trindade». En: *Revista de Derecho THEMIS*, núm. 44.

Estepa, M. C. (2011). «La solución amistosa en el marco del Sistema Interamericano de Derechos Humanos». En: *Estudios Socio-Jurídicos, (S.I.),* vol. 13, núm. 2, pp. 327-352.

Fáundez Ledesma, H. (1984). «La protección de los Derechos Humanos en situaciones de emergencia». En: *Contemporary Issues in International Law: Essays in honour of Louis B. Sohn*. Estrasburgo: Arlington, pp. 100-126.

— (2007). «El agotamiento de los recursos internos en el sistema interamericano de protección de los derechos humanos». En: *Revista Instituto Interamericano de Derechos Humanos*, núm. 46, pp. 41-120.

Fenwick, C. G. (1948). *El Pacto de Bogotá y otros acuerdos jurídicos de la IX Conferencia.* Conferencia pronunciada el 26 de mayo de 1948 en la Unión Panamericana.

— (1948). «The ninth Conference of American States». En: *American Journal of International Law*, vol. 42, núm. 3.

— (1951). «The fourth Meeting of Consultation of Ministers of Foreing Affairs». En: *American Journal of International Law*, vol. 45, núm. 2.

— (1952). «The Charter of the Organization of American States enters into force». En: *American Journal of International Law*, vol. 46, núm. 2.

— (1953). «The Charter of the Organization of American States as the law of the land». En: *American Journal of International Law*, vol. 47, núm. 2.

— (1954). «The Tenth Iner-American Conference al Caracas». En: *American Journal of International Law*, vol. 48, núm. 1.

— (1954). «Intervention at the Caracas Conference». En: *American Journal of International Law*, vol. 48, núm. 3.

— (1954). «The Tenth Inter-American Conference: some issues of Inter-American Regional Law». En: *American Journal of International Law*, vol. 48, núm. 3.

— (1955). «The Meeting of Consultation of Foreign Ministers as a Procedure of Inter-American collective Security». En: *American Journal of International Law*, vol. 49, núm. 2.

— (1956). «The Inter-American Regional System: Fifty years of progress». En: *American Journal of International Law.*, vol. 50, núm. 1.

— (1957). «The meeting of Presidents al Panama». En: *American Journal of International Law*, vol. 51, núm. 1.

— (1959). «Intervention and the Interamerican rule of law». En: *American Journal of International Law*, vol. 53, núm. 4.

Fernández-Shaw, F. (1958). «El Panamericanismo y la Federación de las Indias Occidentales». En: *Política Internacional*, núm. 37.

— (1960). «Un lustro de política interamericana». En: *Política Internacional*, núm. 48.

— (1961). «L'Organisation des Etats Américains (O.E.A.): déclarations et accords constitutifs». En: *Annuaire*, vol. 31. Gravenhage.

— (1961). «Organizaciones y Organismos internacionales americanos». En: *R.P.I.,* núm. 56-57.

Ferrer Mac-Gregor, E. (2013). «Eficacia de la sentencia interamericana y la cosa juzgada internacional: Vinculación directa hacia las partes *(res judicata)* e indirecta hacia los estados parte de la convención americana *(res interpretata)*». En: *Estudios Constitucionales*, 11 (2), pp. 641-694.

— (2014). «Las siete principales líneas jurisprudenciales de la Corte Interamericana de Derechos Humanos aplicable a la justicia penal». En: *Revista del Instituto Interamericano de Derechos Humanos*, 59, pp. 29-118.

— (2015). «Homenaje de la Corte Interamericana de Derechos Humanos al juez Héctor Fix-Zamudio con motivo de sus 90 años de vida». En: *Boletín Mexicano de Derecho Comparado,* año XLVIII, núm. 143.

Fix-Zamudio, H. (1997). «Notas sobre el sistema interamericano de Derechos Humanos». En: *La Jurisdicción constitucional en Iberoamérica*. Madrid: Dykinson.

Fraga Iribarne, M. (1950). «Bolívar y la idea federal». En: *Cuadernos Hispanoamericanos*, núm. 18, pp. 379-386.

— (1961). «Tendencias políticas de Hispanoamérica después de la segunda guerra mundial». En: *Revista de Estudios Políticos*, núm. 120, pp. 209-233.

Fraser, A. (2005). «From Forgotten Through Friction to the Future: The Evolving Relationship of the Anglophone Caribbean and the Inter-American System of Human Rights». En: *Caribbean Law Review*, vol. 15, núm. 2.

Frost, L. (1992). «The Evolution of the Inter-American Court of Human Rights: Reflections of Present and Former Judges». En: *Human Rights Quarterly*, núm. 14(2), pp. 177.

Galdámez Zelada, L. (2006). «La noción de tortura en la jurisprudencia de la Corte Interamericana de Derechos Humanos». En: *Revista CEJIL,* año I, núm. 2.

— (2007). «Protección de la víctima, cuatro criterios de la Corte Interamericana de Derechos Humanos: interpretación evolutiva, ampliación del concepto de víctima, daño al proyecto de vida y reparaciones». En: *Revista Chilena de Derecho*, vol. 34, núm. 3, pp. 439-455.

Galvis Patiño, M. C. (2009). «Las reformas de 2009 al Reglamento de la Corte Interamericana de Derechos Humanos: una regulación de prácticas existentes y un ajuste del Reglamento de noviembre de 2000». En: *Revista Derecho PUCP (Pontificia Universidad Católica del Perú),* núm. 63.

García, A. (2017). «La doctrina de la responsabilidad compartida en el trámite ante la Comisión Interamericana Derechos Humanos. Aplicación a situación de flujos migratorios mixtos». En: *Diario Constitucional y Derechos Humanos,* núm. 151.

García Ramírez, S. (2000). *La Jurisdicción Interamericana sobre Derechos Humanos. Estudios Jurídicos*. Méjico: Universidad Nacional Autónoma de Méjico, 93.

— (2003). «Raíz y horizonte de los "derechos" sociales en la Constitución Mexicana». En*: Codhem*, mayo-junio 2003.

— (2008). «Cuestiones de la jurisdicción interamericana de derechos humanos». En: *Anuario Mexicano de Derecho Internacional*, vol. 8.

— (2014). «La "navegación americana" de los derechos humanos: Hacia un ius commune». En: **Von Bogdandy, A**. *et alii*, *Ius constitutionale commune en América Latina. Rasgos, potencionalidades y desafíos*. Méjico D.F.: Universidad Nacional Autónoma de Méjico-Instituto de Investigaciones Jurídicas.

Gaviria Trujillo, C. (2001). «El financiamiento del sistema interamericano de derechos humanos». En: *Revista del Instituto Interamericano de Derechos Humanos,* núm. 30-31, edición especial, pp. 151-188.

Gil Rendón, R. (2017). «La transformación del Sistema Interamericano Derechos Humanos». En: *Foro Jurídico,* núm. 161, pp. 28-33.

Glendon, M. A. (2003). «The Latin American Influence on the Universal Human Rights Idea». En: *Harvard Human Rights Journal*.

Goldenberg, B. (1963). «Lateinamerika – Reform oder Revolution». En: *Das Parlament*, 33/76.

Goldman, R. K. (2009). «History in Action: The Inter-American Human rights system and the role of the Inter-American Commission on Human rights». En: *Human Rights Quarterly*, vol. 31, pp. 856-887.

Gómez Velásquez, A. (2016). «Perspectivas de la jurisprudencia de la Corte Interamericana de Derechos Humanos en justicia transicional y su aplicabilidad a las actuales negociaciones de paz en Colombia». En: *Eunomía. Revista de Cultura de la Legalidad,* núm. 9, octubre 2015-marzo 2016.

González Domínguez, P. (2017). «La doctrina de control de convencionalidad a la luz del principio de subsidiariedad». En: *Estudios Constitucionales*, 15 (1), pp. 55-98.

— (2018). «The Doctrine of Conventionality Control: Between Uniformity and Legal Pluralism in the Inter-American Human Rights System». En: *Insertia*.

Gonzáles Morales, F. (1996). «El sistema interamericano de derechos humanos y su eficacia: evaluación y perspectivas futuras». En: *Estudios básicos de derechos humanos,* vol. 6, pp. 435-447. San José: Instituto Interamericano de Derechos Humanos.

— (2009). «La Comisión Interamericana de Derechos Humanos: Antecedentes, funciones y otros aspectos». En: *Anuario de Derechos Humanos*, núm. 5, pp. 35-57.

González Volio, L. (1998). «Presente y futuro de los derechos humanos». En: *Ensayos en honor a Fernando Volio Jiménez*. San José: Instituto Interamericano de Derechos Humanos.

Green, R. (1997). *La promoción y protección de los derechos humanos en el ámbito internacional*. Méjico D.F.: Academia Mexicana de Derechos Humanos.

— «Responsabilidades del Estado y responsabilidad penal internacional en la protección internacional de los derechos humanos». En: *Liber amicorum: Héctor Fix Zamudio*, vol. I, pp. 111-122. San José: Corte Interamericana de Derechos Humanos.

Gross Espiell, H. (1986). «El procedimiento contencioso ante la Corte Interamericana de Derechos Humanos». *Boletín Mexicano de Derecho Comparado*, 56, 513-514.

— (1989). «La Declaración Americana: Raíces conceptuales y políticas en la historia, la filosofía y el Derecho americano». En: *Revista Instituto Interamericano de Derechos Humanos*, número especial en conmemoración del cuadragésimo aniversario de la Declaración Americana de Derechos y Deberes del Hombre.

Hancco Suyo, G. (2017). «Las leyes de amnistía en el Sistema Interamericano de Derechos Humanos: ¿un tema cerrado?». En: *Gaceta Constitucional,* t. III, pp. 178-187.

Herrera, D. A. (2014). «La libertad de expresión el sistema interamericano de protección de los derechos humanos y su incidencia en el derecho internos de los Estados parte». En: *Prudentia Iuris,* núm. 78, pp. 17-38.

Herring, H. (1961). «Inter-American Relations: The Balance Sheet». En: *A history of Latin America from the Beginning to the Present*. Segunda edición. Nueva York: Alfred A. Knopf, pp. 810-818.

Hitters, J.C. (1996). «Jerarquía de los pactos internacionales». En: *Pensamiento crítico sobre derechos humanos*, pp. 85-91. Buenos Aires: EUDEBA.

Huerta Guerrero, L. A. (2004). «Reflexiones sobre el Sistema Interamericano de Protección de los Derechos Humanos a propósito de un caso contencioso relativo a la aplicación de la pena de muerte». En: *Revista Derecho PUCP,* núm. 57.

IBÁÑEZ RIVAS, J. M. (2016). «El derecho internacional humanitario en la jurisprudencia de la Corte Interamericana de Derechos Humanos». En: *Derecho del Estado (Universidad Externado de Colombia),* núm. 36, pp. 167-198.

JUÁREZ CENTENO, C. A. y **PIZZICARI, F. N**. (2013). «El per saltum al Sistema Interamericano de Protección de los Derechos Humanos (Caso Furlan vs. Argentina)». En: *Centro de Estudios Universidad Nacional de Córdoba,* núm. 30. Córdoba.

— (2014). «La reforma de la Comisión Interamericana de Derechos Humanos». En: *Revista de la Fundación para el Debido Proceso (DPLF),* núm. 19.

KRSTICEVIC, V. (2001). «Desafíos de la comunidad de derechos humanos de cara a la Asamblea General de la OEA». En: *Revista del Instituto Interamericano de Derechos Humanos,* núm. 30-31, pp. 245-258.

KUNZ, J. L. (1945). «The Inter-American Conference on Problems of War and Peace at Méjico and the Problem of the Reorganization of the Inter-American System». En: *The American Journal of International Law*, vol. 39, núm. 3.

— (1948). «The Bogota Charter of the Organization of American States». En: *American Journal of International Law*, vol. 42, núm. 3.

— (1951). «Fourth Meeting of Consultation of Ministers of Foreign Affairs of American States». En: *American Journal of International Law*, vol. 45, núm. 4.

LOIANNO, A. (2010). «El procedimiento ante la Comisión Interamericana de Derechos Humanos». En: Pablo Luis Manili, *Tratado de Derecho Procesal Constitucional*, tomo IIII. Buenos Aires: La Ley.

LÓPEZ ZAMORA, L. A. (2007). «Algunas reflexiones en torno a la reparación por satisfacción ante violaciones de normas de protección de derechos humanos y su relación con la teoría general de la responsabilidad internacional». En: *American University International Law Review,* vol. 23, pp. 165-194.

LLOBET RODRÍGUEZ, J. (2012). «El debido proceso en el Sistema Interamericano de Protección de los Derechos Humanos». En: *Revista Digital de la Maestría en Ciencias Penales en la Universidad de Costa Rica,* núm. 4.

LOIANNO, A. (2015). «Evolución de la doctrina de la Corte Interamericana de Derechos Humanos en materia de reparaciones». En: *Revista Jurídica Primera Instancia,* núm. 4, p. 50-81.

Londoño Lázaro, M. C. (2005). «Las Cortes Interamericana y Europea de Derechos Humanos en perspectiva comparada». En: *Revista Colombiana de Derecho Internacional,* núm. 5.

Londoño Lázaro, M. C. y **Acosta López, J. I.** (2016). «La protección internacional de la objeción de conciencia: análisis comparado entre sistemas de derechos humanos y perspectivas en el sistema interamericano». En: *Anuario Colombiano de Derecho Internacional,* vol. 9, pp. 233-272. Bogotá.

López Alfonsín, M. A. (2017). «La doctrina del margen de apreciación nacional. Su recepción en el Sistema Europeo de Derechos Humanos, en el Sistema Interamericano de Derechos Humanos y en Argentina, en relación con los derechos económicos, sociales y culturales». En: *Lex,* vol. 15, núm. 19.

— (2017). «Los desafíos del sistema interamericano de derechos humanos». En: *Defensor-Revista mensual de la Comisión de Derechos Humanos del Distrito Federal*, año XV, núm. 4.

Mac Gregor Ferrer, E. (2017). «La Corte Interamericana de Derechos Humanos como intérprete constitucional (Dimensión transnacional del Derecho procesal constitucional)». En: *Panorámica del Derecho procesal constitucional y transnacional*. Madrid: Marcial Pons-Universidad Nacional Autónoma de Méjico-Instituto de Investigaciones Jurídica.

MacDonald, R. S. J. (1964). «La Organización de los Estados Americanos en Acción». En: *University of Toronto Law Journal*, vol. XV, 2, pp. 359-429.

Manger, W. (1968). «Reform in the OAS. The 1967 Buenos Aires Protocol of Amendment to the 1948 Charter of Bogotá. An Appraisal». En: *Journal of Inter-American Studies*, vol. X, n. 1, pp. 12

Márquez, E. (1999). «Documentos internacionales sobre los derechos humanos: la carta de la OEA». En: *Méjico y las declaraciones de derechos humanos*, pp. 217-232. Méjico D.F.: Corte Interamericana de Derechos Humanos-Instituto de Investigaciones Jurídicas de la UNAM.

Martín, F. (2001). «La aplicación del derecho internacional humanitario por la Corte Interamericana de Derechos Humanos». En: *Revista Internacional de la Cruz Roja,* 31/12/2001.

Mattfeldt, R. (1960). «Monroe-Doktrin, Kuba und OAS». *Aussenpolitik*, XI, pp. 691-699.

Medina, C. (1990). «The Inter-American Commission on Human Rights and the Inter-American Court of Human rights: Reflections on a Joint Venture». En: *Human Rights Quarterly*, núm. 12(4), pp. 439-464.

— (1999). «El sistema interamericano de promoción y protección de los derechos humanos». En: *Los derechos humanos de las mujeres: fortaleciendo su promoción y protección internacional*, 100 h. San José: Instituto Interamericano de Derechos Humanos.

Méndez, J. E. y **Vivanco, J. M.** (1990). «Disappearances and the International American Court: Reflections on a litigation experience». En: *Hamline Law Review*, vol. 13, n. 3, pp. 507-577.

Monge, A. J. (2011). «La Corte Interamericana de Derechos Humanos y el impacto de su jurisprudencia en materia de reparaciones». En: *Justicia (Universidad Simón Bolívar),* núm. 19, pp. 132-150.

Monroy Cabra, M. G. (1989). «Aplicación de la Declaración Americana de Derechos y Deberes del Hombre por la Comisión Interamericana de Derechos Humanos». En: *Revista Instituto Interamericano de Derechos Humanos*, número especial en conmemoración del cuadragésimo aniversario de la Declaración Americana de Derechos y Deberes del Hombre.

Moroni, L. (2010). «El derecho procesal de los derechos humanos. ¿Una nueva disciplina?». En: *Anuario de Derecho Constitucional Latinoamericano*, año XVI, pp. 337-388. Montevideo.

Nikken, P. (1989). «La Declaración Universal y la Declaración Americana. La formación del moderno Derecho internacional de los Derechos Humanos». En: *Revista Instituto Interamericano de Derechos Humanos*, número especial en conmemoración del cuadragésimo aniversario de la Declaración Americana de Derechos y Deberes del Hombre.

— (1998). «Perfeccionar el Sistema Interamericano de Derechos Humanos sin reformar al Pacto de San José». En**: Juan E. Méndez y Francisco**, *Instituto Interamericano de Derechos Humanos: El futuro del sistema interamericano de protección de los derechos humanos*. Costa Rica: Cox editores.

— (2001). «Observaciones sobre el fortalecimiento del sistema interamericano de derechos humanos en vísperas de la Asamblea General de la OEA (San José, junio de 2001)». En: *Revista Instituto Interamericano de Derechos Humanos*, núm. 30-31, edición especial, pp. 13-44.

— (2010). «La protección de los derechos humanos: Haciendo efectiva la progresividad de los derechos económicos, sociales y culturales». En: *Revista del Instituto Interamericano de Derechos Humanos*, vol. 52, pp. 62-72. San José.

Nieto Navia, R. (1994). «La Corte Interamericana de Derechos Humanos». En: *Estudios Básicos de Derechos Humanos*. San José: Instituto Interamericano de Derechos Humanos.

Orozco Solano, V. (2016). «El impacto de la jurisprudencia de la Corte Interamericana de Derechos Humanos en el sistema de justicia constitucional costarricense». En: *Revista Judicial (Costa Rica),* núm. 118.

Pacheco Vélez, C. (1953). «Panamericanismo e Hispanoamericanismo». En: *Arbor*, núm. 91-92.

Parra Vera, O. (2012). «La jurisprudencia de la Corte Interamericana respecto a la lucha contra la impunidad: algunos avances y debates». En: *Revista Jurídica de Universidad de Palermo,* año 13, núm. 1, pp. 5-51.

Pasqualucci, J. M. (2002). «Advisory Practice of the Inter-American Court of Human Rights: Contributing to the Evolution of International Human Rights Law». En: *Stanford Journal of International Law,* vol. 38.

Pacheco Gómez, M. (1994). «Los derechos humanos y el sistema interamericano». En: *Ponencias*. San José: Instituto Interamericano de Derechos Humanos.

Pérez, E. J. (2018). «La supervisión del cumplimiento de sentencias por parte de la Corte Interamericana de Derechos Humanos y algunos aportes para jurisdicciones nacionales». En: *Anuario de Derecho Constitucional*, 24, pp. 337-362.

Prellwitz, J. V. (1960). «Das Prinzip der Nichteinmischung als Grundlage der interamerikanischen Beziehungen». En: *Zeitschrift für Politik*, VII, pp. 110-133.

Reisman, W. (1990). «Sovereignity and Human rights in Contemporary International Law». En: *American Journal of International Law*, 84 (4), pp. 866-876.

Rey, S.A. (2006). «El agotamiento de los recursos internos en la jurisprudencia de la Corte Interamericana de Derechos Humanos (1981-2006) ». En: *El Derecho* (Argentina), año XLIV, núm. 11.485, pp. 1-3.

Río Santos, F. (2022). «El estatuto personal de los jueces de la Corte Interamericana de Derechos Humanos: Un análisis comparativo con los jueces del Tribunal Europeo de Derechos Humanos». En: **Torres, Fernández, C., Jerez Rivero, W**. y **De la Serna Tuya, J. M**., *Claves y retos de una justicia del siglo XXI: Derechos, garantías y procedimientos*, pp. 199-220. Madrid: Dykinson.

Robertson, A. H. (1983). «Pactos y Protocolo Opcional de las Naciones Unidas, Convención Americana y Convención Europea sobre Derechos Humanos: Estudio comparativo». En: *La protección internacional de los Derechos del Hombre: Balance y Perspectivas*. Méjico: Universidad Nacional Autónoma de Méjico.

Rodríguez, A. (1965). «La Conferencia de la OEA: ¿Reunión de Cancilleres o mascarada internacional?». En: *For. Int.*, vol. 4, pp. 547-575.

Rodríguez García, T. R. (2017). «Evolución de la reparación en el marco del Sistema Interamericano de Derechos Humanos». En: *Universita Ciencia-Revista electrónica de investigación de la Universidad de Xalapa*, año 5, núm. 15.

Rodríguez Lozano, L. G. (2011). «El Tribunal Europeo de Derechos Humanos y la Corte Interamericana de derechos humanos: dos visiones, un sólo diálogo: implicaciones en la reforma constitucional en materia de derechos humanos del año 2011». En: *Revista del Instituto de Judicatura Federal.*

Rodríguez-Pinzón, D. (2001). «Jurisdicción y competencia en las peticiones individuales del Sistema Interamericano de Derechos Humanos». En: *Revista Argentina de Derechos Humanos (Ad-Hoc. Buenos Aires),* año 1.

Rodríguez Rescia, V. M. (1996). «Las reparaciones en el sistema interamericano de protección de los derechos humanos». En: *Revista Instituto Interamericano de Derechos Humanos*, vol. 23, pp. 129-150.

Rubio García, L. (1964). «Méjico, la no intervención y el sistema interamericano». En: *Cuadernos hispanoamericanos*, 169, pp. 71-85.

Rodríguez Rescia, V. (2013). «El Sistema Interamericano de Protección de Derechos Humanos». En: *Derecho y Realidad,* núm. 22, II Semestre de 2013. Facultad de Derecho y Ciencias Sociales.

— (1996). «Las reparaciones en el sistema interamericano de protección de los derechos humanos». En: *Revista del Instituto Interamericano de Derechos Humanos*, núm. 23, pp. 129-150.

Rojas, R. (2001). «Pasos firmes hacia el fortalecimiento del sistema interamericano de derechos humanos». En: *Revista del Instituto Interamericano de Derechos Humanos*, núm. 30-31, edición especial, pp. 81-90.

Rousset Siri, A. J. (2011). «El concepto de reparación integral en la jurisprudencia de la Corte Interamericana de Derechos Humanos». En: *Revista Internacional de Derechos Humanos 2011,* año I, núm. 59, pp. 59-79.

Ruggie, J. G. (1983). «Human Rights and the Future International Community». En: Daedalus: Journal of the American Academy of Arts and Sciences, otoño de 1983, pp. 93-110.

Ruiz de Santiago, J. (2001). «El derecho internacional de los refugiados: desarrollos en América Latina y sus perspectivas en el nuevo milenio». En: *El sistema interamericano de protección de los derechos humanos en el umbral del siglo XXI*, tomo 1, pp. 439-465.

Ruiz Miguel, C. (1998). «La función consultiva en el sistema interamericano de derechos humanos: ¿crisálida de una jurisdicción supra-constitucional?». En: *Liber amicorum: Héctor Fix Zamudio*, vol. II, pp. 1345-1363. San José: Corte Interamericana de Derechos Humanos.

Sagüés, N. P. (2003). «Las relaciones entre los tribunales internacionales y los tribunales nacionales en materia de Derechos humanos: Experiencias en. Latinoamérica». En: *Ius Et Praxis*, 9 (1), pp. 205-221.

— (2010). «Obligaciones internacionales y control de convencionalidad». En: *Centro de Estudios Constitucionalidad de Chile,* Universidad de Talca, Estudios Constitucionales, año 8, núm. 1.

Salvioli, F. O. (2003). «El aporte de la Declaración Americana de 1948, para la protección internacional de los derechos humanos». En: *El Sistema Interamericano de Protección de los Derechos Humanos en el umbral del Siglo XXI*. San José: Corte Interamericana de Derechos Humanos.

— (2006). «La protección de los derechos humanos en el Sistema Interamericano: sus logros y dificultades». En: *Revista de Relaciones Internacionales,* núm. 4. Madrid.

Sanders, W. (1948). «The Organization of American States: Summary of the Conclusions of the Ninth International Conference of American States Bogota, Colombia, March 30-May 2, 1948». *En: Int. Concil.*, núm. 442, pp. 383-417.

Sandoval, C. (2017). «Two steps forward, one step back: Reflections on the jurisprudential turn of the Inter-American Court of Human rights on domestic reparation programmes». En: *The International Journal of Human Rights*, 22 89), 1192-1208.

Sauca, J. M. (2016). «Derechos colectivos (en la doctrina de la Corte Interamericana de Derechos Humanos)». En: *Eunomía. Revista en Cultura de la Legalidad,* núm. 9, pp. 195-204.

Scott, J. B. (1928). «The Sixth International Conference of American States, held at Habana», January 16-February 20, 1928: a Survey». En: *Int. Concil.,* núm. 241, pp. 275-349.

Selpúveda, C. (1964). «El Sistema Interamericano: Algunas Propuestas de Cambio». En: *Revista de la Facultad de Derecho de Méjico*, 53, pp. 167-168.

— (1983). «Méjico, la Comisión Interamericana y la Convención Americana sobre Derechos Humanos». En: *La Protección Internacional de los Derechos del Hombre: Balance y Perspectivas*. Méjico: Universidad Nacional Autónoma de Méjico, pp. 191-208.

Shelton, D. (1996). «The Jurisprudence of the Inter-American Court of Human Rights». En: *American University International Law Review,* vol. 10, núm. 1.

Slusny, M. (1964). «Quelques observations sur le systèmes de protection internationale des droits de l´homme». En: *Mélanges offerts a Henri Rolin: Problèmes de Droit des Gens*. París: A. Pedone, pp. 374-397.

Stoetzer, O. C. (1959). «La Unión Panamericana». En: *Jornal*, núm. 76.

— (1965). «Die Organisation der Amerikanischen Staaten». En: *Aussenpolitik*, IX, 2, pp. 105-115.

Tacsan Chen, J. (1996). «La protección internacional de los derechos humanos desde la perspectiva teórica del conocimiento normativo». En: *Estudios básicos de derechos humanos 6,* pp. 587-605. San José: Instituto Interamericano de Derechos Humanos.

Taiana, J. E. (2000). «Presente y futuro del sistema interamericano de protección de los derechos humanos». En: *Memoria del I Curso Interamericano Sociedad Civil y Derechos Humanos.* Instituto Interamericano de Derechos Humanos, pp. 33-51. San José: Instituto Interamericano de Derechos Humanos.

Ugarte Boluarte, K .R. L. (2015). «La competencia en los órganos del Sistema Interamericano de Derechos Humanos: aspectos generales». En: *Lex Facultad de Derecho y Ciencia Política,* núm. 15, año XIII.

Verdugo R., S. y **García G., J. F.** (2012). «Radiografía al sistema interamericano de derechos humanos». En: *Revista Actualidad Jurídica (Universidad del Desarrollo),* núm. 25.

Vivanco, J. M. (1998). «Fortalecer o reformar el sistema interamericano». En: *El futuro del sistema interamericano de protección de los derechos humanos,* pp. 51-72. San José: Instituto Interamericano de Derechos Humanos.

Volgelfanger, A. D. (2015). «Corte Interamericana de Derechos Humanos: ¿Creación de normas?», 16 de julio de 2017, versión resumida de La creación de derecho por parte de los tribunales internacionales. El caso específico de la Corte Interamericana de Derechos Humanos. En: *Revista Pensar en Derecho,* núm. 7. Universidad de Buenos Aires.

Yepes, J. M. (1956). «Le Deuxième Congrès de Panama et le nouveau Panaméricanisme». En: *Revue générale de droit international public*, núm. 4, pp. 505-520.

Zovatto, D. (1985). «Antecedentes de la creación de la Corte Interamericana de Derechos Humanos». En: *La Corte Interamericana de Derechos Humanos. Estudios y documentos*. San José: Instituto Interamericano de Derechos Humanos.

Cód. 05

Made in United States
Orlando, FL
04 November 2026

90200707R00155